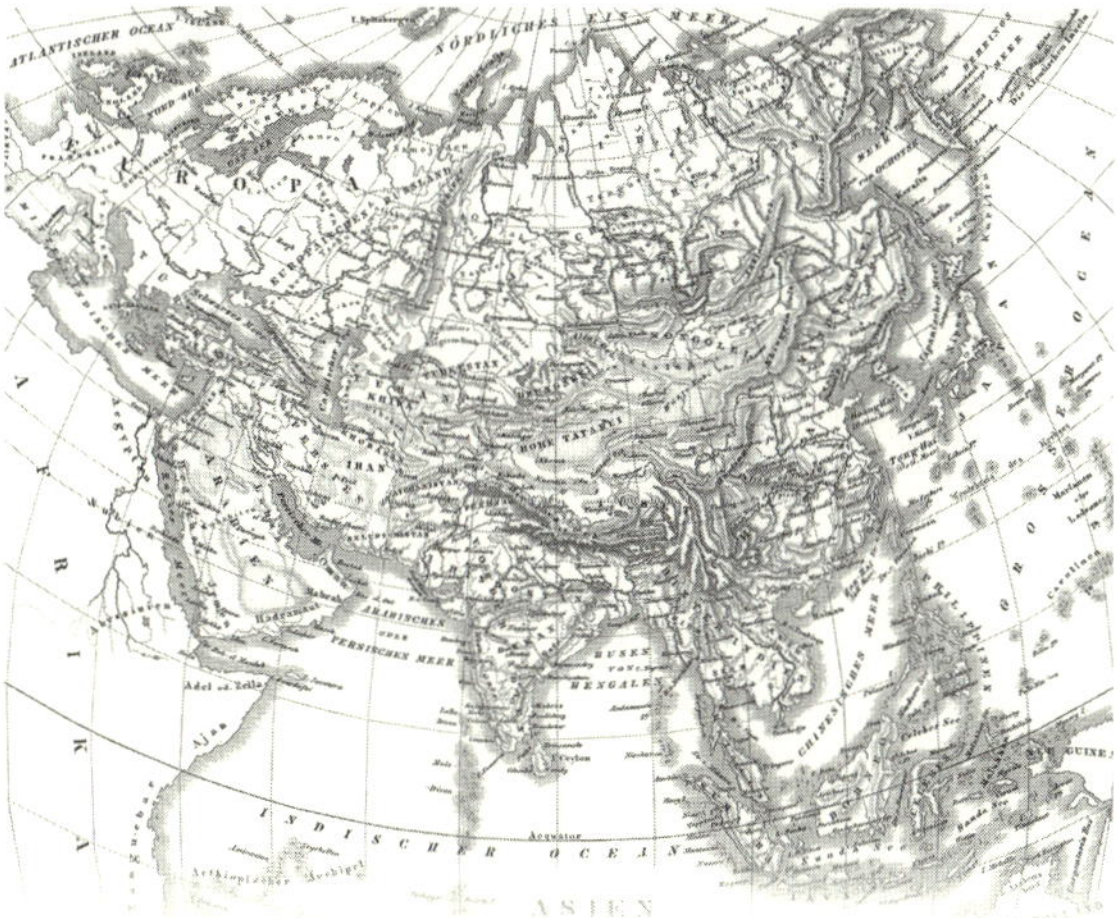

元衆議院議員・福島民友新聞社長

菅家喜六「世界一周記」

昭和6年、激動のヨーロッパ・アジアを歩く

菅家喜六先生「伝記」刊行会［編］
町田久次［解説］

柘植書房新社

追憶の菅家喜六先生

大正10年ごろ、菅家喜六の若き日、郡山市に自宅を新築した際の記念写真。中央は衆議院議長、農商務大臣を務めた晩年の河野広中。菅家喜六を左に、妻と子どもたち。

【編集について】

・「世界一周記」は、昭和六年五月二十四日より同年九月十五日まで当時の福島民友新聞に連載されたものである。菅家長平氏（福島県大沼郡昭和村）所蔵の新聞切り抜き、ならびに福島県立図書館の所蔵資料に依った。

・「隈畔より」は、昭和十二年八月二十四日より十月十四日まで当時の福島民友新聞に連載されたものの中から十七編を抽出したものである。前記と同様、菅家長平氏所蔵の新聞切り抜き、ならびに福島県立図書館の所蔵資料に依った。

・表記は、読みやすくするために、一部を除いてすべて新字・新かなづかいに改めた。

・連載の文中、差別につながる用語や不穏当な表現が含まれている。当時の社会状況を反映したもので、できるだけ表現を改めたが、一部は原文のまま採録したことを、おことわりしておく。

序文

町田 久次

昭和六（一九三一）年五月九日のことである。福島に住んでいたまだ無名の、ひとりの地方紙ジャーナリストが意気揚々と「世界一周の旅」の壮途に旅立っていった。この年九月、中国大陸で謎めいた満州事変がぼっ発し、いよいよ日本が戦争の道へと突き進んでいく分水嶺となる年だった。

当時の下関から釜山に渡り、奉天やハルビンを経てシベリア鉄道でやがてモスコーへ、さらにポーランド、ベルリン、デンマーク、ストックホルム、ノルウェー、ロンドン、パリ、オランダ、ベルギー、スイス、イタリアなど世界各地を回る。そして現地から郵便で次々とリポートを福島に送り、百九回にのぼる「世界一周の旅」と題するケタ外れの新聞連載を成し遂げたのである。

このジャーナリストは、地方紙二紙が競いあう福島県内で発行されていた福島民友新聞という一方の地方紙の「顧問」という肩書にあった菅家喜六（一八九四〜一九六七）、戦後は衆議院議員としても活躍する人物である。

福島県民なら誰でも知っている。福島民友新聞というのは明治二十八（一八九五）年自由民権運動の名だたる指導者で衆院議長、農商務大臣まで務めた河野広中によって創刊された由緒ある新聞である。菅家喜六はその河野広中の盟友の一人でもあった。

彼は明治二十七年、奥会津と呼ばれる当時の福島県大沼郡野尻村（現在の大沼郡昭和村）の山間地に六人きょうだいの末っ子に生まれた。福島県大沼教員養成所を出てしばらく学校教員などを務めたあと、大正五年に福島民友新聞の記者となった。

そのあともっぱら県央の郡山支局を担当し、憲政会派の論客として筆を執り続けた。大正十四年、社の分裂騒動で新しく創刊した福島毎日新聞専務取締役を担ったあと、昭和六年には両社合併により福島民友新聞に再合流した。こんな経歴を持つ人物であるが、「世界一周の旅」に発った当時は油の乗り切った三十六歳。そしてこのあと日中戦争から太平洋戦争へと拡大する戦時中、昭和十三年から十六年にかけて、同社の第六代社長として福島民友新聞の指揮を執った男である。

もうひとつ大事なことを書き加えれば、この福島民友新聞はやがて昭和十六年一月一日、軍部の言論統制（一県一紙政策）によって不幸にも休刊を余儀なくされていくのだが、その時代に福島民友新聞にとって痛恨の「幕引き」の役割を担わなければならなかったのが実は菅家喜六である。

そうは言っても菅家喜六という人物、世にはあまり知られていない。郷土の福島県や生まれ故郷である福島県奥会津でも、彼の名を記憶の片隅にとどめているのは今では相当オールドな世代に属する人々であろう。

戦前の新聞社時代の足跡よりも、むしろ戦後の昭和二十四年から衆議院議員に転じ、通算四回の当選を重ねて厚生政務次官、決算委員長、議院運営委員長などの要職を務めたことの方がよく知られているであろう。「緒方竹虎自民党総裁の実現に尽くした」などという評もあるほどである。

そういう意味で菅家喜六というのは、いわば戦前は新聞ジャーナリスト（誤解をしてはいけないが、記者のかたわら郡山市議会議員、福島県議会議員としても活躍していた）として、戦後は宿願であった衆院議員・政治家としてふたつの分野で二面の足跡を残した人である。

世界一周の旅——といえば当時はまだ珍しい、命がけの旅であっただろう。しかも菅家喜六の場合、新聞社派遣の仕事とかいうものではなかった。家族や自分のポケットマネーに加えて、各方面の友人や知人からカンパを集めて工面した海外視察の旅だった。連載によれば県知事、市長をはじめとして千五百人もの友人知人にお世話になった、というから五月九日出発の駅頭では、妻や家族ばかりでなく彼を見送る空前の人々の「バンザーイ」

という声がこだましたに違いない。
その彼の「世界一周の旅」がはたしてどんなものであったのか。
ずっと後の平成七（一九九五）年に編さんされた福島民友新聞百年史は、満州事変という当時の時代背景を踏まえて、次のように取り上げている。少し長い引用になるが最初に紹介しておきたい。

「あとで考えると『あの年はすべての意味で転機だった』というのがある。昭和六年がそんな年だったといえるだろう。日本国そのものにとっては、極限にまで追い込まれた経済破たん状況から、軍部は満州事変へと走り出すことで、国民の不満のはけ口を大陸進出という形に置き換えて、苦しくとも頑張らなければ……と国民をかり立てた。そして満州事変はこのあとに続く『戦争の時代』へと踏み込んでいくことになる。
……それはともかく、昭和六年の本紙は生気あふれる編集を行っている。五月から始まった本社顧問菅家喜六の百二十回にわたる連載『世界一周記』が人気を呼んだ。菅家は以前に本紙記者として働き、のち福島毎日新聞に移って専務を務め、合併によって再び本紙で筆をとることになった。菅家は合併すると間もなく、合併の功労もあったとして長途の旅行に出発した。シベリアを経て欧州各国を巡り、エジプトなど中近東を歩き、インド一帯を巡歴、マレーやシンガポールなど東南アジア各地を歩く――という、当時としては画期的な取材旅行でもあった。第一次大戦の傷がなおうずきながらも、第二次大戦への風雲を秘めた欧州の素顔、歴史への思いをかきたてるエジプトやインドの表情、そして東南アジアの庶民の暮らしなど、読者には興味深いものがあった」

（「福島民友新聞百年史」三三〇～三三一頁）

本書は、菅家喜六が昭和六年に書き送ったその海外からのリポート『世界一周記』と、彼が昭和十二年に連載していた随筆『隈畔《わいはん》より』という記事を当時の新聞から採録して集めてひとつのものにまとめ、新聞ジャーナリストとしての彼の素顔に迫ろうとする試みである。

折しも平成二十九年には、菅家喜六の没後五十年という節目に差しかかってくる。ぜひ福島・奥会津に生まれ、世に出た「ジャーナリスト菅家喜六」の足跡を記すのも意義あることだと思うのである。

きっかけはたまたま偶然だった。私が昭和戦前期の新聞史に題材を得た「吾等は善き日本人たらん」という作品を上梓したあと、菅家喜六の生家である菅家家の現当主、菅家長平さん（福島県大沼郡昭和村野尻字元町四五〇二）と知遇を得たことである。長平さんは私より十二歳ほど年長だが、なかなかの文学者で郷土史研究にも詳しく、平成四（一九九二）年の第四十五回福島県文学賞詩部門において穂坂道夫のペンネームによる詩集「杼《ひ》の音」で正賞を受賞されている方である。

ある日のこと、彼から「菅家喜六は家から出た人です。家には福島民友『世界一周記』とか、新聞学上下など古本が残っているくらいです」というお便りを頂戴し、後日には長平さん宅に大切に保存されていた昭和六年当時の「世界一周記」記事スクラップの写しを渡されることになった。読んでいくと、一部には欠落も見られたが、昭和六年当時の新聞連載が生々しいほどきれいな保存状態で残されていたのである。日々の連載を一回ごと切り抜いてノートに張り続けてきたのは、おそらく菅家喜六の父（長平さんの曾祖父）、あるいは菅家喜六の長兄（長平さんの祖父）であろう。

今から八十五年前の連載である。それが一点の汚れもなく丁寧に綴られ、かつ非常に良い状態で今日まで受け継がれてきたことに、私はある種の非常な感慨を抱いたものである。奥会津で祖父から子へ、子から孫へと大事に受け継がれてきた菅家喜六の「世界一周記」の記録であるとも言えよう。

今でこそ海外旅行、世界一周の旅なども決して珍しいものではなくなったが、今から八十五年前の「世界一周記」は読者を「あっ」と言わせたセンセーショナルな連載であったに違いない。出発に当たって県知事や各界多数の

菅家喜六の生家（福島県昭和村野尻）、2016年5月撮影

人々によって、彼のにぎにぎしい壮行会が何度も催されたことでもその一端がわかる。しかも会社の公の出張ではなく、自分で集めた私費（巨額であっただろう）でまかなった世界一周の旅だったという。いったい何が新聞ジャーナリストとしての彼をそうさせたのか、いったい何が菅家喜六という男を「世界一周」の旅へ動かしたのか、それも読みどころのひとつであろうと思われるのである。

それでは、さっそく「世界一周記」最初のページを開いてみることにしよう。

世界一周記の旅・行程表　＊連載より編集

五月九日　福島市を出発（九日午前九時八分、福島駅発の急行列車で出発）
五月十日　郡山を出発
五月十三日　下関（徳寿丸に乗船、釜山に向かう）
五月十四日　釜山着、列車で奉天へ向かう。夕刻、京城に到着（一泊）
五月十五日　夕、京城から奉天へ向かう。
五月十六日　午後一時、奉天に到着。午後三時一六分発の急行で長春へ。夜八時長春着、さらに東支鉄道でハルビンへ。
五月十七日　朝八時、ハルビン着（一泊）
五月十八日　シベリヤ鉄道で一路、モスコーへ向かう（一週間の長旅）
五月十八日　満洲里
五月十九日　ウエルフネウージンスク（バイカル湖付近）
五月二十日　チタ、イルツーク通過
五月二十一日　タイガ駅、ウォシビンスク駅（ハルビンから六日目）
五月二十二日　オムスク、チニーメン
五月二十三日　ウラル山脈越え（スウェドロフスク街）
五月二十四日　夕方五時、モスコー着（車中八日間、グランド・ホテル泊）。
五月二十五日～二十八日　モスコーに滞在
五月二十八日　午後九時半、モスコーを出発。ポーランド、ワルソーへ向かう。
五月二十九日　ワルソー（宿泊せず）夕刻、ベルリンへ向かう。
五月三十日　午後一時、ベルリン着（セントラル・ホテル泊）
六月？　日　ハンブルグ着（ホテルストライト泊）

六月？　日　夜十時、ハンブルグ発。翌朝六時にデンマーク、コペンハーゲン着。
六月？　日　午前十時二十分コペンハーゲンを発って、午後七時三十分スウェーデンのゴテンパーク着（一泊）
六月？　日　午後二時ゴテンパーク発、午後九時ストックホルム着
六月？　日　ストックホルム発、ノルウェー（オスロ）に向かう
六月？　日　朝八時オスロ発、スカンヂナビア山脈越え夕刻ゲルベン港へ。船便を二日待つ
六月十三日　午前十一時ゲルベン港発。大荒れの北海を渡る、途中スタ、ワンガー碇泊
六月十四日　船中、夜九時ニューキャスル上陸（ローヤルステイションホテル泊）
六月十五日　ロンドン到着（ホテルラッセル泊）
　―六月一杯をロンドンで過ごす―
七月初め　ロンドンを発ってパリへ（飛行機で渡仏）
？　パリを発って、オランダに向かう（※連載ではブラッセルに向う。次いでベルギー、オランダを訪問する予定とあるが、予定を変更したらしい）第九十三回のオランダに「初夏の日を浴びて」と季節描写あり。
七月初め　オランダからベルギーに向かう（第九十四回、九十六回に「七月の初め」と明記あり）。ブリュッセル着。ベルギーの連載は九十五、九十六回の二回。
　―スイスを視察。連載は九十七、百、百一回の三回―
七月　スイスから汽車で国境を越え、イタリアのミラノへ。
七月　死都ポンペイを訪ねる
七月十一日　欧州航路「照國丸」に乗船か。さらに各地を歴訪しながら帰国の途に。

昭和六年「世界一周記」◆目次

第一章

出発～白夜の都より

世界一周記　（一）　欧州の旅より

〈はしがき〉

「この不景気に何のために欧米を歩くのだ」

と皆んなから聞かれた。自分はそれ等の人々に率直に答えた。

「自分を見出だすために行くのだ」

と。金持ちのドラ息子や吾々国民の負担によって外遊する御役人様達の洋行とは違う。それ等の人々は多額の旅費をもって、贅沢な見物と、そして沢山の土産物を買い帰れば、洋行帰りで威張り通すのだ。実にその洋行たるや華やかなものである。


知らぬ人から見たならば、自分もその仲間に見らるるであろうが、自分の外遊は全くこれと反対に淋しいものである。兄弟を痛め、友に縋り、妻にまで旅費の工面をさしてようやく出来上がった漫遊の費用、それもほんのわずかの金である。しかし自分はこの意義ある、尊いわずかの旅費を持って、世界を歩いて来る。そうして自分の姿を世界の中に発見して帰ろう。

×

現在の日本を言い現わす適当な言葉がありとすれば、それは「行き詰まり」の一語につきるであろう。政治も

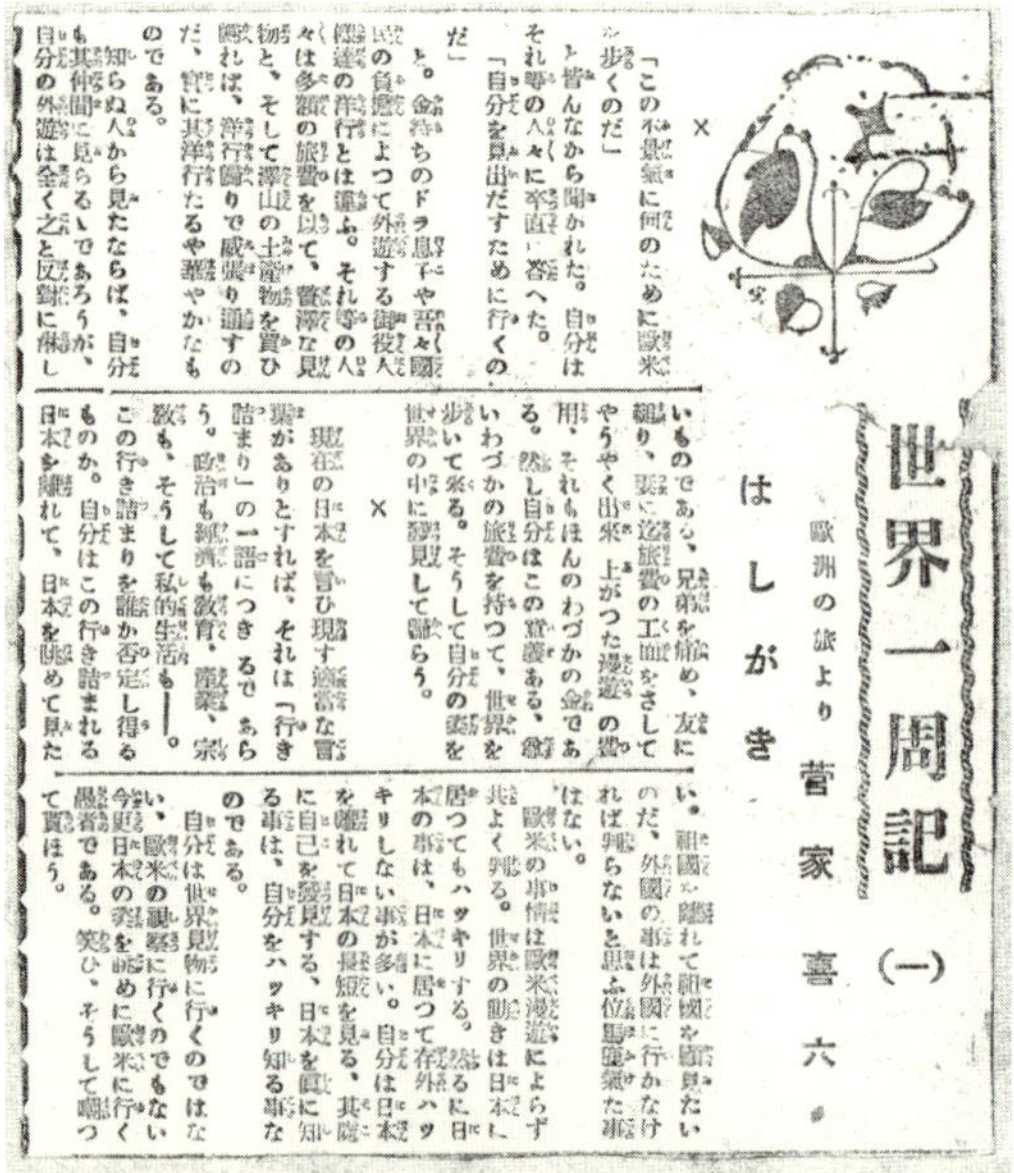
世界一周記（一）
欧洲の旅より　菅家喜六
はしがき

昭和６年、福島民友新聞に連載された菅家喜六の「世界一周記」の第１回、連載は５月から９月に及ぶ。

経済も教育、産業、宗教も、そうして私的生活も――。この行き詰まりを誰か否定し得るものか。自分はこの行き詰まれる日本を離れて、日本を眺めて見たい。祖国を離れて祖国を顧みたいのだ。外国の事は外国に行かなければ判らないと思うくらい馬鹿げた事はない。

欧米の事情は欧米漫遊によらずともよく判る。世界の動きは日本に居ってもハッキリする。しかるに日本の事は、日本に居って存外ハッキリしない事が多い。自分は日本を離れて日本の長短を見る、そこに自己を発見する、日本を真に知る事は、自分をハッキリ知る事なのである。

自分は世界見物に行くのではない、欧米の視察に行くのでもない。今更日本の姿を眺めに欧米に行く愚者である。笑い、そうして嘲ってもらおう。

×

郡山にはロンドンに三十九回行って来たという面白い青年がある。この男の生まれ年月から数えて見ると、年に二度ずつ行って来たとしても、三十九回はゆけぬ訳である。生まれぬ先からロンドンに行ったと言いふらす所に、ストトン郡山人らしいユーモアがあるではないか。釜山を金山と読んだッて笑うな、樺太鉄道を権太《ごんた》鉄道と云ってすまして居る所に、ストトンのユーモアがある。

自分も恐らくこの類の旅行であろうと思っている。しかし自分はこれでも二度目の洋行である。こう言ったら、多くの人は驚くであろう。

「汝は何時洋行して来たか」

と。一昨々年春酣（たけな）わの頃、新聞社の人々に送られて狐塚へ行った。それが最初の洋行で、今回がその二度目である。

誰が言い初めしか、狐塚の洋行とは、よくも言ったものである。たしかに彼所は洋行である。今自分は海を距《へだ》て陸を遠ざかって、祖国の姿を見ると言ったが、狐塚洋行の時も、自分は社会を離れ、友人、家族と別れて、静かに、社会を眺め思索に耽った時、初めて、この世の中がハッキリした様な感じがしてあった。
春雨が音もなく降り、桜花があの窓に散る時、自分はこれまでに経験し得ない世界を発見してあった。家を離れて家が判る、社会を離れてその社会がハッキリする。自分はこの度の漫遊で、愚かな自己の姿を日本を離れて発見することであろう。

×

洋行帰りといえば偉くもてた時代もある。猫も杓子《しゃくし》も外国にかぶれた時代である。新帰朝者といえば皿洗いをして来ても、マスターだと思った時代である。外国に行って来た者は一段上の位でもあるかのように思われた時代はもうすぎた。昔、郡山の某局長さんは、洋行帰りで、イタリーの話ばかりするので、口の悪い新聞記者から、イタリー局長という俗名をつけられ、しかもそれが一種の冷笑の言葉になった事があるが、そは要するに洋行帰りを笠に着た、否鼻にかけた笑われ者の標本である。
自分等の仲間でサクラメントといえばすぐ判る合言葉がある。これも洋行帰りの男のことを嘲笑した冷笑語である。又ノート、セイリと言って実行しない男の事を攻める言葉を作ったことがあるが、これも洋行帰りの男が、漫遊談をせまった所、まだノートが整理出来ないのでと遂二三年ノートのセイリで、視察談の出来ないでしまった人もある。
きっと、洋行帰りが笑われる時代が日本に来ると思う。否今現に来て居るではないかと思われる。自分もその仲間にならざらん事を今旅の初めに念ずる次第だ。

（昭和六年五月二十四日）

【解説】もう最初の第一編で、今回の洋行の目的や時代の状況、菅家喜六というジャーナリストの置かれた環境が見事に言い尽くされている。「世界を歩いて祖国と自分の姿を発見してくる」「現在の日本は『行き詰まり』の一語につきる」という文章に巧みに凝縮されている。そして菅家自身のことなのか、そうして私的生活も――という短い言葉の中に何かを言い含めたように思われる。

菅家喜六はこの年、三十六歳（数えで三十八歳）である。大正五年に福島民友新聞の記者となって十五年目。すでに記者のかたわら福島県議会議員、郡山市議なども務め、おしなべて順調な人生を歩んでいた筈だ。だが——第一回連載の後段にも記された「狐塚への洋行」という事件が、大きな心の痛手となっていたように思われる。だからこの際、日本を離れて改めて自分の人生を見つめ直そうとしたのではないか。

その事件とは、後でわかってくるのだが昭和二年の安積疏水土地改良区（郡山市）にからんだ疑獄事件であろう。この事件で多くの政財界人と共に菅家自身も連座し、四十日間ほど収監されたことである。この事件の概要については後で詳しくふれたいと思うが、あえて言えばこの安積疏水疑獄事件——そして今回の「世界一周の旅」で得たものが、昭和六年以降の菅家喜六の新聞ジャーナリストとしての生き方、つまりは人生の後半生を大きく決定づけたのではないかと思われる。

もうひとつだけふれて置きたい。昭和六年というのは、福島民友新聞そのものが大正十四年に政治信条、路線をめぐって「福島民友新聞」「福島毎日新聞」に分裂し、ようやく五年あまりの歳月を経てもとの福島民友新聞に再合流したばかりの年である。菅家喜六はこの間一方の「福島毎日新聞」で専務取締役として指揮を執り、両紙を再合流へと導いた立て役者でもあった。

だが菅家に与えられた立場は、なぜか「顧問」というものだった。したがってしばらくの間、福島民友新聞の責任ある立場からは離れていたように思われる。だから顧問というわりとフリーな立場で「世界一周」の壮途に旅立ったのではあるまいか。菅家がのちに福島民友新聞の社長としてトップの責任ある立場に就くのは、昭和十一年以降のことである。

世界一周記 (二) 欧州の旅より

〈満鮮ところどころ①〉

一週間ばかりの睡眠不足は、自分を列車内で深き眠りに誘うた。下関に着いた時は雨が暗い闇夜の中に激しく降って居った。釜山行の徳寿丸はすぐに出帆するのだ。荷物を赤帽に渡して船に乗り込んだ。一等客はイギリスの先生だという女二人と朝鮮のどこかの知事さんと私位のもので、すっかり空いている。

自分はデッキに寄ってしばらく対岸の灯を眺めながら、故山の事などを思い浮かべた。福島の人々、郡山の人々——何れも自分を心から送ってくれた。

自分は十七年間幾百人かの人々を送り迎えたが、自分が送られる事は今度が初めてである。万歳と言われた時に、何となく淡い悲しみさえも感じた。

雨風の寒さで船も動揺する。自分は部屋に入って眠りに就いたけれど、今度は容易に眠れない。その日の新聞を見ていると、悪いハシカが流行して子供がどんどん死んで行くという記事を見て、家の憲三がそれでないかと、つまらない心配が湧いて来た。

出発前に高熱があって休ましておいたのだが、自分の出発する日には、どうしても停車場に送ると言ってきき入れない。青い顔をして駅頭に見送ったその可憐な姿を思いだしたりした。家内中して、色々と心配してくれるその心やりを心から感謝した。

ガチガチゴーという波の音。船はさかんに揺れる。自分は何時の間にか眠りについた。

×

ボーイにノックされて目を醒ましたのが朝の七時半、もう釜山に着くのだ。朝鮮の禿山が淋しく見え出した。朝の食事をして、船から下りる。奉天行の急行までには一時間半ばかりの間があるので待合室で手紙を書いたりした。下関から乗り込んだ、イギリスの女先生も、この列車に乗るらしい。荷物の事で何やら大騒ぎをしておったけれど、わかったものか、ホームを二人で、行ったり来たりして、時間を待っている。予定の如く汽車は動き出した。窓から見る朝鮮の風物、それは一昨年の旅の時と同じような感じしか起こらない。自分はやせた田畑や山や河を静かに眺め送った。

洛東江の流れは何時もゆるやかに流れている。船を陸におって引いて上ぼる朝鮮人は実にノンキなものだ。

×

日韓併合されて四十年、その間総督府の政治はあまねく行き渡ってるには相違ない。教育も産業もそれは韓国時代とは距世の異《ちが》いであろう。朝鮮は内地と同じように文化が進んだ、又進みつつある。しかるにどうして日本を恨むのであろう、日本の政治を嫌うのであろう。一部共産系の者だけではない、追々にその傾向が底に深くなりつつあるではあるまいか? 支那もそうだ。

大理石作りの総督府の中で、利権漁りをしている中に、朝鮮は日本より離れて行く。一体朝鮮はどうなるのか。どうすればよいのか、日本は皆んなで考えて見なければなるまい。

（昭和六年五月二十五日）

【解説】「悪いハシカが流行して子供がどんどん死んで行くという新聞記事……家の憲三がそれでないかと、つまらない心配が湧いてきた」と菅家喜六が家族の事を案じる場面を書いているので、ここで家族のことを紹介しておきたい。菅家喜六が妻ハツ（初子）と結婚したのは大正四年（一九一五）あたりで、このあと長女美津子、長男信一、二男民夫、三男憲三と四人の子供に恵まれる。自宅は郡山市虎丸に置いていたと思われる。

菅家喜六が「世界一周」の壮途に旅立った昭和六年のこの年、長女美津子が十三歳、長男信一が十一歳、二男民夫が八歳、三男の憲三がまだ三歳の時だった。

世界一周記　（三）　欧州の旅より

〈満鮮ところどころ②〉

日暮れ頃京城に着いた。この前の旅行の時に世話になった人々を尋ねた。そうして初夏の京城街を散歩した。三越が郵便局前に新築して移った位で別に以前と変わりもない。夜店のある賑やかな通りをあてどもなく歩いた。夜も九時近くになっているけれど、散歩の人は可成りに多い。香りの高いスズランを売っておったのを一鉢買って帰った。もう明日からはシベリアの旅だ。日本の旅館も今夜限りである。ワイシャツや靴下の洗濯をして貰い、湯に何べんかも入った。備前屋という家は実に行きとどいた宿屋である。この前に泊った山本屋とは大変な違いだ。自分は三階の部屋で夜のふくる迄手紙書きをした。

×

旅に出ても女はやはり大きな対照である。植民地に居る女の人を見ると、何とはなしに、

「どうして姐さんはこんな所に来たか」

「冬になったらさびしいだろうな」

とか、色々な事を小説的に考えて聞いてみたくなる。友人が尋ねて来て「今度は偉いお楽しみですネ」と言う。

どうしてかと聞き返せば、

「世界中の女を見て来られるでしょう」

と言う。福島の送別会の時も、金森氏*から帰朝の時は「公私共に聞くべき事が多いだろうと今から期待している」と述べられた。しかも私の方に特に力を入れられたのが何となく皮肉の様にも感じられた。奴の事でもあるから、裏面の調査は行き届くだろう。艶種があったら公でなく、私の方で聞こう——という様にも聞きとれた。記者倶楽部あたりで冗談を言ってみたものの、自分にはそんな浮かれた気分はどうしても起きて来ない。

×

人生には幾つかの線がある。自分もある線から次の線の所にもう来て居るのである。三年前に旅をした時と、気分の違う所を見てもよくわかる。こんなつまらない話を友と語っていた所、宿の女中は、

「旦那さんは、国の方で想っていらっしゃる方があるからでしょうネ」

「馬鹿言って、そんな気のきいた者じゃない——」

「隠しても駄目ですよ。さっきちゃんと見ましたよ」

「何を……」

「床の中に忘れたものがあるでしょう」

自分はハッとした。今度の旅行で自分の身辺から寸時も離れないものが一つある。汽車の中、船の中、ホテル、便所、湯殿、床の中、自分の行くところに何時もついて来る。それは一枚の写真であった。妻と四人の子供で出発の前、記念に撮したものである。自分は一日に一度は必ずこれを出して接吻することを忘れなかった。

×

京城は日暮れに着いて日暮れに出発した。汽車に乗り込むと先の旅のことで心は充満されている。食堂車で夕食をしていると蛙の声がコロコロと聞こえて来た。故郷の五月頃の情景だ。支那人街から夕餉の煙がのぼっている。薄い灯をながめながら汽車は北へ進む。明朝六時には安東に着いて税関の検査がある。午後の一時には奉天

に着くのだ。（長春行の列車中で）

（昭和六年五月二十六日）

＊　当該送別会の記事を見ると、県の金森内務部長と思われる。

世界一周記（四）　欧州の旅より

〈満鮮ところどころ③〉

奉天の駅には天鬼将軍＊と会津郷友会の大竹、高橋両君が出迎えてくれた。薄氏にさそわるゝまゝに同氏の御宅をお訪ねした。将軍の家に行くとこの前の旅行の時もそうだが、遠く満州に旅行しているような感じがない。長春行の急行列車は午後三時十六分である。その間内地の話に花が咲いた。十八日には会津から来ている兵隊さん三百余名を招待して盛大な歓迎会を開くから二三日滞在せよと勧められたけれど、旅先の都合もあるので名残りおしいけれど出発する事にした。

×

東京を立つ前に英国の領事館で査証してもらう時間がなかったので京城英国領事で査証した。その時に発見したのだが、旅券に独逸国《ドイツ》が脱けている。自分はたしかに書いてあると思ったのだがどうしても落ちている。どうすればよいかと思って領事に聞いた所、日本の領事に保証してもらえば大丈夫だという。この事を奉天で薄氏に話したところ、早速に領事館に電話をもって紹介してくれた。丁度その係の領事が、ヤマトホテルの宴会に行っているというので、ホテルに訪ねた。

×

三浦という人で誠に親切に取扱ってくれた。宴会の席をはずしてわざわざ領事館に戻りその手続きを了した。しかもその日は奉天は記念日で休日に当たっている。自分は心から感謝した。この前の旅行の時にはハルビンで領事を訪ねた事があるけれど、実に不快な感じであった。それ以来自分は日本の領事館は嫌いであったが、薄氏の紹介があったためではあるが、あらゆる便宜を与えてくれた事を感謝しなければならぬ。

×

カーテルの杯をあげてお互いの健康を祝しあった。

「充分身体に気をつけて」

同郷の人々は奉天駅頭にかく送ってくれた。列車は涯しなき原野を北へ北へと走る。広い野原を風が吹き渡ってるけれど、初夏の感じはしない。うすら寒さの秋を思わせるような情景である。北満に進むに従って春は浅くなる。長春に着いたのは夜の八時、東支鉄道の発車まで約四時間あるので、市街をブラブラ散歩した。そして、とあるロシアのレストランに入って自分の露語の試験をして見た。

「ダブリエウイッチ」（今晩は）

先の方でも同じ事を言うので、これは大丈夫と思った。それで大変愉快になって、

「ダイッテ、ビーオ」（ビールを下さい）

と言って、一本のビールを飲みほした。例によって十時からはロシアのダンスが始まる。

「リコスコ、ワン、ザ、フィッツー」（勘定はいくら か）

と言って、金を払って戸外に出た。

×

出発する前に言葉はどうするかとみんなから聞かれたが、自分には自信があった。学校あたりで、ナマケ学問をして来た者とは違う。独学によって、物を覚ゆる。そこには真味がある。一体に語学などは眼で習うよりも、耳で覚えた方が早いのだ。自分は二度聞き返せば大抵の事は覚えられる。自分の露語は教えられたのではない。歩いて自分で覚えたのだ。この調子でシベリア鉄道を横断して、一番入国にむずかしい、ソビエット。ロシアに入るのだ。しかしながら郡山の六番で、キルシーキルシーなどと独逸語の真似事を騒いでるような訳ではない。夜はホテルで字引と首引き、朝からその練習だ。

（昭和六年五月二十七日）

＊　奉天駅に出迎えた「天鬼将軍」とは、いったい誰か。もちろん菅家喜六の特有のユーモアを交えたあだ名であろう。

世界一周記（五）欧州の旅より

〈思い出のハルビン①〉

寝台車の中で一寸寒いなと思って目を醒まして見た所がもう朝の五時である。八時にはハルビンに着くのだ。飛び起きて洋服に着換え、カーテンをあけて北満の平野を眺めた。朝霧が深くてすこしも四辺の景色は見ることが出来ない。内地の三月中旬の気候だ。自動車で北満ホテルに荷物をとき、一風呂浴びた。ホテルの支配人もポーターもみんな自分の事を覚えて居って「よくお出でになりました。しばらく振りで――」などと愛嬌を言われてみれば、旅の懐かしさを感じ、この前に田子君と共に数日をここに暮らした時など想起されて一しお感慨の深いものがある。三十三号の部屋といえば田子君の泊まった部屋だ。ウイスキーにメートルを上げた同君の事なども目に浮かんで来る。

明日はいよいよシベリヤ線によって一路モスコーに向かうのだ。車中で食べる食物や何かの用意をするために、チューリンに出かけて、午前中は買物で日を暮らした。市内の見物はこの前しているので別段に見どころともない。友人や郷里の人々に手紙など書いた。

×

出発の時に自分を悩ました事は、自分の旅行を盛んにして下された多くの人々に対する感謝の方法であった。餞別を頂いた方々、見送って下された方々、送別の宴を開いて下された方々、それ等の方々に対して取敢えず礼状を出さなければならぬ。しかしながら千五百名以上の方々に、この忙しい飛び歩きの世界一周の旅には、一々自分が書き送ることは、失礼な申し分ではあるが、時間の関係上容易でない。自分は急員山で印刷に付して持参した御礼状がある。そうしてロンドンか、パリーで出そうと思った。けれど、急な印刷なので欧文の宛名を印刷する事が出来ぬ。仕方なしにマンチューから出す事にしてそれぞれその手配をして、持参した。そうして汽車の中で、その端書を一枚一枚見ては感謝の念にとざされた。

マンチューは汽車の乗り換え、税関の検査、ロシア入国の手続き、ルーブルに金を換えたり、仲々時間がかゝる。二時間という間に手紙を出す切手貼りも大変だと思って、手回しに、ハルビンで、切手を買い、女中に貼らせた所、自分の外出中にその過半はハルビン郵便局に投函されてしまった。自分は心をイライラさせたけれど仕方もない。支配人を叱って見たけれど出来た事は仕方もない。既に印刷に付した礼状でさえも失礼なのに、一足先のハルビンで礼状を出し半分はマンチューで出す様になった事も申し訳がないと思う。ここに紙上ながら、各位に深く御詫びして置く次第だ。

×

昨日までドンヨリと東北の空のように曇って居った天気が、今日はカラリと晴れ渡った。キタスカイ街には急に春が訪れた様に、土曜日の午後をロシアの人々は愉快そうに散歩をして居った。公園にもスンガリーにも沢山の人が出て、暖かい陽を浴びて居った。午後四時マリスに茶の会が開かれて招待された。段々に旅になれて話すことも自由になって気の落ち付きも出来てきた。

×

帝政時代のハルビンは実に驚く程の発展であった。革命後は白系のロシア人が入り込んでは来たものゝ何といっても淋しさは争われない。日本の勢力も軍隊が引きあげてからは、日一日と衰えて来ている。それに不景気はどこも同じ事だ。日本商店で破産するもの、家族を引き連れて内地に引き揚ぐる者等で、日本人の数も昔の半数になったらしい。ハルビン名物である、ロシア人の裸踊りも一軒しかなくなった。北満のカバレーは渡欧する人々の一つの慰安であったが、これもその数が減じて昔日の俤《おもかげ》はない。

（昭和六年五月二十八日）

【解説】文中に登場する「田子君」とは、菅家喜六とともに福島民友新聞で筆を執りあった仲間の田子健吉（一八八九～一九五八）のことである。だが二人は——大正十四年に政治信条、路線をめぐって分裂すると、田子は政友会寄りの立場を鮮明にして「福島民友新聞」の専務取締役となった。これに対して菅家喜六は反田子、つまり憲政会派に属して一方の「福島毎日新聞」の専務取締役となって袂を分けた経緯がある。

そして分裂した両紙が再び元の「福島民友新聞」として合流すると、昭和十三年から十六年までは菅家喜六が第六代社長を務める。その間、田子は顧問などとして経営の第一線から離れていた。さらに軍部の言論統制（一県一紙政策）で五年余の休刊を経て、戦後の昭和二十一年には田子健吉が福島民友新聞の復刊に奔走し、第七代社長として指揮を執ることになる。

そんな関係の二人だが、この連載によれば二人は満州に一緒に旅に出るなど意外と仲がよかったのかもしれない。

福島民友新聞の百年史によれば、昭和四年の項に「本社田子健吉専務を満州へ取材で特派」という記載が見える。この連載の二年前のことである。この時にあるいは菅家喜六も一緒だったのかもしれない。だが——当時はかたや福島民友新聞の専務取締役、一方は福島毎日新聞の専務取締役だった時代である。

ところで旅の途中、菅家喜六は「千五百名以上の方々に御礼状を出した」と述べている。当時の出発前の新聞をめくってみると、なるほど連日壮行会の記事が紙面を飾っている。例えば昭和六年五月二日の新聞は「菅家氏の送別宴、けふ郡山市公会堂」、五月九日の紙面でも「昨日福ビルで菅家氏の送別会、出席百余名」などと、にぎにぎしく各界各層による送別会が催されたことを報じている。

さらに五月九日の記事は、続けて次のように報じているので紹介しておきたい。

「菅家氏福島出発、けふ朝急行で——本社顧問菅家喜六氏は既報の如く小閑を得たので、欧米各国視察のためシベリヤ経由にて漫遊の途にのぼるが、別項の如く福島市に於ける送別会は八日午後福ビルに於て開かれ出席者百余名に達する盛会を極めた。菅家氏は今九日午前九時八分福島駅発急行列車で出発、福島市民とはこゝしばらくの別離となる筈である」

もうひとつ、出発後の五月十四日の紙面には「小生儀、欧米漫遊の出発に際しては多大の御厚情を賜り御多忙中御見送り被下洵に難有く、不敢取紙上を以って厚く御礼申し上げ候　菅家喜六」という御礼挨拶を載せている。いかにも菅家喜六らしい人柄がしのばれる。

世界一周記　（六）　欧州の旅より

夜のキタスカイ街を散歩して見た。日中と異って人通りは少ないけれど、レストラン・カフェー等は東京の銀座裏のように賑やかだ。乞食が群がってその入口で金を強請《ねだ》る光景は東京には見られない事で、一銭か二銭やらなければ執念《しつこ》く何処までもついて来る。自分は銀のサモワルを一個買いたいと思ってあちこちの店を歩った。フト街の角に出たところ十二、三歳の女の子が造花を手にして「これを買ってくれ」と言う。そのいじらしさを見て、自分は自分の女の子と同じ年頃の、この可憐な少女に同情を寄せた。街を歩く人はこれを見向きもしない。夜の風にさらされて深更まで街に花を売るこの少女——ロシアの小説を自分は思い出したりした。行く人、来る人何れも質素な身装である。

×

ソンツイに行って一杯のカーヒーでカバレー気分を味わおうと思って出かけて見た。そこには、土曜日の夜で、沢山の人々が踊り狂っている。自分はダンスが大嫌いであるけれど、只一人そこに出て来る十歳になる小学生が唄う唱歌を聞きたさに、おそく迄待って見たけれど、この前に出たその小学生は姿を見せない。聞いて見たけれどその行く先さえも判明しなかった。一時頃に自分は外套の襟を立てゝ一人淋しくここを中央寺院の前に出て、ホテルへと急いだ。

×

シベリア横断の事については、人によって色々と話が違う。甲はその危険を論じ、乙は食料品の不足なりし事を注意し、丙はキァンピングに出かけたように愉快な旅であるなどというし、どれをほんとうにしてよいか判明しない。旅行記や旅行案内なども色々と調べたけれど同じ事である。ただ食堂車の食事が割合に高く、そしてヒドイ物を出すことだけは皆一致した意見のようであったから、寒さしのぎの毛布一枚を買込みその他は左の品々を用意して、午後の三時に出発する事にした。東京からベルリンまでの切符を約束したのだが、満洲里から先の分はマンチューで貰うことになっている。

パン（丸いバターの入りしもの、七日分）
タンサン水　半打
番茶　一本
サモワル　一個（湯ワカシ）
クダモノの罐詰　五個
菓子
ソーセイジ、アラパラ、その他二三
ナイフ、フォーク、ドビン、湯呑み

（昭和六年五月二十九日）

世界一周記（七）

〈シベリヤの旅①〉

列車に乗り込む。と、すぐロシアの税関吏が入って来て荷物、旅券、所持金の検査があった。写真機、双眼鏡、タイプライターがあるかないかと聞かれたのだが、さっぱり言葉が通じない。ハルビンで意張った、自分の露語も台なしになった。

「ダァ、ハラショー」と言う、まあ無事にすんだ。旅行案内には満洲里でこの検査があるように書いてあるが、列車の中ですんでしまった事は、時間の関係上非常に有難い事だ。

汽車は一等車が七台（四人乗り込みの寝台）で、お客は十四五名乗り込んでいるらしい。日本人が乗ってやしないかと、ローカを歩いて見たが、二人ばかり支那人か日本人か判らない人がいる。夕暮れ、とある小さな駅に着いたので、列車から降りて、ホームを歩いていると後から日本語で、

「ドイツ迄ですか？」

と聞きし人がある。見ると先に自分が支那人と思っていた人である。モスコーに下車する事を答えたところ、名刺を出して同道したいとのことで、さっそく友達になってしまった。

この人は日比谷の三信ビルに事務所を持ってる岡本商会の主人でパリーに商用で行くらしい。アメリカに長く居ったとかで、英語は非常に上手である。自分は列車中で、会話の練習などした。

×

汽車は蒼茫《そうぼう》たる曠野《こうや》を走っている。月、草より出でて草に入るというシベリヤの平原である。窓外見渡す限りの原野には人家は勿論目をさえぎるものとてもない。夕暮れの淋しさといったら、それは又とない。自分は小さな駅に着く度ごとに、人懐かしく人家を眺めつくした。

ロシア人の子供が厚ぼったい冬の外套を着てこれも矢っ張り人懐かしそうに、何やら言いながら、停車した汽車を眺めている。自分は岡本氏と話し合った。

「淋しい所ですネ」

「こんな所に生活する気にはなれませんな」

「これから見ると、日本は好いですネ。北海道だってこんなところはありませんよ」

×

時計を見ると朝の八時だ。そろそろ起きようと思ってると、列車が停車《とま》った。大急ぎで着物を着換えてホームに降りて見ると、海拉爾駅*である。内地の二月頃の風が吹き荒れて寒さが身にしみる。例の如く支那の兵隊が無恰好に立ちならんでる。すぐに食堂車で朝食をすませて、下車の準備に取りかゝった。午前十一時四十何分かには、満洲里に着くのだ。

(昭和六年五月三十日)

(満洲里行の列車で)

＊　ハイラル＝現在の中華人民共和国内モンゴル自治区フルンボイル市。旧大日本帝国陸軍の要塞が置かれた。

世界一周記（八）

〈シベリヤの旅②シベリヤ横断列車中にて〉

五月十八日晴れ。

満洲里には日本ホテルがあって、駅に日本食弁当を売っている。ここで手紙を発送したり、国境を越える準備をした。午後の二時半に汽車が出る。十二三分でロシアの八十六番駅に到着した。旅券の検査があって、入国した時間と月日が旅券に書き込まれた。この日から一ヶ月以内にロシアを出なければならないのだが、自分の旅券は通過であるから、そう長く滞在する訳にはゆかぬ。国立銀行員が乗り込んで、ルーブルと両替をしてくれる。一円が八十銭位の割合だ。実に馬鹿げてる。ハルビンあたりで一円だけルーブルを買えば三百ルーブルも買えるのに、日本の一円が一円に通用しないように換算してる。ロシアは勝手にきめてるのであるから仕方がない。常識的には判断の出来ない国である。しかもルーブルは輸入、輸出共に禁じられてる。両替すればその証拠にルーブルを幾何《いくばく》渡したという証明書をくれるのだ。これがないともしも検査されて、このルーブルは何処から持って来たと言われると非常に六つかしい問題が起きて来るらしい。

一時間ばかりでこの駅をたった。窓外の景色は全く変わってくる。ブリヤート人（注：モンゴル族の一部）の小屋と駱駝《らくだ》の群れが、あちこちに見え出した。まるで沙漠の中を旅行しているようだ。小高い山のようになってるかと思えばそれは沙漠だ。一本の木もないこの景色が長く長く続く。

満州時間の八時になっても日は暮れぬ。汽車はヒタ走りに走って停車しようともしない。十時頃になって夕やけを見た。遠く日の沈む彼方に、駱駝の群れを見る風もなきこの静かな夕べは全く一幅の画である。十一時に食堂車に入ってみた。夜の十一時といえば一寸おかしいが、満州時間である。内地でいえば九時半頃であろう。ここからはモスコー時間になるのだが、急に変化するので、何となく妙な気分になって、夜と昼をとりちがいたような感じがする。

五月十九日晴天、午後小雨。

朝時計を見ると七時だ。昨夜一時過ぎに寝ついたので、眠いけれど、起きて寝台車を飛び出して見た所、もう太陽は高く上がってる。山々には白く雪が降り積もってるし、松林の間にも雪が見える。昨夜寒いと思ったのも無理はない。冬のシャツを出して着たがそれでも寒い。厚い外套を引っかけても縮み上がる位だ。スチームは通ってないし閉口だ。冬服を東京に置いて来た事は失敗であった。地図を開いて見るともう、バイカル湖付近に来てるのである。蒙古領を過ぎて、ロシアに入ると景色はまるで一変する。山と山との間に農家が点在して、畑は広くそして見事に耕され、山々には白樺と松とがよく生繁ってる。丘には水車など動いてるし、その付近に長い細木で柵を廻らした牧場があったりして旅人の心を慰めるに充分である。

午後三時頃ウエルフネウージンスクという駅に着いた。ここはチタより十四時間である。市街は一寸大きいらしい。この駅から約八時間でスリュージャンカという駅についた。車窓からバイカル湖が見え出した。波が青白くうごいてると思ったら、大変な違いで、湖面は全部氷ってるのだ。岸に波が打ち寄せた、そのまゝ固く氷りついてる所もあった。湖水としては世界一だというが、その風光は実に雄大である。汽車は、バイカル駅に着くまで九十キロかの間湖水に沿うて迂回しながら四十六のトンネルを通過するのだ。

茫洋《ぼうよう》たる結氷の湖面を眺めながら夕食をすませた。バイカル駅は湖畔に別荘のように建てられてある。夏季が思い出される。人家はすくないが、湖畔に一二軒灯の家が見えた。夜の列車内は実に淋しい。どの部屋もカーテンを深く下ろして部屋の中から鍵を締めきってる。夜の十二時までは退屈しのぎに読書だ。

（昭和六年六月十二日）

世界一周記（九）

〈シベリヤの旅③シベリヤ横断列車中にて〉

五月二十日（晴れ）。

夕べ床の中で、老父の夢を見た。

朝何となく不安に襲われた。

出発の前に一番気にかゝったのは、郷里に残ってる老父母の身の上の事であった。一度挨拶に帰国してから出発しようと思って予定を立てゝ置いたのだが、いよいよその間際になると、雑務に追われてその日が無くなった。三番目の兄が来て母は一度会ってからやりたいと言ってる、という事を聞いたらもうたまらない。どんな事をしても帰ろうと思ったけれど、ついにそれが実現出来ずにしまった。出発の前に老父母から一通の電報が着いた。

「カヘルナ、シンパイセズニユケ」

自分は電文を手にしたまま、しばらく書斎の中で眼鏡をくもらした。

伊勢参宮に行く時に、水盃をして出かけた時代の人々から見れば、欧米の一人行脚はどんなにか心配であろう。

八十二歳と七十六歳の両親は、それを表には出さず心配せずに行けとの親心、今更身に沁みて涙が止めどなく出て来る。朝食をして見たがどうも気が進まない。用意して来たパンを一切れ食ってすませた。

窓外の景色は段々と変化した。もうシベリヤの淋しさも少なくなった。広く綺麗に耕された畑、シラカバの林、日本に見る松の並木、牧場、そうして小さな流れもある。農夫が馬によって畑仕事をしている様は、何となく昨日までの冬の感じを去らしめて、春らしい陽気さを野に漂わせている。同じ様な小さな駅が幾つかも過ぎた。チタもイルツークも夜寝ている中に過ぎてしまった。遠い山々はまだらに残雪は見えるけれど寒さは追々と去って外套も必要なくなった。

名前の判らない小さな駅に着いた。珍しそうに子供が集まって来る。そうして、スミレに似よった紫の花を持って買ってくれという。

「スコリコ、ワン、ザ。ソイショウ」

皆んなでいくらかと言ったら、十コペックであるという。自分は半分を買って、窓際にこれをさした。雑誌、新聞、はがき等を売ってるから、読めないのだけれど買って写真のところを眺めたりして退屈をしのぐ。日露会話の本を持ってボーイのところに行き色々と話しかけてみる。いくらか判って来て面白い。

ブロウドニク、ヤー、ワーム、オーチェン、アピヤザン
「ボーイさん、お世話になりました」

とお世辞を言うと、

「ダー、ダー」と笑顔を見せる。チップは貰えない事になってるらしいが内密に一ルーブルやったところ、喜んでポケットに入れた。

パンの残り、オレンヂ、林檎など、たまにやると「スパーシーポ」を繰り返してゆく。部屋の掃除、食器類の洗い、なんでもやってくれて便利だ。初めチップをやらないうちはグツラグツラして何もしてくれなかったが、食物をやったりチップをやったらその日から取扱方がちがって来た。この階級はどこも同じ事だ。

【解説】夢に現れた「老父」とは父の長吉。この年八十二歳だった。

（昭和六年六月十三日）

世界一周記（十）

〈シベリヤの旅④タイガ駅にて〉

五月十一日*（曇り）午後記

ハルビンを出発してもう五日になる。あと四日目にモスコーに着くのであるが、単調な汽車旅行も飽き飽きした。食料品の不足なロシヤの食堂車は黒パンにスープ、それに会津の田舎でつくる（ソバヤキモチ）の様なものを油で揚げたもの一品。それで値段は五ルーブルか六ルーブルとるのだ。とてもやりきれたものでない。広い食堂車は何の飾りもなく、テーブルに白い布をかけただけである。自分はスープ一皿だけで、あとはハルビンで用意して来たパンや罐詰で幾日かを過ごした。こんな訳で一等車の客は食堂には行かぬ者が多い。みんな自分の部屋でそれぞれ自炊生活だ。コーヒーや、番茶を入れたり菓子や果実を食ったりしている。水はお話にならない悪水で飲むことは出来ぬ。駅に着くたび毎に、客はみんな、水差しや薬罐《やかん》を携えて駅に下りて貰うのだ。銀のサモワルを買ってきたが、列車内で火は禁物になってるのでこれを使用する事が出来ぬ。お茶を入れるのにも、一々停車場に駈けて行かなければならぬ。その駅も、一寸十分や十五分であるわけではない。近くて一時間遠い所は二、三時間位駅にはつかないのだ。ようやく駅に停車したかと思うとすぐに汽笛を鳴らして立ったりする。停車時間が何分であるかがハッキリしないのでウッカリ下車も出来ず、並み大抵の苦心ではない。ハルビンで聞かされた以上の不自由に不便だ。

部屋の下に洗面器はあるけれど、不潔で使用出来ない。便所は水が具合よく出ないのでこれも不潔この上もなしだ。

朝起きて顔を洗って見ると煙りで真黒だ。窓は二重ガラスになっていても一日で部屋中は埃だらけだ。カラーは一日たゝぬ中に汚くなるし、それは実に不愉快である。日本を立って一番早く欧州に行けるという便利以外にこの線を選ぶ理由は一つもない。

こんな訳で、汽車が停車するとそれは忙しいし大変な賑やかだ。クラスノヤルスク駅は三十分ばかり停車したので、駅の売場で、絵葉書や子供の絵本など二三冊買った。自分の部屋の支那人はいつも隣りのドイツ人の部屋で何やら話をして滅多に部屋には帰らない。自分もパリーに行く岡本氏の部屋で、速成にフランス語を習い初めた。岡本氏は自分と同じ年で、学校は外語の仏語科出身、長らくアメリカにも生活したし、欧州も商売の関係で二三回は旅行しているらしいので、何かに便利だ。一見旧知の如く綽然《しゃくぜん》として語り合う仲となった。これも旅の喜びの一つである。

旅は寂しい。しかも茫々たる曠野の長き旅路は一人である。そこに人々は接し合う機会が恵まれるのだ。炊事は二人共同でやり、夜は深更に至るまで、政治や経済を談じ合ったりした。

「コンビアン、スシー」などとフランスで買物をする仕方など習って昼を過ごした。瑞典《スウェーデン》の若い夫婦者は朝からトランプだ。独逸人は終日読書らしい。大連からロンドンに行くという支那人は日本語、英語ともに上手だ。初めの中は話しもせずに居ったが、日の進むにつれて、お早う、などと挨拶して、色々の事を語り合う様になった。旅の寂しさから接し合う友愛には、人種と国境と職業の別はない。

（昭和六年六月十四日）

＊　この連載が書かれた日は「五月十一日」となっているが、誤記か誤植ではないかと思われる。

世界一周記（十二）

〈シベリヤの旅⑤モスコー行列車内にて〉

五月二十一日　午後記。

灯び頃のウォシビンスクに着いた。ハルビンをたって丁度六日目である。三十分停車だと判ったので、駅に下りて国営の売店を覗いて見た。そして待合所の切符売場をも見た。吾々の興味は共産主義国家の政治である。如何《いか》にせばその真相を捉え得るだろうか。自分はイギリスよりもフランスよりも、ソビエット　ロシアにより多くの期待と興味を繋いだ。出来得る事なればここに数ヶ月の生活を続けて見たいとさえ考えであった。しかるに旅券の査証は想像以上に煩瑣なものであり、また日本政府の旅券下附もロシアに対しては厳重なものであった。思想的傾向の調査をするために幾度か県庁に照会さえもあったらしい。よし長く滞在出来ないにしても、あらゆる努力によってロシアの真相を探り出そう。こんな考えで総ての物と人と制度を見た。国営の売店――そこには何が売ってあるか、どんな便宜があるか。黒いロシアパンと粗悪な日用品以外、肉の一切れすら見る事は出来ぬ。切符を持った多くの人は列をなして、待ってるけれど、いつ自分の番になるかも判らない。

待合所――そこにはセメンの土間に寝転ぶ多くの労働者を見る。一種いう事の出来ない臭いは強く鼻を衝く。薄ら暗い灯りの下にウヨウヨして居る農民は疲弊困憊《こんぱい》、荷物に腰を下ろしている。赤衛軍の兵隊が剣を抜いて四五名立ってる。その傍らには罪人であろう、縄をかけられてるのを見た。見馴れぬ自分等を珍しがって裸足の子供は花を買ってくれと強請《せが》む。それはどの駅にも、こんな陰惨な空気が充満している。これはロシアの一面ではなく、おそらくソビエット全体の縮図ではあるまいか？　彼等に従えば、労農ロシアには、階級の差別もなく国家の権力もなく、人が人を搾取せず、自由の天国であるという。将（はた）して階級がないのか？　国家の権力がないのか？　満洲里からロシアの汽車に乗ると等級はない。ロシア人は階級を嫌うと言ってる。しかれどもシャフキー、ワゴンジョウストキー、ワゴン。と言って軟床車、硬床車の二つと更に硬床車の方に上等と下等があってそれぞれ賃金が違うのだ。やっぱり等級はあるという事になる。

鐘が三つ鳴ると汽車は滑り出した。もう全く日は落ちて、オビ河の鉄橋を渡る時には、河上の方の電灯が水に写って美観を呈した。今夜は隣りの部屋で瑞典の夫婦と大連の支那人と岡本氏の四名で、トランプをやる事になってる。

（昭和六年六月十五日）

【解説】さすがに新聞ジャーナリストらしく、菅家喜六は「自分はイギリス、フランスよりもソビエット　ロシアにより多くの期待と興味を繋いだ」とソビエットの共産主義国家に対する強い関心を示した。そして駅の待合所を垣間見て「はたしてロシアには階級・差別がなく、国家権力もなく、人が人を搾取せず自由の天国であるのか？」と疑問を呈す。後にも共産主義国家に対する彼の批評がたびたびと記されていくが、菅家喜六はこの時代、野党系の憲政会（民政党）に属して論陣を張り続けていたことを付記しておきたい。

世界一周記（十二）

〈シベリヤの旅⑥列車中にて〉

五月二十二日（晴れ）

日の長い事は驚くばかりだ。内地の時間で朝の九時頃に起きると、十五時間は昼の部になる。午後の十一時にならないと日は暮れない。これをモスコー時間で言って見ると、朝は二時頃に夜が明けて、日の暮れるのは七時頃になるのだ。何れにせよ、日長な事にはあきれる位だ。自分は日が暮れるとすぐに寝て朝はなるべく早く起きる事にした。今朝も一番早く起き出して新鮮な朝の空気を吸うた。畑には農夫が仕事に取りかゝってる。この付近は製粉事業の盛んな所でその工場が、彼方此方《かなたこなた》に見えた。そして風車によって麦を搗《つ》いてる。麦搗き場が沢山に見え出した。

朝は軽くパンと果実ですまし、昼に食堂車でオムレツにスープを食う事にしてるのだが、その値段は誠に高い。取れるだけ一等車のブルジョア連中から搾り取ってやるといった様なやり方である。オムレツ一皿が約二円五十銭、スープは五十銭、炭酸水一本が五十銭、カステラーの小さな一切れが三十六銭というから驚かざるを得ない。

午前六時二十分（モスコー時間）オムスクに着いた。人口十一万というから可成りに大きな街だが駅の付近は非常に荒れはてて、壊れた家屋や車輛のようなものが、沢山に散らばっているから、聞いて見た所、ここは帝政時代にシベリヤ政府の所在地で貴族、富豪の遊び場であった関係上、革命の際に非常な惨劇が行われたんだそうだ。その跡が未だに回復しない。文豪ドストイエフスキーが「罪と罰」や「死人の家」に書いたのはこの付近の事であり、車窓よりかすかに見ゆる城砦の建物の中には彼は五年間囚《とら》われの日を送ったのだ。若き頃に読み耽ったロシアの小説を想起せずには居られない。このシベリヤの旅に於て一番苦痛を感ずる事は、食料の不自由な事や湯水の不足な事ではない。途中思うにまかせて下車の出来ない事である。僅かに十分か二十分しか停車場付近を歩けないのだ。そして写真を撮る事の出来得ないのも遺憾である。そろそろ欧露に入りかけて来た。周囲の風光も一日一日と変化して来る。オムスクより約十三時間でチニーメンに着いた。住宅も、駅の売り子の服装も、いくらかヨーロッパ風になって綺麗だ。今夜はウラル山脈を越ゆるのだ――寒さの準備をして寝台に入ったのが十時半。

（昭和六年六月十六日）

世界一周記（十三）

〈シベリヤの旅⑦列車中にて〉

五月二十三日　晴れ。

寒いと思ったウラルの山越えは反対にあつくて、シャツ一枚を夜中に脱ぎ捨てた位だ。夜が明け明けに窓から外をながめて見た。

新緑の山々には朝霧が深くこめていた。自分はニコライ二世一家が惨殺されたというスウェルドロフスク街と、そうしてその間にある有名なアジアとヨーロッパの境界を画した一大三角塔を見たかったために早起きした。一朝にしてほろび去った帝政――豪華を誇ったニコライ二世一家――一夜の嵐は物凄くすべての物を破壊した。暴風はロシア全土を荒れ狂った。捕縛されたニコライはこの街まで連れ出され、シベリヤに送られるところであったが、コルチック軍に奪取されるをおそれた過激派は、ニコライ一族を白樺の林に連れ出して遂に銃殺した――その林はどこであろう――河がある――丘には名も知れぬ黄色の花が咲いていた。山々は新緑に包まれて小鳥でも鳴きだしそうな情景だ。何処に悲痛なる跡を見出だし得ようぞ。ボーイに聞いて見たが、只ツアーがやられたと言うて首をナイフで斬る真似をするだけだ。

青々とした麦畑が続く――ヨーロッパに入ったのだ。もう三角塔が見えそうなものだと、右と左を見たけれど判らない。シベリヤに流される囚人が、この塔柱にキッスしてここを限りの名残りをば石柱にとどめ涙をたれて、身を切るような風に吹かれながら、とぼとぼと歩む哀れな姿を想像した。カチューシャが心ゆくばかりこの柱に別れをつげるあの復活の一節を想い出したりした。遂にその塔柱を見ずに汽車は走ってしまった。菜の花に似よった小さな花が一面に野や丘に咲いてた。緑の草叢《くさむら》には沢山な牛がいる。檜《ひ》の木林の中に白い家など見えたりすると、もう都に近づいたではないかという感じがする。列車ボーイは自分に、

「マダムがあるか」

と聞くから子供が四人あると言って四本の指を出したら、彼も自分もモスコーに妻子がまっているという。

「年は幾何か？」

と聞くので三十八だといったら、嘘だと言って聞き入れない。しからばいくつに見えると訊ねれば、

「ソーロク、ピヤーチ」

を繰り返す。四十五以上だと言ってるのだ。彼も自分も苦笑した。残った日本の菓子をやった所、非常に喜んでモスコーの子供の土産にするといってポケットに入れ「有り難う（スパシーポ）」を繰り返して居った。

（昭和六年六月十七日）

世界一周記（十四）

〈シベリヤの旅⑧列車中にて〉

五月二十四日　曇、風あり。

ロシヤの駅に出ている売り子は実に汚い。丁度郡山あたりで、村から出て来る野菜売りのような恰好をしてパンや牛乳を売ってる。不潔に見えて買って食う気にはなれぬ。ロシヤ人はこれを食堂に行かず、卵や牛乳でそれぞれ自分の部屋で料理して食ってる。たまたま汽車がすれちがいになって停車した時に、大きな鍋に何やら入れて、無作法な食い方をしているロスキーをよく見る事が出来る。一体にしてロスキーは食事の仕方が野卑である。首をのばして、いやに音を立ててスープを吸ったり、黒パンをグニャグニャ噛む様子は吾々には不快の感じを与える。その物売りの中で最も旅人の心をひくものは少年少女の花売りである。小さな束にした色々な花を五銭か十銭で売ってる。五銭出してこれを買うと、女の子が洋服の襟に花をさしてくれる。そして汽車の立つ時、両手をあげて万歳をしてくれる。その可愛らしさを見たさに駅に着く毎に旅人はみな花を買った。

ロシアが食料品に窮乏を告げてることは有名な話だが、駅にブラブラしている多くの労働者が、吾々日本人を見ると煙草をくれと言って、しかも「タバコ！」と日本語でしゃべる。一本出してやると喜んで飛ぶように姿を消してしまう。すると又別の者が何人も何人も同じ事を言って来るので、うるさいから「ニエート、ネリヂャー」と断る。それでも彼等は自分等の顔を穴のあく程眺めてる。そして飲みさしの煙草を捨てると大勢がこれを奪い合って、さも美味そうに飲むところを見ると、気の毒にもなる。ある外国人が葉巻の呑み残りを捨てたところ、年老けた男がこれを拾い取って臭いを思うさま嗅いで、そしてこれをポケットに入れてしまった。今ロシヤの農民には煙草を高い金で買って呑むことが出来ないのだ。列車ボーイにエアシップ一個をやれば、一ルーブルの金をやったよりも喜ぶ。

今日の夕刻はいよいよモスコーに到着するのだ。八日間を無事に過ごした事を心で感謝しながら、荷物の用意をした。コップと皿、ナイフ、ホークには何れもシベリヤ横断記念と書き込んで保存することにした。ドイツ人、スウェーデンの若き夫婦、支那人、そして岡本氏——それ等の人々と今日は別れなければならないかと思うと、何となく哀愁を覚ゆる。昼の食事は全部でテーブルを同じうし、午後三時頃には自分の部屋で茶の会を開いた。自分の一番好きな番茶と奈良漬の罐詰を切って出し、大阪で買った羊羹《ようかん》などで楽しく最後の語り合いをした。

（昭和六年六月十八日）

世界一周記（十九*）
〈シベリヤの旅⑨莫斯科《モスクワ》にて〉

五月二十四日夕記。

シベリヤの旅を終わって午後五時モスコーに着いた。日はまだ高い。直ちにグランド・ホテルに自動車を飛ばした。

モスコー駅は今道路の改築をしている。停車場前の大通りを通って、幾つかの街を曲がって、ホテルに着いた。三階の四百十九号という部屋である。

すぐ前は何かの役所らしい建物である。電車や自動車が目まぐるしく通っている。自分は静かにシベリヤの旅を振り返った——満洲里からまる八日間の汽車の旅、それは実に不愉快そのものの旅であった。朝夕に覚ゆる感じは只不快という二字に尽きる。二度と再びこんな場所は通らないと思ったりした。

まず湯に入って一週間の垢を洗い落とし、さっぱりした気分になって、過ぎし不快の旅をば忘れよう。まだ書き尽くせない所も多いけれど、国を立ってから二週間以上の汽車の旅だ。疲労もあるし、言葉の不自由から来る神経衰弱でいらいらした気分はこれ以上この駄文をつらねるの勇気もない。

習い初めた露語の書き方で手紙を五六十本書いたら、もう総ての仕事がいやになった。

鍵を下ろしてベッドに横になった——一時間ばかりで目が覚める。今夜はロシヤのオペラを見る事にしよう。洋服を着換えてブラブラ出かけることにした。

(五月二十四日夕モスコー、グランド・ホテルにて記)

(昭和六年六月十九日)

【解説】シベリア横断の長旅を終えて、ようやくモスコー（モスクワ）に着いた。汽車による長旅の疲れがありありとうかがえる。わずか三十七行の記事で終えている。なお、連載の通算回数が、前回の「十四回」から四回飛んで、いきなり「十九回」になっている。途中の十五回〜十八回の連載は見当たらず。

世界一周記（二十）

〈白夜の都より①莫斯科にて〉

想えば遥けくも来つるかなの感深し。郡山を立ってより今日で丁度十七日。途中京城、ハルビンに一泊せしのみ。遠山、近水を車窓より眺めて此所に、陸路七千哩（マイル）、今白夜の都モスコーに着した。自分はホテル・グランドの窓に凭《よ》って、長き旅の疲れを癒やした。

ウェルズは「理想郷とは自由に金無くして旅の出来る社会でなければならぬ、世界中の言葉が同じで旅の出来る社会でなければならぬ」と言ってるが、それはたしかに理想郷であろう。ある人は「金が貴いのではない、金の与える自由が尊いのだ」と言ったが、吾々はもう少しく簡単に、そうして金のかゝらない旅行の出来る事を欲する。

欧米を一巡するのに、一万円か一万五千円なければならぬという。そんな馬鹿げた話はない。自分はその半分の費用で歩いてきたいと思う。一昨年も満鮮から支那の北部を回ってきたがそれは、僅かの費用で四十日ばかりの旅をした。自分はその旅で、未見の世界を発見した。旅はすべての物を新たにする。旅行をする事は新を求める事だ。自由の天地を求める事だ。そして自分の姿を発見する事になるのだ。

何のためにこんな所まで来た……はしがきに書いた様に、自分は自分の姿を発見せんがために世界を歩くのだ。シベリヤの旅一週間は汽車に乗り続けた。下車して一泊したいと思ってもそれは許されない。一箇月以内にこの国を立て――と。何処に自由があるのだ？　車窓にうつる千山万水、これを写真にすることは出来ぬ――何処に自由があるのだ。駅々に群がる飢えたる人々――これを世界の同胞に訴える事は出来ぬ。

人が人を搾取せざる社会の建設、何処にあるのだ。自分はこう叫びたくなる。ホテルに泊まって見物して歩くにもビクビクせなければならぬ。一本の手紙を出すのにも不安と恐怖を覚ゆるのだ。「吾等の祖国ロシアを守れ」などという気違いどもにこの天国を見せてやりたいものだ。

スターリンの御膝元であるこのモスコー、そこに階級はないのか？　自分は多くの特権階級を見出だした。ホテルを見よ、道行く人々を見よ、会社、銀行に働く人を見よ、家庭を見よ、学校の中を見よ、教会を見よ。そこに多くの特権階級があるではないか。一言にこれを尽くせば、ソビエット・ロシアは貴族の独裁専制の政治より、無産者の独裁専制政治に移ったというに過ぎないのだ。共産主義の国家が建設されて居るのではない。共産主義に移る一つの過程に行き悩んでるのがロシヤの現状だ。

（昭和六年六月二十日）

【解説】「自分の姿を発見するために世界を歩くのだ」と、菅家喜六はここでも今回の旅の目的を強調している。そしてまた、ここでもロシア共産主義の現状に対するジャーナリスト菅家喜六自身の批評が、容赦なく加えられている。「何処に自由があるのだ？」「人が人を搾取せざる社会の建設、何処にあるのだ」と手厳しい。けれどもそれは批判というよりも失望に近いのでは。この連載の末尾に書いているように、菅家喜六は「共産主義に移る一つの過程に行き悩んでいるのがロシアの現状だ」と結んでいることに注目したい。ともあれ欧露に第一歩を踏み入れたのだ。

世界一周記（二十二）

〈白夜の都より②莫斯科にて〉

ソビエット、ロシアは世界の謎であり、スフヒンクスである。研究すればする程わからなくなってくるのがロシアと隣邦支那老大国とであろう。人によって見方も違う故にこれを端的にロシアの真相はかくかく也という事も少しく軽率である。自分等の見たロシア、それもあるいは或る半面に過ぎないかも知れぬ。しかれども吾等はロシアをもって天国也とは如何に割引をして見ても考える事は出来ぬ。

ロシアの現状は経済的に行詰まりを来している。特に農村はその窮乏を告げているのであって、日本のそれとは比較にならぬ。ロシアには白いパンを見る事が出来ぬ。如何なる上級のホテルでも色のあるパンしか使用してないし、紳士も淑女も子供も大人も旅人もことごとく黒パンをかじらなければならない。ロシアの茶（チャーイ）をのむにしても、コーヒーをのむにしても、砂糖は二つ使用しない、一つを半分にして出す。ポーターでも案内人でも給仕でもすべてが一寸した用事をたのめばすぐに煙草を一本くれという。如何に生活の脅威をうけているかがうかがい知ることが出来よう。革命以来ソビエット政府は、工場を国営とし、外国貿易は独占して、自由商業を否定した。その結果は都市と農村との連絡をたつ事になり、物資の供給は不充分となった。農村の穀物は政府の手で輸出する事が出来なくなり、ここに農村の疲弊となり、工業の建て直しも不可能となって、全くその経済生活は行詰まりを来したのである。ここに於てかの五ケ年計画というすこぶる厖大なるものを発表し、一九二七年の総生産高百八十三億ルーブルを五年後の一九三二年には四百三十二億ルーブルの生産にして、この五ケ年の間に全産額を三倍なり四倍なりに飛躍せしめようとするのである。ロシア国内はどこの駅にも、この宣伝ポスターが貼り付けられてあり所によっては図解をしてあるポスターもあった。又市街地には工場がどんどん建築されてるのを見る事が出来る。この計画がどこまで徹底して国民経済の中に調和されていくかは、要するに今後に残されたる問題であり、その計画に違算を生ずれば、労農政府としては相当の痛手であるが故にこの組織の達成に彼等は全精力を傾倒しているらしい。

帝政時代の宰相ウィッテが外国の資本を入れて工業の発達を計ろうとした失敗と同じく、この五年計画もそんな運命に陥るものではないかと見る人もある。ロシアの国民性は画一的制度を嫌う。故に大産業計画も大工業組織も成功するものではないと考える人もある。何れにせよ、後日に残されたる問題と見るより外にない。

この外に自分はロシアに対し研究してみたいことは、革命に対する民衆の声――即ち共産党に対する彼等の真の叫び――宗教撲滅運動の実際――それらの実際を見聞してみたいと思っている。

（モスコー、グランドホテルにて記）

（昭和六年六月二十一日）

世界一周記（二十二）

〈白夜の都より③莫斯科にて〉

ソビエット、ロシアの理想から言えば、国内に一人の失業者も一人の乞食もなかるべき筈なのだ。しかるにモスコー市街を見物した人は驚くであろう。そのあまりに乞食と失業者の多いのに。

シベリヤ鉄道の沿線に見るあの多数の飢えたる人々――これを何と見てよいのか？　汽車が停車しても盗難のおそれがあって、うっかり部屋は出られぬ。同じ独裁専制政治の国でも、伊太利（イタリア）のごときムッソリーニの出現によって、世界第一の失業、乞食国が状態を一変し、移民を禁止する程までに国内の産業が振興した。これと対照しロシアの現状はあまりにも悲惨である。食糧品の窮乏の事は先に書いたが、住宅難もまた大きな社会問題として労農政府の頭痛の種になっている。モスコー郊外の駅々に家もなく、野天に寝そべる多くの人々を見る時に、如何に衣食住の安定がないかということを想像するに充分である。

彼等は軍国主義、帝国主義を倒せと叫ぶ。人によってはロシアに兵隊がない様にさえ思ってる。赤軍の常備兵力量は約百万と称されてる。男子は十六歳から十八歳まで軍事教練を一ヶ月受くるのだ。更に十九歳より二十歳の間に二ヶ月ないしは三ヶ月の予備教育――主として政治教育をうくる事になってる。しかも国民皆兵主義で十九歳より四十歳まではことごとく兵役の義務あるものと憲法に定めてある。徹底したる軍国主義ではあるまいか。共産党員は最もよき軍人也という標語を作り、盛んに軍事教練をやって女でもこれに参加している。自分はある朝、グランドホテルの窓から女軍が教練をやってるのを見て驚いた。東支鉄道問題の時にロシアは戦争を否定し、平和を愛するが故にあくまで平和的手段によって事を解決すると世界に宣言したにかかわらず、戦線を拡大し海拉爾まで侵入して軍事的行動に出て侵略主義を発揮した。自分は海拉爾駅の惨憺《さんたん》たる戦禍の跡を汽車の窓からながめた。ここで自分は思い出すことがある。一昨々年か、日本が山東に出兵した時、「強盗にひとしき日本の軍閥は支那領土分割侵略を始めた。日本の労働者、農民、兵士諸君、速やかに革命をおこせ。しかしてプロレタリア独裁の旗を樹てゝ山東出兵に反対せよ」という宣伝ビラを、自分の新聞社で工場閉鎖後にひそかに誰やらが印刷したのか知らないで、警察から注意があったので、調査して見たら編集の記者の中に一人ロシアを天国と思ってる馬鹿者があった。その男の仕業であることが判明した。ロシアは日本の山東出兵に反対する資格があったであろうか？

（昭和六年六月二十二日）

【解説】この記事に出てくる山東出兵とは、昭和二年から三年にかけて大日本帝国が、三度にわたって中華民国山東省に派兵して起きた軍事衝突。この時、菅家喜六が指揮をとっていた新聞社で「山東出兵に反対する」という宣伝ビラが印刷される事件があったという。あまり表面化しない事件だったようだ。おそらく、憲政派だった「福島毎日新聞」（大正十四年〜昭和六年まで発行）での出来事であろうか。

世界一周記（二十三）

〈白夜の都より④莫斯科にて〉

一夜ボリショイ、テアトルにパレットを見物した。その筋は宗教たのむに足らずといったような場面であるらしい。仏像を背景とし、左にキリストの像を掲げ、或る一人の美女がここに日夜祈りを捧げる。僧侶が出て来る、カトリックの親父が出て来る。そして説教らしい仕草だ。次の幕は美女が発狂する場面らしい。仏像を破壊しキリストの額を引きさいてしまう。この光景を見た僧侶も親父も呆然自失してしまう。又一人の男があった。朝夕に祈りを忘れず宗教に凝り固まったために遂に夜、多数の蛇にかこまれて悩む光景を電気作用で暗がりの中に見せる仕掛けだ。

この間に踊子が多数でダンスをやったりする所はあるが、大体こんなものであった。共産党は盛んに宗教の撲滅運動をやっている。パレットに至るまでこの場面を出すのだ。欧州大戦前まではロシヤに八万の寺があるといわれて居った。車窓より市街を望む時、一段と目につくのは金色燦爛《こんじきさんらん》たる十字架の教会である。この教会の数がかなりに減ぜられたらしい。レーニンズムと宗教は両立しない。従って共産党では無信仰同盟を作り政治的干渉によって、宗教撲滅の社会運動を起こしているのだ。

共産党の青年達が隊をなして、教会に押しかけ宣教師が説教を始めると高声を発したり、無暗に拍手をしたりして妨害するらしい。ロシヤの国民は祈祷のすきな国民でありながら、よくもこれに忍び得ると思っていろいろ研究して見るとこれは共産党を恐れ、ゲ・ペ・ウなる国家政治部の探偵共に睨まれるのが嫌さに表面は反対運動ともしないけれど、各家庭ではやはり以前と同じく盛んに祈祷をなし日曜には迫害を受けながらも説教を聞きに教会にゆくらしい。

自分はレーニン廟を見て外に出た時、世界最大の鐘といわるるイバンペリキ楼の西なるウスペンスキ聖堂より鳴り響く鐘の音を聞いた時、一種の強き皮肉をば感じた。人生より宗教を取り去ることは断じて出来ぬ。宗教は阿片ではない。

祈らざる人生に天国の在る筈なし。祈らざる人生は滅ぶ。共産主義ロシヤが宗教なき社会を建設せんとして、行詰まり経済的にも思想的にも悩む事は、蓋し当然なことであろう。ロシヤの過去は死んだ。しかれども新しいものは未だに出現しない。

（昭和六年六月二十三日）

世界一周記（二十四）

〈白夜の都より⑤莫斯科にて〉

　以上述べた所によってロシヤが生みの悩みを続けている事がわかる。今ロシヤでやっている制度は共産主義そのものではない。共産主義に移る一つの過程としての国家資本主義とでも言うのであろう。ある雑誌にロシヤの青年が「吾々は共産主義は歓迎しない。しかしながらこれに代わって何か據《よ》るべきものがあるかといえば何もない。何もなければ共産主義と同行するより外はない」と叫んだことが書いてあるが、これが今日ロシヤの民衆が抱えている多くの思想ではあるまいか？　議会政治を否認しても、より以上の政治形式がなければ仕方もない。政党政治が嫌だといっても、より以上の政治形式がなければそれに據るより外はない。

　これと同じく、ロシヤは今據り所を失っている悩みの共産主義同行者が多いのだ。あるロシヤ青年が国境を越えパリーに旅した。彼は華やかなる総てに雀躍《じゃくやく》してよろこんだ。そして監獄であるモスコーから逃れ出たことを祝福して、数ヶ月をここに送った。その時に彼は考えた。金のことばかり考えるパリーではないか。すべては金づくめである。彼はこのブルジョア的なパリーに嫌気をさし、また元の監獄モスコーに帰った。そして彼の叫ぶのには「モスコーは愉快なところではない。けれども人々は計画をつかんで、理想のために戦っている。その雰囲気が自分は恋しくて帰ったのだ」と。

　自分はこの二人の青年に教えられた。それはロシヤの民衆が、ソビエットを歓迎はしない。しかし敢えて強き反対もしないのは、この思想からである事を。

　今の知識階級はたしかにこの思想だが、やがて現在の小国民が青年となり、更に父となり母となった時に、世界の文化と世界の制度とを研究した時に、よくこの労農ロシヤを支持し、共産主義を奉ずるであろうか。ここにも残されたる一つの問題がある。自分は混沌たるロシヤを眺め、外国の通信も自由にさせず、国内の言論文章にも極度の干渉をしている理由もわかった。

これでは写真の撮影も禁じなければなるまい。外国人の長滞在もこまるであろう。そして小学校の一年生から共産主義を必須科目としている理由も判ってきた。悩みのロシヤよ、何処へ行く。

（モスコーにて記）

（昭和六年六月二十四日）

【解説】ロシアの共産主義を観察した一編。菅家喜六の新聞ジャーナリストとしての高い見識と、やがて政治家へと進んでいく確固たる信条や哲学がうかがえる。

世界一周記 （二十五）

〈白夜の都より⑥莫斯科にて〉トルストイの家

不自由ながらも、曲がりなりにも先ずホテルに陣取ることは出来た。これからの心配は金がいくらかかるか？滞在の査証を如何にしてとるか？　そうして如何なる方法で街を見るかということであった。

芝居の切符はホテルで手まねで買った。驚くなかれ十二円。シベリヤの食堂で法外な金を取られているので、食堂に入ってもビクビクだ。まアこんな所は早く逃出す準備だとは考えている。しかしながら何うしても見たいのはクレムリン宮殿と、革命博物館と、赤い広場にレーニンのミイラ。それとトルストイの家である。旅行案内を見ると「エンテイースト」ロシヤの旅行案内社がある。そこに入ったら何かの便宜もあろうと思って地図を調べて見たが判明しない。帳場に聞こうと思って下に来て見た所、どこかの外国人と話をして荷物の世話などをして居るのが、ガイドらしい。エンテイースと聞いたら「イエス」と言う。それからトルストイの家を聞いたところ、

「トルストイ、トルストイ、ダァダァ」

を繰返して早速と自動車を呼んでくれた。この女ガイド仲々のおしゃべりで、自動車の中でなんだか訳のわからない事をいう。「オーエィス」「ダァ、ハラショウ」と「ヤー、ヤー」英語に露語に独逸語であしらって平気なものだ。

旅は人間をよほど図々しくする。ホテルに帰って一人で、おかしくなる時もある。夜、レストランに入った。すると仏語のメニューでデール、ヌイ、ウージンをやればよいのだが、そこは旅の興味だ、いい加減な所を注文して見た。エンゲン豆が皿一ぱい来た。自分は東京である新帰朝者と、もう一人の友人と三人で風月に行ったことがある。横文字のメニューが来た。

新帰朝者は俺の天下だといわんばかりの顔付きで、英語で何か注文した。待っているとスィート・ポテートが来た。おかしいと思ったけれど、まあ外国はこんな訳かと思いながら食べていると、あとの料理も又スィート・ポテートであった。自分も、もう一人の友人も唖然とした――その時の事などおもい出した。

この間はハルビンで大阪の帝大総長の長岡博士の失敗談を聞いてきた。学者も役人も、教育者も、みんな失敗だらけの旅行をして来ても、帰ると偉いことをいう。洋行帰りが嘲笑を受ける時代だと言ったのはこの事だ。

こんなことを考えているうちに自動車はとまった。トルストイ通りである。ささやかな門を入ると受付があって名簿が備え付けてある。世界のあらゆる階級の人々がこゝを訪ねている。幾千幾万の人々の名が記されてある。自分も署名して中に入った。案内人がぺらぺらロシヤ語で、しゃべるけれども少しもわからない。雑誌や書籍で

見ていたので、部屋の間取りのことは案内人の説明をまつまでもなく、子供さんの部屋、奥さんの応接間、トルストイ翁が多くの弟子共を集めて話しあった食堂兼応接間、何れも文豪の俤《おもかげ》を偲ぶに充分である。

時に裏二階の翁が晩年の創作に当たった部屋——机も椅子も、机の上の原稿紙や手紙、インクなどそのままにならべられてある辺り、裏庭の木立など歩けば今にも翁が出てくるような感じを与える。二十銭出して絵葉書を買い、庭の中を二三度歩き回った。屋敷は三、四百坪もあろうか、家の建坪は二階と下で可成りに広い。

その半分はナポレオンがモスコーを攻めた時代からの建築で、あとの半分はその後に増築をしたらしい。偉大な足跡を残したこの文豪の住家をそのまま公開出来るのはロシヤの一つの誇りである。吾々はロシヤの現在に敬意を表すること頗《すこぶ》る薄い。又すべての組織と制度は吾々の嫌悪するところである。ただ一つ如何にしても尊敬せざるべからざるは、レーニンとトルストイの存在したことである。英、米、仏、何れの一等国にも、まだこれ以上に偉大な政治家と文豪を多くは見出だすことは出来ないであろう。自分は夕方近くホテルに帰った。

(モスコー、グランドホテルにて記)

(昭和六年六月二十五日)

世界一周記 (二十六)

〈白夜の都より⑦莫斯科にて〉レーニン廟を見る

石で造られた門のような所をくぐり抜けるとすぐに「赤い広場」だ。ホテルから歩いて二三丁、真向かいがクレムリン宮殿の高い赤煉瓦塀。その塀の前に黒と鼠色の大理石でガッシリ作られてあるのがレーニン廟である。何の飾りもなく只磨き上げられた大理石が、日本で碑を建てる時の、土台石のように積上げられているだけの事である。昔は日を限ってこれを公開したが、今は午後七時から毎日一般人に見物を許している。自分も時間通りに午後七時赤い広場に行ってみた。驚くべし、そこには数千の人々が二列にならんで門扉の開かれるのを待っている。兵隊が出て見物人を二人ずつ二列にならばしている。やがて門が開いて人々が繰出した。一時間程待たされて初めて自分の列のところに来た。入口で皆帽子を取って襟を正す。門を入ると大理石の石段を下に三階ほどくだるのだ。薄暗いこの中を静かに通る——あの口やかましいロシヤ人、そして不規則なロシヤ人——それが皆んな静粛に歩みを進めてる。どこかに荘厳さがあるのだ。神に対する祈りを捨てたロシヤ人が、神ならぬレーニンに黙祷を捧げてるのも面白い。ヤッパリ人生から宗教心を取ってしまうことは出来ない事である。段の角々《かどかど》に兵隊が剣をぬいて起立している。いよいよレーニンのミイラのある部屋に来た。そこは電気で明るい。部屋には赤の大理石が雲の模様に張られて、その中央に屋根型のガラス箱がある。レーニンはその中に静かに永久の眠りに就いている。

写真で見る何時も着てるカーキ色の詰襟服、半身だけを出して横になって、腰から下は毛布でおおわれてる。髪も髯も綺麗に刈込まれている。顔色は青白い。目のあたりが少し窪んでるし、顔全体が痩せて見える。しかし左の手を出して胸のところに置いてある様子など死せる人とも思えない。今にも声を出して「わが愛するロシヤの民衆よ！」とでも叫びそうだ。自分はこの様子を眺めた一瞬間に何とも言いようのない感動をうけた。そして息づまるような気分でここを出た。外にはまだ幾千の人々が列をなしてる。何と盛んな事であろう。この光景をクレムリン宮殿と対照する時一つの皮肉を覚える。何といってもレーニンは偉大なる存在であった。世界の人々を震駭《がい》させた彼は近代における唯一の英傑である。共産主義を極度に排撃する人でも又レーニンの奉ずる主義主張を嫌う人でも、この英傑の死せる姿に接した時、どうして尊敬せずに居られよう。

レーニンを尊敬することは、直ちに共産主義の礼賛とはならない。我等は彼の共産主義以外に、彼の人として尊敬すべき多くのものある事を教えられた。

（モスコーにて記）

（昭和六年六月二十六日）

世界一周記（二十七）

〈白夜の都より⑧莫斯科にて〉さらばモスコーよ

ボリショイ、テアトルのパレットは十時半に閉幕になった。色々な人々に押し出されるようにテヤトルナヤの広場に出た。そこには多くの人が歩いている。まだモスコーでは宵の中なのだ。十一時からホテルのレストランで夕食が始まる。ホテルの帰り路、テヤトルナヤ広場を通り過ぎて来ようとすると、一人の婦人が突き当たって行き去った。おかしいと思って振返って見ると、ニヤッと笑ってハンケチを暗闇で振る――ロシヤには売笑婦はない筈だ。いま労農政府は厳重にその取締りをやっている。

それだのに、モスコーの真ん中にこんなことがある。恐ろしくなって、ホテルに駈け込んだ。もう十二時になる。けれど湯に一つ入ってやろうと思って湯殿に入った。鍵をあけて、よい気分でバスに長くなっていると、戸の外で何やら大きな声で言っている者がある。ボーイが怒っているのだ。こんなに遅く湯を使ってはいけないというらしい。だまって小さくなっていると、外から鍵をかけて行ってしまった。しまったと思ったけれども仕方がない。不安と恐怖を感じた。

こうなれば度胸だ――喧嘩をしてしまい――呼び鈴を押し続けた。するとまた靴の音がしてボーイが大きな声で、がなってそのまま行ってしまった。

呼び鈴を押し続けた――いよいよたまらないと思ったか鍵をあけてブツブツ言いながら部屋にもどったらしい。失敗もこの程度ですんだ。床に入ったが色々のことを考え出して眠りつけない。

電車が動き出した。起きて日誌などを書いた。そして露語と独逸語の書き方などを練習した。

十時半から革命博物館や美術館、それに中央寺院などの見物をした。午後からデパートで二三買物をしようと思ったが、絵葉書一枚二十銭と聞いては、寄りつけない。革命当時の油絵が美術館に沢山あったので、その葉書を買いたいと思ったけれど、どの店にも売っていない。クレムリン宮殿に赤い広場の葉書を買って友人に送った。

もう、これ位でロシヤも切り上げよう。金でもかからなければ、ゆっくりしてもよいが、何分すべてが高いので恐ろしくて長滞在は出来ぬ。夜の九時半でワルソーに出発することにした。

さらばロシヤよ。不安と恐怖と不快のうちにも、無事取調べや捕縛もされず数日を過ごさせてくれたことを感謝しよう。

(モスコー出発の夜記す)

(昭和六年六月二十七日)

世界一周記（二十八）

〈白夜の都より⑨莫斯科にて〉さらばモスコーよ

短時日の間に色々の物を見た。ロシヤの研究は吾々日本人として最も必要の事だ。政治的にも、軍事的にも、支那とロシヤは日本にとっては重大なる関係がある。今ロシヤは悩んでるけれど五年計画が見事に成功し、共産主義国家が着々その基礎を作った。後は政治的にも経済的にも、ロシヤは世界に於ける一大恐怖であり、国歩艱難《こくほかんなん》の間にも種々なる建設をなしつつあるロシヤの将来は決して半面のみをもって侮ることは出来ぬ。スターリンは、「今に見ろ、吾々は世界無比の素晴らしい産業組織を造って見せる。その時には吾々は一枚の宣伝ビラもいらない、そして立派に世界革命をやらして見せる」と豪語しているそうだ。ロシヤの目標はヨーロッパではない。やっぱりアジアだ。アジアの中でも支那と印度……それに目を注いでるのだ。吾々はアジアの研究者とならなければならぬ。

さらばロシヤよ。モスコーよ。自分は汝の姿をよく見た。然して今ヨーロッパに立つ――。

（付記。色々の事をとりとめもなく書いた。そこには矛盾もあろう。走る汽車の中、いらいらするホテルの机、僅かの停車時間――それを利用しての仕事だ。読者諸賢の御許しを乞う。私はこれよりポーランドを視察し、ドイツに入る予定である。五月二十八日モスコーにて記す）

（昭和六年六月二十八日）

第二章

伯林《ベルリン》〜北欧歴訪の旅

世界一周記（二十九）

〈ワルソー＊の一日〉

負け惜しみをいうのではないが、金をかけないで旅行するのが旅の玄人だ。馬鹿金を消費《つか》って外国で笑われて帰る日本人が多いのだ。自分は今旅の玄人にならんとしつつある。

汽車時間の精密な調査、ホテルの選定、観光場所の研究、買物の仕方――トランク一個を携えて、乗合自動車に乗ってホテルに行ったりする事が苦もなく出来るようになれば、億劫《おっくう》さが抜けて旅も気楽なものだ。国を出る時、言葉が通じないで困るでないかなどと心配する人も多かった。

◇

そんな事を考えていると、旅に出るのは益々億劫になるのだ。会津の山中から出て来ても京都で結構、言葉は通ずる。ロシヤでも、ポーランドでもドイツでも、オー、エイスとかダァダァとか、ヤーヤー位の事を言ってれば心配はない。

最初の中はどぎまぎしたが、もうこの頃は大胆なものだ。汽車に乗り合わした外人にブロークンの英語で話をするようにもなった。

◇

旅は人間を一段上に引き上げる一つの刺激になる。ロシヤを発ってポーランドに入ってつくづくその感を深くした。

最初はワルソーに一泊しようと思ったが、汽車の時間を調べてみた結果、三時間あまり停車の時間のあることが判ったので、その間に市内を一通り見物する事にした。ここで一日倹約が出来た。ワルソーの駅は非常に感じがよい。

ロシヤの国境を越えると空気が一変してしまう。ロシヤの国境を出る時税関の検査があって、荷物の方は何でもなかったが、所持金の事で何か言って二十七ドル、日本金の五十余円を取って赤い紙切れを自分に渡した。何の意味だか少しも判らない。理屈を言ってみたけれども始まらないし、汽車の時間も来たのでそのままにして引き上げた。ベルリンの大使館から交渉して貰うことにしよう。

◇

ワルソーの街は小綺麗な活気のある街である。カッスル広場、ナポレオン広場、セントアンネ教会、オペラ劇場等を見物した。夕刻ベルリンに向かって出発した。

停車場に来て見るとパリーに立つ人々で非常な混雑である。若き妻と別れを惜しみホームで盛んにキッスをやる。

そこでもここでも接吻をやられるので、見てる者にはやり切れない。特にそんな場面を見たことのない自分には一層癪《しゃく》にさわった。窓から首を延ばして口吸いをするなど、あんまり見っともよくない。

（ベルリン行列車中にて）

（昭和六年六月二十九日）

＊　ワルソーは「ワルシャワ」の英語読み。

世界一周記（三十）

〈森の都・伯林より①〉

スラブ人種の植民地で淋しい一漁村に過ぎなかったという伯林《ベルリン》を現今どうして想像することが出来ようか。人口四百万、ライプチヒ、プラッツから十字に交叉しているフリードリヒ、ストラーゼの繁華な街を見た時に昔の俤《おもかげ》など偲ぶよしもない。

長い寂寥《せきりょう》のシベリヤの旅から×××停車場に下された時に、ただ大規模の都市計画に驚かされるばかりだ。欧州大戦後、カイゼル・ウィルヘルムの退位と革命騒ぎのために一時衰運を伝えられたけれど、現在は全く旧態に復して繁華な不夜城となっている。自分は午後一時到着して、セントラル・ホテルに宿泊した。

◇

二週間余の旅の疲れを癒やすために暫時ここに滞在したいと思う。シャツ、洋服、すべてをクリーニングに出してから、ホテルの理髪所に行き、シベリヤの垢を落とした。急に都会に来て明るい様な感じがする。市内の見物をして買物などしたけれど第一独逸語で悩まされる。ヤーヤーだけが耳に入るけれどその他は一切判らない。

ホテルでは英語も通るけれど一足戸外に出ればもうだめだ。手まねで買物する様子は自分ながら可笑《おか》しくもなった。

◇

夜でもあればまだしもの事、真昼中ことばを発しない一人歩きで買物は殊更に恥かしい様にも思われる。けれど一日一日と大胆になって平気でピイッチとか何とか片言まじりで、いかにも独逸語を話せるといったような顔付きで店先に立つこともある。

伯林の商店は朝の九時から午後の七時までで、どんな店でも夜間は営業しない。銀ブラのように沢山の人は散歩に出るけれど、買物はしない。ショー・ウエンド（ウインド）を覗いて歩いてるだけだ。自分も用事もないのに毎日のようにウンターデン・リンデンを何べんも歩いたりした。市内の名所見物は少し落ち着いてからにしよう。

◇

夜の十二時になっても街を歩いてる人は絶えない。ホテルの窓に寄って戸外を眺めてると誠にその賑やかさに驚かされる。どのカフェーを見ても多くの人が入っているし、道路に食卓を出して、花など飾り立てた所で、道行く人々を眺めながら、カフェーを啜ってる。それが夜通し続くのだから面白い。友達に誘われてカフェーの見物に出かけた。××××という所は世界各国のカフェーが見られる。沢山の人が思い思いのカフェーで踊って居った。

◇

それから伯林第一というカフェーに行ってみた。午前の一時過ぎになるけれど、ここのカバレーは徹夜らしい。ハルビンで見るような下品な事はないけれど、食卓に電話が備え付けてあってシャンペンを抜いて考え込んでいるとビリビリンと呼び鈴がなる。受話器を取って耳にあてると、ハローハローと何処からか呼んでいる。あとは独逸《ドイツ》語で判らない。友人に聞けば、ダンサーが踊らないかと呼んでいるのだそうだ。返辞しないとすぐウェーターに手紙を持たしてよこす。実にうるさい事だ。馬鹿々々しくなってここを出た。

◇

ホテルまで自動車で帰ったが、ホテルの付近に沢山の婦人が立ってるから、不思議に思った所、これが有名なストリート・ガアールだ。すぐに近よってハローハローをやる。それがこのホテルの付近一ぱいだと言っても大げさではない。

巡査などいても見ないふりだ。日本のように公娼のあるのも一等国として考えものだが、又大ピラに客の袖を引く売春婦が闊歩《かっぽ》する伯林のようなところも一寸可笑しい。


（昭和六年六月三十日）

世界一周記（三十一）

〈森の都・伯林より②〉ベルリンにて

自分は公娼廃止論に賛成するものであるが、このように私娼が公娼同様に大道を練ってるのには賛成しかねる。国家が公に売淫を認むるという制度は最も野蛮だ。しかしながら、私娼の取締りが出来ずにこんな風になる事は公娼制度以上に弊害はあろう。自分は独逸小学校の先生にこの事を聞いてみた。青年男女にどんな影響があろうと思って。

「それは独逸の半面だ。そんな醜悪な場面もあろう。しかし人間生活の醜き一つの現れで、その事一つをもって全部を律する訳にはゆかぬ。そんな醜悪な場面を見ても動かざる精神教育をするのが独逸魂の教育だ。独逸の人はそんな場面を見ても平気で過ごすことの出来る腹が出来てるのだ――」

美術展覧会で裸体の彫刻が問題になるような教育の国でも駄目だ。

東京も欧米のごとくに銀座裏はかなりに醜悪なものである。それ等に動かされざる教育はたしかに必要な事であろう。

◇

ロンドンやパリ、ニューヨークはまだ見ないから確かなことは言えないが、近代的の都市計画では独逸が世界で一番でないかと思う。伝統的背景や歴史的情味には乏しいかも知れないけれど、その科学的な事、そうして組織的でありどこまでも規則正しく実用的で無駄というものはない。

どの家を見ても五階建てだ。道路は二十七八間もあるか。人道も車道も電車の道も皆ことごとく別になって、その間々に並木がキチンと揃って植えられてある。

◇

ベンチを見ても、自動車を見ても商店を見ても、画一的なところは飽くまでも独逸式だ。公園に行って見ても、どこまでも同じ様に造られてある。画家や政治家、学者――とあらゆる独逸における功労者の石像が建てられてあって、その付近に同じ寸法の生垣が綺麗に刈り込まれている。

それが同じ様に続いてる公園だ。紙屑一つなく掃除が行き届いており、又一々日本のように禁札を掲げなくその無闇に汚したりする者が少ない。街の綺麗さと秩序正しく整然としている点においても、世界一ではあるまいか。

◇

どこを見て歩いても壮麗だ。ベルリンは雄大という感じを与える。並木の刈り込まれた下に新聞など読んでいる光景は何とも言いようがない。先年自分は青島《チンタオ》に旅行して、独逸が築いたあの市街を見た時にもつくづく独逸魂の偉さを感じてあった。禿山であったあの青島は独逸人が行くようになってから、山は青々と樹木が繁り出した。

支那内地の殺風景な山を見て、青島の埠頭に立った時、山々の鬱蒼たる森林は旅人のたしかに一驚異である。

独逸は青島に植民する際に一番先に測候所を設けて、気候の関係を調査して直ちに植林を始めた。そうして小学生徒まで遠足に行って水筒の水が余っても、これを無駄に捨てず松の木の根元にやってきた。

◇

青島の森林はその賜である。独逸魂の偉さではなかろうか。独逸人は森林を愛する。一日、自分は郊外の飛行場で三円を払って、ベルリンの上空を二十分ばかり飛揚した。双眼鏡に映ずるものは、赤煉瓦の建物と青々とした森ばかりである。自分は思わず森の都と叫ばざるを得なかった。

公園は勿論のこと、邸宅、道の両側、樹木のあらざるところなしという有様だ。森林は静かである。森林は思索的だ。独逸の公園を歩いてると自分も学者にでもなれそうだ。森林を愛する独逸国民はたしかに思索的のところがあり、雄大な態度がある。

（セントラルホテルにて記）

（昭和六年七月一日）

世界一周記（三十二）

〈森の都・伯林より③〉ベルリンにて

日本の内地でさえ道を迷うことがしばしばだ。自分は東京などで方角が判らなくなることが度々ある。ベルリンで宿を出る時は必ず地図を携帯して出かけた。

しかしながら此所では、絶対に道に迷ったりする事はない。一寸判らなくなった時はプラッツ（広場）に行って、地図を開けば、自分のいる場所と行先がすぐに判明してくる。

この広場が到るところにあって、そこが各道路の交叉点になってるから、そこに立てば行先が判明するわけだ。広場は小公園になってるこの小公園も、皆同じように樹木があり、噴水があり、綺麗に行き届いた掃除をしている。

◇

どこに行っても俗悪な看板はない。勿論一枚の貼り札を発見することは出来ぬ。日本であれば、他人の塀にでも何でも広告をドシドシ貼ったり、空家でもあれば乱雑にビラが貼り出される。ベルリンにはこんな不規則な不秩序なことは見たくとも見る事は出来ぬ。

一定の場所に広告塔が建てられてあって、各商店の広告はここに集められる。また街を不潔にするような広告隊のビラ撒きは一切禁じているので、売り出しの音楽隊などというものはない。

◇

あくまで規則正しい。秩序正しい。ここにも、独逸の国民性の偉さがある。

物事を科学的に取扱う——キチンと正確にする——そして綺麗ずきであり、公徳心が強い。この国民性が衰運の独逸を復興せしめたのだ。聞けばベルリンも不景気で、失業者も多数生活難に陥ってる者が多いらしい。中流家庭における税金は一ヶ年に二千円以上納税せなければならぬ。その外に、償金の割当が税金と同じ様に国民の負担となってるから、一ヶ年にかれこれ五千円以上の税金だ。そんな訳で内情は苦しい。しかしながらこれを一人としてこぼす者はない。愚痴をいう者もない。泣き言をいわずに働いてこれを納め国民の義務を果たす。

◇

新興独逸の精神はここだ。不撓不屈の国民性が独逸を復興せしめたのだ。世界は独逸に学ばなければならない。ウィルヘルム・カイゼルの軍国主義のために一時国は衰えた。大戦に独逸は破れた——いま独逸は何を考えているか。

学術的に世界を征服せんとしている。科学的に勝利者たらんとしている。精神文明に勝ちを制さんとしている。かのツィッペリンを見よ。世界到るところにその商品を販売する商人の活躍を見よ。そこに独逸国民性の偉大さを発見することが出来る。国産愛用などと値の高い粗悪な品を売らなければならない様な日本とは違う。

（昭和六年七月二日）

世界一周記（三十二）

〈森の都・伯林より④〉ベルリンにて

ベルリンで一番繁華な、東京なら銀座という所はウンター、デン、リンデン通りと十字形に交叉するフリードリヒ、ストラーゼである。ここには各国の大公使館、諸官衙《かんが》、大商店大旅館が軒を並べ、又反対の側にはアカデミー、ドロテール、ストラーゼ付近にベルリン大学その他学術の府もおいてある。

自分はベルリンの大玄関であるブランデンブルグの凱旋門からチヤガルテン公園の方を見物し、四つの博物館や動物園、カイゼルの昔を偲ぶ宮殿、劇場などと数日を費して見物した。

◇

宮殿のバルコニーに立ってカイゼルが群がる民衆に對し「独逸は何故《なにゆえ》に戦わざるべからざるか」と演説したその光景など思い起こした。見るべき場所は限りがない。一週間滞在しても二週間滞在しても同じことだ。

しかし学校だけはよく見て帰りたいと思ったけれど、夏休みになって先生だけで生徒はいない。ようやくのことで一日、獣医学校を見学した。

馬の病院、犬の病院など珍しいものを数多く見せられた。その中に電気の小刀で肉を切るところを見たが、これはまだ一週間ばかり前に発明された機械で世界にはどこでも用いてないとのことだ。校長と記念の撮影などした。

◇

朝九時から見物に出かけるのだが、昼過ぎになると暑くて睡気が出てくるし戸外に出るのもいやになる。今年は非常に暑い。例年の七月中旬の気候だといっておったが、実際八、九十度の温度（注：華氏の温度か）だ。夏服で歩いても、汗でやり切れない。

国民絵画館見物に行った日などの暑さといったらそれは真夏にもない酷《きび》しいものだ。ドイツ画家の作品を誇るもの一千数百点と聞いたけれども、暑さで苦しいので、そこそこに此処を出て、自動車でドライブして郊外のポッツダームに行くことにした。

◇

幌を取って五十マイル位の速力を出すと自動車も涼しい。道路が立派であるから塵埃《じんあい》は少しもたたぬ。十六、七マイル走ると、湖水のような流れのあるハーロル河上に浮かび出た島の上にあるポッツダームに到着した。

◇

船でそこここをめぐると暑さ知らずだ。岸辺には沢山の男女が水浴をして居った。

郷里の老父母に見せたいと思って、活動写真の機械を求めた。それに色々の場面を収めたりして終日ここに暮らした。ここは長い前からプロシア王家第二の離宮となっていたところで、離宮の建築、庭園なども壮麗なものである。

フリードリヒ大王はこの地を永住の所と定め、サンスゥーシー離宮を築き美感を増し、それ以後歴代の国王——殊にフリードリヒ・ウィルヘルム一世は装飾を新たにして、今日を呈せしめたものである。

規則づくめのドイツと違っていくらか気も延び延びした。明日はベルリンに別れを告げハンブルグに行き、キールの軍港を視察していよいよ北欧の旅にのぼることにしよう。

（ベルリン、セントラルホテルにて）

（昭和六年七月三日）

【解説】驚くことに菅家喜六は、ドイツのポツダムを視察中に郷里の老父母に見せたいと考えて、ここで「活動写真」の機械を買い求めたという。当時の最新の八ミリ撮影機であろうか。このあと各国を歴訪中、この活動写真にさまざまな光景を収めたと書いている。いかにも新しいものが好きで、好奇心も強かったように思われる。

世界一周記（三十四）

〈北欧の旅①〉デンマーク一周

北欧の旅に出てから今日は三ケ月目だ。ベルリンは日本の七、八月の気候で夏服でも暑い位、シベリヤを冬仕度で通ってきた者には、このベルリンの暑さにも驚いた。人一倍に暑気を嫌う自分は、そこそこにベルリンを引きあげて、北欧の旅に出たのである。

スカンヂナビヤ半島の旅行は六月、七月に限るらしい。八月になると雨期で旅行には不適当だ。デンマークの農村を歩いてると、若葉は初夏の陽光と薫風に翻《ひるが》えってるけれど、肌にうすら寒さを感ずるくらいの気候だ。

◇

東京を出発する時、先に欧州を歩いてきた友人がどうしてデンマークやスウェーデン、ノルウェーなんかを旅するのだと不思議がっておったが、自分はどうしても独逸から、この半島廻りをしてみたかった。

別段これだという程の目的もないけれど、綺麗な農村を空想に描いておったためか、静かにデンマークの農村を歩いてみたかったのだ。ロシヤの青年の様に、自分は会津の田舎が懐かしくなった。

ハンブルグを夜の十時半に立つと、明朝六時には国境を越えてデンマークに着するのだ。地図を見ると海を越えることになってるけれど、夜中、列車中で少しも知らない中に、デンマークに着いておった。列車ボーイにノックされて驚いて起きて見ると、コペンハーゲンの停車場らしい。狼《あわ》てて用意をすませてホームに出た。寒さの用意はして来たのだけれど、朝風が身にしみる。

ホテル、フニックスのポーターに荷物を渡し自動車でホテルに急いだ。世界ラジオ会議がここに開会されているので、ホテルは満員。ようやくのことで二階の一室に閉じ籠ることが出来た。午前中はブラブラ市内の見物をしてみた。独逸で買った活動写真機できれいな公園や閑雅な住宅街などを映画にした。

ホテルは独逸語でも英語でも通るけれど、一般商店その他はデンマーク語でなければ通じない。ガイドを雇入れて少しばかりの買物などした。

今度の旅行で、つくづくうるさいと思ったことは金の両替である。モスコーでルーブルの計算をやっとのこと覚えたと思えば、ポーランドに来て両替をし、ドイツに入ってマークに替え、ここに来れば、今度はクロニ―に替えなければならぬ。

それもその日で相場も違い、金の種類も色々であるから覚えるのに容易ではない。日本の一円が約一円八十銭くらいになる。一クロニーが五十三、四銭の相場だ。マークよりは一寸値がよい。
消費《つか》い残りのマークがあったから石鹸を買うのに出してみたら、真ッ平だという顔付きで手を振る。これかと言ってクロニーを出すと笑顔をつくって、ヤッーヤッーをやる。ヤッーは独逸語のヤーと同じ事で英語のイエスという意味だ。（この項未完）

（昭和六年七月四日）

世界一周記（三十五）

〈北欧の旅②〉デンマーク一周（承前）

街を歩いてると珍しがって、どの人もどの人も自分の顔を見て通る。デパートに行くと女店員など穴のあく程顔を覗き込む。この辺には日本人がいないので珍しい様子だ。アホースのレジナ・ホテルに泊った時などは、ポーターが、お前の国の人が泊っていると言うから懐かしくなって、会って見るとこれは又シャムの人であった。一見すればなるほど吾等に似寄ってるところもある。

話をして見たところ、少しも判らない。あの人は違うといったら、お前は一体どこの国かと聞き返す。「ジャポン」だと返辞をすると驚いたような顔で部屋を出て行った。コペンハーゲンの名物「チボレー」見物に行った帰途、辻に立ってるストリート・ガァールが「ハローハロー」と呼びかけるので近寄って見ると誘いをかけているのだ。

◇

素見《ひや》かした所が大変に怒って、お前はフィリッピンだろうという。大道の真ん中で値切ったりする日本人は居ないと思って買被《かいかぶ》ってるのも面白い。一体ポーランドでも独逸でもそうだが、日本人には非常に敬意を表している模様だ。カフェーなどに行くと色々な物を売り付けに来る。日本人は金を持っていると思ってるらしい。

滑稽なことはアホースに着いた時、ここのアホース農業という新聞社の記者が訪ねて来て、写真を撮らしてくれと申込んできた。どうした訳だろうと思ったら、牧場や農場を視察すると言ってガイドを頼んだので、そのガイドから聞いたらしい。

◇

新聞社の玄関先で写真を撮影した。夕方、田舎の方から帰って夕食をして居ったところ、ボーイが一枚の新聞を持って来てこれを見ろ、と指さすので見ると、夕刊に自分の写真が出ている。

記事はデンマーク語なので読めない。ガイドに訳してもらったら、日本の富豪がデンマークの農村視察に来たと書いてあるなそうだ。笑わせるにも程がある。記念にその新聞一枚を買って、帰国のうえ笑い草に御覧に供したいと思う。

◇

コペンハーゲンは大きな都市ではない。案内人は人口八十万人というけれど、どの案内書にも五十六、七万としか書いてない。海に囲まれた島のような街だが、何となく落ちついてる。ローゼンボルグという公園に行くと、それは美しい。ちり屑一つを発見することが出来ぬ。

独逸でもそう感じたが、通りが非常に綺麗である。公園を見ても住宅の周囲を見てもよく掃き清められて、東京に見るような紙屑だらけの公園や大通りは、見たくとも見ることは出来ぬ。

コペンハーゲンの建築物はみな近代的のものばかりである。自分はシャーロソテルボルグ城を見物した。そは王立美術院で絵画が四、五百点陳列されている。この王城と接して荘厳な国民劇場の建物が聳え、この付近には詩人ホルベルセやガタレンシュレークルの銅像など建っている。

（昭和六年七月五日）

【解説】コペンハーゲンでアホース農業新聞から「逆取材」を受けたという。記事では日本の富豪がデンマークの農村視察に訪れたと紹介されるあたり、いかにも菅家喜六らしい剽軽な一面をのぞかせる。このあと各国歴訪中にも現地の新聞社と接触する場面があり、ご注目いただきたい。

なお、この項は印刷が非常に不鮮明なため、判読しにくい個所が多い。地名や人物名など誤記があったらお許しを願いたい。

世界一周記（三十六）

〈北欧の旅③〉

独逸でも沢山の王城を見せられたが、ここでも半日は城や博物館の見物でいささか倦怠を来たしたので、次の日から郊外にドライブして農村を訪れることにした。コペンハーゲンからヒルロードを通って、シェイクスピアがハムレットを書いたというヘルシノーに出て、海岸を回り一日がかりで歩こうという計画をたてた。里数にすると三、四十里もあろう。

しかし道路が完備しているから自動車は五十マイル位の速力を出すので、こんな所の往復は何でもない。ベルリンで作った旅行服に着換えて、朝の九時にホテルを出発した。天気はめずらしく晴れて初夏の朝風は肌ざわりよい。坦々たる道路はどこまでも続いている。ドイツで驚いたけれど、それに劣らざる立派なアスファルトの道路だ。二十八年型のピックは五十マイルの快速力で滑るが如くに走る。日本の道路は何時になったらこんなになるのであろう。

◇

一時間も行くともう農村だ。大きな町といっても人口二、三千人位のものしかない。青々とした丘——そこに静かな農村の景色を見る事が出来る。赤い瓦に風車がよく目につく。そこにも此処にも牧場があって、牛が青草の上に寝転んでいる。農夫は今芽を出したばかりの作物の手入れに余念がない。

日本で見る様に一つの畑に多数の家族で仕事をして居るようなことはなく、広々とした畑に一人か二人で静かに鋤を動かしている。いかにも平和な農村だ。レングビーで農科大学の実習地を見せてもらい、農業博物館なども見学した。その方面の智識に乏しい自分には、よく判らないけれど、日本の農事試験場あたりとその設備も規模も大分違うように思われた。

◇

小さな村をいくつも通り過ぎた。十一時にヒルロードに着し、夏の宮殿（今は博物館）を一時間ばかり見物してここのホテルで昼食をすませた。博物館には小学生や中学生が修学旅行らしい。先生に連れられて見物をしておった。毛色の変わった自分を見て皆妙な様子をしているので、握手をして見ると大変な喜び方だ。俺も俺もと皆手を出す。ここを活動に写し記念の撮影などした。日本にはこんな立派な博物館があるかと聞く。

実はまだ東京の博物館を見たことのない自分は、返答に窮したけれど「もっと立派なものが沢山ある」と言ったら、大きな青い目で皆んなが笑う。悪臆（わるびれ）をせず、快活に東洋人に話しかける天真なこの小学生を羨ましいと思った。ここの昼食は純デンマーク式でテーブルに沢山に料理を支那式に並べる。そしてスープだけ熱いものを持って来る。アスパラが沢山出てきた。

ガイドはデンマーク料理はどうかと尋ねる。誠に美味しいと言えばゆっくり沢山食べてくれ、ホテルの主人が喜ぶからなどと御世辞を言う。その中にホテルの主人が挨拶に来てよく来てくれたなどと笑顔をつくって見せた。

（昭和六年七月六日）

世界一周記（三十七）

〈北欧の旅④〉

ヘルシノーは一寸した町だ。すぐ対岸は瑞典《スウェーデン》で、関門海峡より少し離れてるかと思うくらいだ。ヘルシンポーグ港の建物が赤く見える。紺碧の海は静かでボートなど浮べてる人もあった。

この海岸通りは上流階級の別荘だ。しばらくしてから又村に出た。この付近で一番古い農家の風車などをカメラに入れて家の中を見せて貰うと思ったけれど、皆畑仕事や牧場に行っているので見る事は出来なかった。この辺の農民は小作人というものがない。みんな自分の土地を持っているし、牧場やバター、チーズの製造は組合でやってるらしい。

◇

近来はやはり世界的の不況で、牛、豚の値段も下り、チーズ、バターの売れ行きも悪いので一般に農村は不景気だ。税金のことを聞いてみたが、生活費と納税の金を差引くと年々暮らし込み（原文ママ）だと語っておった。

このヘルシノーに城があるが、その中にハムレットの墓だというものがある。二、三年前に建てたというのだから史実として正確かどうかは疑問だけれど、シェイクスピアがここに滞在して創作をした事は間違いないらしい。

◇

この城一帯の丘をハムレットの丘と称している。ここから二、三の村々を通って夕暮れにホテルに帰った。今夜は名物のチボレー見物に出かけるのだ。午後九時半頃ガイドを同伴してホテルを出た。

シベリヤで用いた厚い外套の襟を立てて、五十銭の入場料を払って中に入った。浅草の花屋敷を大きくしたようなものだ。活動写真があり、ダンスホールや色々の見世物に賭事をする遊戯。それにカフェー、舟遊び、自動車乗り——といったように種々な娯楽機関が設備されてある。日本式の料理店もあった。十一時頃ホテルに帰った。

◇

自分は西洋のホテルに別段不自由を感じた事はないけれど、一つどうしても困る事がある。それは洋式の便所だ。大抵の事に困らない自分もこれには閉口した。もう四十日ばかりになるけれど、まだ日本の便所に入ったような快感がない。腰を下す所に足で上がって失敬することにしている。

◇

コペンハーゲンは物価の安いところだ。日用品は独逸よりも安い。ビールの工場とシルクチーズ製造工場に陶器の工場を参観した。別段に珍しいこともない。どこの工場も同じことで、従業員は不景気のために半数に減じているらしい。

不景気の風は世界到るところを吹いている。ビール会社は職工三千人、シルク工場は男女で千人、陶器工場は六、七百人。工場は大きいけれど、職工を半数に減ずるくらいであるから従って工場の中も淋しい。視察して歩いてると職工達は珍しがって自分を眺めておった。

（昭和六年七月七日）

【解説】デンマークの農村を視察中、菅家喜六は何気なく「この辺の農民は小作人というものがない。みんな自分の土地を持っている」と書いている。まだ日本の農地解放が行われない戦前の昭和六年のことである。実は菅家喜六自身、戦前の農地制度に早くから疑問を覚えていたのかもしれない。

余談になるが、菅家喜六が生まれたのは現在の福島県大沼郡昭和村野尻である。この奥会津に六人きょうだいの末っ子である。彼の上から二番目の兄だった寅治は、のちに山内姓を名乗るのだが、その寅治の子供である山内二郎(一九〇七〜一九五五)は会津で小作農の解放運動に進んでいく。そして戦後の衆議院議員選挙で何度も出馬する。しかも同じ福島二区で、自由党所属の菅家喜六と無所属(のちに日本社会党)の山内二郎が相争うことになるのである。何という奇縁であろうか。

昭和二十二年四月二十五日の選挙記録をみると、菅家喜六（自由新）は郡山市に住所をおき五十四歳、山内二郎（無所属新）は若松市に住所をおき四十一歳だった。得票結果は菅家喜六が一万四千九百四十三票、山内二郎が六千八百十五票で共に落選した。このあと菅家喜六が晴れて議席を獲得するのは、昭和二十四年一月二十三日施行の第二十四回（戦後三回目）の衆院選のことである。

なお、山内二郎については『福島県史第二十二巻』に大沼郡野尻村（昭和村）出身、労働運動家、日本農民組合幹部、福島県農政審議会委員、著書に『農業恐慌と日本農民』などと人物紹介がある。また、昭和三十年の選挙報道資料によれば、安積中学卒、法政大中退、中学時代に農民党に入党、日農中央執行委員、日本社会党県連副会長、元福島民友新聞記者、農民新聞社長を経て大峰鉱山重役、著述業という経歴が記されている。

世界一周記（三十八）

〈北欧の旅⑤〉

首府コペンハーゲンからヘルシノーまで回り、更に船でアホース付近を歩けばデンマークは全部一周した事になる。一周したといっても、日本の九州位しかないのであるから驚く必要もない。アホースでは日本人をあまり見た事がないし新聞に華々しく掲載されたので、かなりに待遇された。博物館に行くと館長自らが案内してくれる。農場、牧場を訪ねれば、主人自らが説明してくれる。ホテルでも商店でもそれは実に親切なのに驚く。

この町に自分は意外の人を発見した。それは日清戦争当時、日本の電信隊の技師として活躍したブライヤー氏というもう七十余りの老人である。牧場視察から帰ったところ、一枚の名刺をボーイが持ってきた。知人はないはずだ。不思議なことである。何かの間違いであろうと尋ね返しても、お前は日本人だろうとボーイが言う。その老人は新聞で、日本人の菅家というものが視察に来たという記事を見て訪ねて来たのだと言う。早速会見した。聞けば懐しい話である。

◇

「自分は日本を忘れることが出来ない。丁度日清戦争の時に前後八年ばかり居ったのだけれど、貴国は私の最も記憶に残る懐しい第二の郷里だ。今日本が世界的に発展してる事を聞いて、この老人は喜んでいる。お前は少しも知らない青年であるが、夕刊の記事を見たら会ってみたくなった。どうする事も出来ない懐旧の情に迫られてお前を訪ねたのだ。変わった日本の話をしてくれないか――」と老人は半分日本語交じりに語って目に涙をたたえておった。

自分は意外なる所に意外の人を発見した。そうしてこの遠き町にかく迄日本を崇敬している人があるかと思えば、なんとなく、嬉しくて涙が出た。かれこれ一時間ばかり話して老人は帰った。住所を紙に記し、明日訪ねて来いという事であったけれど、旅の予定はその時間を許さぬ。自分は汽船の切符を買ってる関係上、そのままこの老人とわかれてしまった。

◇

北欧の旅で自分が感じたことは、日本に対する多くの人々が好感を持ってるという事である。旅に出て初めて日本の有難味がわかる。洋服が汚くとも、金が無くとも、日本人と聞けば、彼等は敬意を表する。

どんなところに行っても大道を濶歩出来るのは、日本という国のお蔭である。畏れ多いことではあるが、高松宮殿下が欧州を御一巡遊ばされた事は、どの位各国との親交を密にしたか知れはしない。各都市を御訪ねになった模様を聞くとその日は、日の丸の旗が戸毎に飜ったという事である。この光景を見た日本人で涙を催さぬ者は一人もなかったらしい。皇室の有難さを痛感した。

（昭和六年七月八日）

【解説】高松宮殿下は大正天皇の第三皇子、宣仁《のぶひと》様。宮中行事等のご公務のほか、国際親善、厚生、美術工芸、スポーツなど多彩な部門の団体の総裁に就任され、妃殿下喜久子様とご一緒に記念式典や大会にご臨席になるなどして関係者を励まされた。昭和六十二年二月三日、八十二歳で薨去された。福島県の猪苗代湖畔に「翁島別邸」が置かれたことで、県民に親しまれた。別邸はその後、福島県に御下賜され、天鏡閣、県迎賓館として公開されている（宮内庁ホームページなど参照）。

世界一周記（三十九）

〈北欧の旅⑥〉デンマーク一周（承前）

朝八時にホテルを出て、自動車で一時間ばかり走るとローリド・セン氏の牧場に着くのだ。セン氏は五十五、六歳の人で、親切に案内をしてくれた。デンマークは牧畜の盛んなところで、どんな家にも豚の三十や四十、牛の十頭や二十頭飼ってない農家はない。馬も沢山いた。組合でやってるらしい。牛乳が多く出るのでミルクやチーズの製造が盛んだ。一通り牧場内を視察して、同氏の邸宅を見せてもらった。セン氏はこの付近の富豪だ。

住宅の中に入ると旧家の俤《おもかげ》を偲ぶことが出来る。親譲りのパイプの珍しいのが沢山並べてあった。記念の写真などを撮って正午ここを辞し、途中で昼食をすませてから午後二時頃バッハ氏の牧場を訪ねた。この牧場には欧州一という牛がいる。年々この人の牧場視察に沢山の人々が来るらしい。

◇

素人の自分には判らないけれど、飼育方法なども変わってるように思われた。記念写真を撮ってここを辞し、養老院と農民学校を視察した。デンマークは六十八になると老人は養老院で国家が養うことになってるので、働かなくとも一生をこの養老院で過ごす事が出来る制度になっている。そのかわり日本のように恩給の制度はない。であるから老後の生活に困窮するという階級はない事になってゐる。

その費用なども、国家の負担はもちろんであるが、富豪が社会事業として寄付する金額も多額だ。

◇

名前は忘れたが、或る金満家は一人で大きな公園を造ってこれを市に寄付し、年々養老院に五十万円ずつの寄付をしてるそうだ。沢山の人がいるかと思えば、案外少ない収容者である。聞けば此処に来る事を名誉としない。働けるだけ働く。そして、どうしても生活の困憊《こんぱい》を来した時にここに願い出ずるので、割合にその人は少数だ。

病身の者か、世話をする人のない老人か、若しくは貧困者だけである。日本の恩給制度も問題になっているが、早くあの悪制度を排して、真に老後の生活に困窮している多くの人々を救いたいものだ。働き盛りの者が恩給をもらって遊んで暮らす、これ程人間を堕落させる制度はない。

◇

農民学校は生徒が帰った後で、只先生に内部を見せてもらっただけである。ここの教育のことに就いては後日詳細に報道する事にしたい。午後五時半頃ホテルに帰った。日はまだ高い。街々は勤め人が帰宅の時間で混雑している。特に自転車の多いのが目を引く。人口八十万に対し自転車が三十万台以上あるとの事だ。女も男も子供も盛んに自転車に乗る。この街で見る特殊な現象だ。山高を被った紳士が自転車で歩いている。

この付近は山高帽が流行しているものと見えて、背広服に山高帽子の人が多い。いよいよ明日はデンマークを立って、瑞典に向かうのであるが、段々と北に進むにつれ寒さを覚えてくる。

（デンマーク＝コペンハーゲン、フニックス・ホテルにて）

（昭和六年七月九日）

世界一周記（四十）

〈北欧の旅⑦〉北のベニス、ストックホルム

留守宅よりの手紙がロンドンから先回りしてここのホテルに来ている。荷物を玄関先に投げ出したまま、急いで封を開いた。何という懐しさであろう――手紙を読みながらボーイの言うことも耳に入れず案内された部屋の中で、暫く故山に思いをはせた。

まだ三十余日にしかならないのだけれど、半年も過ぎ去った様な感じがする。長いシベリヤの旅、ポーランドから独逸――そうして今自分はデンマークの一周を終わって瑞典《スウェーデン》の首府たるストックホルムに到着したのだ。身は北極に近く、真夜中の太陽を拝することの出来るこの国――思えば、海と山、幾千マイル。遥かなるこの地にありても、懐しきは故山の山川草木である。

◇

美しき街も数多く見た。華やかな場面も見せられた。そうして多くの異国人種にも会った。しかしながら、ひしひしとして自分の胸に迫るものは、故国の人々の消息である。妻や子供等の拙き書信の中にもその消息を聞き得た歓び――それは言い難き懐しさと慰めである。夜の更くるまで手紙を二度も三度も読み返した。

前市長大森氏の逝去は意外のことで驚いた。郡山町制時代、財政紊乱の時に同氏は郡書記より町の助役に推薦され、第一回の郡山市長として職を退くまで十数ケ年間、郡山に尽したるその功績たるや実に偉大なるものである。同氏が紊乱《びんらん》の町政を改革したる事実はこれを何人も認むるであろう。市会が満場一致、弔祭金を贈呈したるも故ある事である。自分はここに遥かに同氏の霊に対して謹んで哀悼の意を表して止まぬ。

◇

長女美津子の書いた手紙の中に若松の後藤兄よりの書信が入っている。自分は一入（ひとしお）の懐しみを感じた。兄《けい》は留守宅の慰問に来てくれて、東京において別れの夜、語り合ったことなどを伝えてくれたらしい。

友情の有り難味をつくづく感じた。盟友平の木南（もくなん）金子信三君は若くして去り、双峰（そうほう）渡部喜一君は南會（注：南会津のこと）の政戦に敗れ、病身を抱き、房総半島の一寒村に転地して、秋風と語るの一篇を吾等に残して一人淋しく逝いた。

◇

大隈侯邸における吾等の記念写真は、只自分一人残された。木南は毎日新聞（注：福島毎日新聞のこと）の創刊を知らず。双峰は筆戦なるの時病み、自分と共に力を合わせて闘った友は今後藤兄あるのみ。その後藤兄は、吾等の古き育ての親たりし民友新聞と合併されざる以前に新聞界を去った。総てに自分は取り残されたような感じで淋しさを覚ゆる。

はや夜の十一時であるけれど、窓外は明るい。北欧の空はまだ暮れ切れぬのである。朝は三時に朝日が昇り、夜は十一時迄うすら明かりである。電灯を消して寝に就いたが眠れない。夢で故山に帰ろう――夢に税関はない――。（続く）

（瑞典ストックホルム＝レヂナホテルにて）

（昭和六年七月十日）

【解説】今回の連載には現地から一緒に送られてきた写真が二段組みで掲載されており、「瑞典ストックホルム＝レヂナホテルにて」「写真中央は菅家氏」の説明書きが付いている。見ると中央に背広姿の菅家喜六が立ち、両脇に外国人らしい二人が菅家と親しく腕を組んだ写真である。いったい誰なのか――残念ながらその詳しい説明はない。現地から送られてきた写真付きの連載は、今回だけで非常に珍しいものである。

しかも今回の一編には、大正期から昭和初期にかけて菅家喜六と共に福島民友新聞や福島毎日新聞で一緒に論陣を張り続けてきたかつての盟友＝記者仲間たちの消息が、強い哀惜の情をもって描かれており、往時の新聞史を知るうえでも非常に興味深い。

一人は福島民友新聞で木南の号を用いていた金子信三記者で、大正十四年の福島毎日新聞の創刊を見ずに若くして世を去ったらしい。もう一人、双峰渡部喜一はかつて分裂渦中にあった福島民友新聞→福島毎日新聞の主筆だった人物で、筆戦を張るさなかに病気のため転地療養先の房総で亡くなった。そして郡山の留守宅を見舞った後藤兄というのは、やはり菅家喜六と主義主張を共にし、福島民友新聞と福島毎日新聞で論陣を張った後藤喜代之助（号・迫洲）のことである。連載の時点では「新聞界を去った」とされるが、後に福島民友新聞若松支局長に復帰する。戦前、同市議会議員も三期務めた人である。

昭和６年７月 10 日、連載第 40 回を飾った唯一の写真。「瑞典ストックホルム、レヂナホテルにて、写真中央は菅家氏」と写真説明が見える。

菅家、金子、渡部の三人は、かつて立憲改進党や進歩党、憲政本党などを主導した大隈重信侯の邸宅で一緒に記念写真に収まった間柄。「憲政派」という強い絆で結ばれた盟友であったことがわかる。しかしこのうち二人が世を去ってしまい、新聞界に残るのも菅家喜六だけになっていたのである。

内紛が起きる前、大正八年の福島民友新聞では、本社編集局に渡部喜一、平支局・金子信三、若松支局・後藤喜代之助、郡山支局・菅家喜六といった名前を見ることができる（『福島民友新聞百年史』より）。

連載の中で、渡部喜一が「南會の政戦に敗れ」とあるのは大正十二年九月二十五日に施行された県議会議員選挙のこと。当時の選挙記録によれば、渡部はこの年郷里の南会津郡選挙区から立候補した。政友会の玉川清美と議席を争ったのだが、惜しくも敗れた。同じ県議会議員選挙で菅家喜六は安積郡選挙区から立候補して、初当選を飾っている。

なお、福島民友新聞・福島毎日新聞の不幸な分裂期の一部始終については、拙著『吾等は善き日本人たらん』（平成二十六年、歴史春秋社刊）の中で「分裂―ある地方紙の記録」と題した作品で詳しく紹介しており、ぜひ参考にしていただきたい。

もうひとつ、付け加えておきたい。家族からロンドン経由で瑞典ストックホルムのホテルに届いていた手紙の中で、「前市長大森氏の訃報」があった。大正十三年九月一日市制を敷いた郡山市の初代市長となった大森吉弥のことで、彼は菅家喜六が「世界一周の旅」に出発したわずか四日後、昭和六年五月十三日に享年六十五歳で亡くなっている。郡山支局長、郡山市議会議員であった菅家喜六とは長く交流があったようだ。

世界一周記（四十二）

〈北欧の旅⑧〉北のベニス、ストックホルムにて

コペンハーゲンを午前十時二十分に出発《た》って瑞典《スウェーデン》に向かった。午後の七時半にはゴテンパークに到着するのだ。長い汽車の旅はシベリヤ以来今日が初めてだ。十時間ばかり揺られるかと思うとつくづく嫌になる。それでも石炭でなく電気鉄道だからシベリヤなどと違って、いくらか感じはよい。

途中の景色も白樺があったり、山や林の模様はロシヤの田舎に見るような所が多い。気候は日本の四月下旬頃だ。シベリヤは冬の仕度、ベルリンに来て九十度という暑さにあって、急に夏仕度をしたかと思えば又冬の仕度に換えなければならぬ。これだけでも身体が弱い人であったら病気になってしまう。

◇

食物の関係から胃腸を悪くするではないかと心配して来たが、今のところ身体の具合は誠に宜ろしい。気候の急激なる変化に会っても風邪一つひかないで旅の出来る事を喜んでいる。午後七時二十分予定の如くゴテンパークに到着した。

パレスホテルに荷物を解いて市内の見物に出かけた。汽車で乗り続けにストックホルム迄ゆく事は少し無理だと思って、ここに下車一泊したのであるから、明日の午後は立たなければならぬ。それには手廻しよく見物を急ぐことである。ここは不凍港で、ストックホルムに次ぐ都会だ。産物は木綿、機織、砂糖などである。大きな魚市場やヨーテボルグの博物館等も視察しなければならない場所だ。郡山で吹く四月頃の風が肌冷たく吹いている。

◇

自分は十時頃まで散歩してホテルに引揚げた。この辺も日の暮れるのは十一時である。まだ北に進むに従って日暮れがおそくなる。朝日の昇るのが三時とすれば、日中は二十時間の長き事になる。自分達にはどうしても一度昼寝をしなければやり切れない。朝十時までゆっくりして自動車で出かけた。丁度日曜日なので商店はみな休んでいる。

公園や教会などを見て午後の二時にストックホルムに向かうことにした。汽車は二等でも日本の一等席位に設備は行き届いている。欧州は全部二等汽車で沢山だ。ストックホルムまで七時間半余かかる。列車の中に入るとすぐ寝てしまうのであたりの景色は少しも見ないけれど、九時過ぎストックホルムに近づいた頃、窓を開けて見るとヒヤリと寒い風が吹き込んできた。遠い山々に白雪を見ることが出来るのだから無理もない。

◇

乗合したストックホルムの人の話によれば、二、三日前に平地にも雪が降ったと聞いて驚かされた。ゴテンパークで税関はパスしているので、すぐに荷物を持ったままホテルに行くことが出来た。ポーランドでも独逸でも、デンマーク、瑞典、共に税関は誠に寛大である。形式的にトランクを開けるだけで中など見はしない。そこに行くと馬鹿に感じの悪いのは支那とロシヤである。

一枚の紙に書いたものでも何かと質すし、カバンの奥までガチャガチャ引っくり返されるのだから癪に触ってたまらない。よその国では真夜中に汽車で国境を越えるような場合があっても、パスポートも荷物も税関の人が宵の中に乗り込んで簡単にすませてくれる。そして夜中に客を起したりするような事は絶対にない。

（昭和六年七月十一日）

世界一周記（四十二）

〈北欧の旅⑨〉北のベニス、ストックホルムにて

ノール、ブローの橋上に立って東南を望めば岩山の上に、イタリー、ルネッサンス式の王宮が遥かに聳えてる。入場料を払えばその一部を参観する事が出来るのだ。

各国で多くの宮殿を見せられたが、入場料をとって宮殿を見物するなどという事は吾々日本人には一寸妙に感ぜられる。ストックホルムの見物はこの宮殿から始めて、ルストルホルム大寺院、取引所、騎士の家、市公会堂と見ればその外に見るべきものもない。

市の公会堂は十ヶ年計画で建築費二千五百万を要したというだけあって善美を尽したものである。屋外に二万人の人を容れることの出来る設備がしてあり、屋内も市会の議事堂や小集会に使用する室、図書室、宴会場、ことごとく一流の彫刻家、画家等の作品があって宮殿にも劣らざるものである。恐らくは世界有数の公会堂であろう。

◇

ここから煙草専売局や農事試験場などを視察した。煙草専売局では葉巻製造工場が自分には珍しい。両切や普通の巻煙草製造は、日本の工場でいくらも見ているので別段変わった所もない。ただ機械が独逸やアメリカ製で、日本の物より精巧なように思われる。技師の人に一時間ばかり案内されて工場隈なく視察をした。建物の関係もあるであろうが、工場内は実に掃除が行き届いてる。職工は皆揃いの作業服を着ており、女工の服は特に優秀なものである。

◇

日給は男工が平均八クロネ、女工が平均六クロネである（一クロネーは日本の約五十五銭）この工場で出来た種々の煙草や見本としてレッテルなどもらって辞した。

農事試験場は主として土壌の研究をしているらしいが、専門家でない自分には判らない。一通り案内してもらっただけだ。時間があるので市内の一流デパートを見物した。

◇

ここで安いと思うのは、毛皮類と銀製の食器だ。ハルビンのチューリンなどよりも上等の品物が多いようである。三日目の視察を終わったけれど、ここでどうしても学校を一つ参観したいと思って、申込んだところ夏休みになって生徒は居ないけれど、それでもよければ見せるとの事である。

午前中に小学校を訪ねた。女先生が出て来て参観名簿に署名せよというから名前を書いたところ、この日本人を知ってるかと言う。見れば森秀、山口繁雄という人である。日本も広いからどこの人か知らないと答えたら、そうかと頷いておった。

◇

各教室、屋内運動場、子供図書館、手工室、音楽室などを見た。机は一人一つで一学級は三十人からで四十人が最高である。

別段感心する所もないが、生徒の机に落書きなど一つもなく綺麗になっておった。手工の教室など瑕（きず）一つない。建物の構造にもよる事であろうが、訓練の行届いてる一つの現象である。（つづく）

（昭和六年七月十二日）

世界一周記（四十三）

〈北欧の旅⑩〉北のベニス、ストックホルムにて

各教室ごとに赤い花の鉢が飾られてある。廊下にも一ぱいの花だ。一体にシベリヤからこの北欧にくる迄に感ぜられた事は、どんな家の窓にも、花の植木鉢が飾られてあることだ。汽車の窓から小さな家の白いカーテンを見た時に、必ずそこに花の鉢を発見する事が出来る。何とも言えない床しさである。

黒板には夏休みは愉快によく遊べという漫画が書いてあった。この気候なのに夏休みとはお怪《か》しい様だが、ここは六月中旬から七月が暑い中で八月になれば雨期、九月からは寒さになるのだ。

この学校で二つ驚いたことがある。その一つは腺病質の生徒に対する設備と、その二は歯科医二名を専属で学校が雇入れておくことである。病弱児童は教室を別にし、教授時間やその教育方法までも特別にしている。日光浴をする部屋や入浴する湯槽など実に驚くべき設備である。

日本の小学校でも近来、学校衛生ということはかなり重んぜられてきた様であるが、トラホーム、十二指腸以外歯科衛生などには未だに行き渡ってない。

◇

日本人くらい歯の悪い国民はあるまい。どの人を見ても金歯を入れてない人はない。西洋人が見て一驚するのも無理はない。これを矯正するのには、子供の時から歯の衛生を教えなければならぬ。

この学校には二名の歯科医がおって、立派な治療室で毎週一回全生徒の歯を検査することになっている。日本の小学校でも今少し歯の衛生に力を入れてもよいではあるまいか。

学校の参観を終わってから、十八世紀頃スウェーデンの学者によって建設された科学学院や、絵画、彫刻の教育のために建てられたアカデミー・フェール、コンステルナなどを見物した。

◇

この半島はもと三ヶ国相合わしておったもので、十六七世紀ころは偉い学者を沢山出している。「吾疑ふ故に吾存在す」という有名な一語を残した大哲学者デカルトもこの市で逝去した。その記念碑が建立されてある。その碑の前で記念の撮影をした。

それから天文台を見物し、国立図書館を見た。蔵書五千万巻、ルーテルが書き入れをしたラテイン語の聖書など珍しいもののみである。瑞典もこの首都とゴテンパークを見てしまえば見る所もない。どの案内書を繙《ひもと》いても詳細をつくしてない。本に依ると間違ってる所もあり、全然書いてないのもある。これ位にしてノルウェーに出発することにしよう。

◇

カバンの整理をしていると、新聞社の人が訪ねてきた。例によって写真をとり、日本の景気の話など聞いてるから、もう浜口内閣の時に景気は回復してると言ったら夕刊に大見出しで日本の景気は回復したと書いてある。領事館あたりで苦笑してるであろう。

（ストックホルム、レヂナホテルにて）

（昭和六年七月十三日）

世界一周記（四十四）

〈北欧の旅⑪〉北の町　オスロより

もとのクリスチュア、オスロまで来れば北欧の町らしい気分になる。家の構造も、街行く人の風俗も変ってくる。ノルウェーの首府ではあるけれど、淋しい町である。いままで大都会ばかり歩いてきた関係もあろうけれど、ホテルの窓から下を見おろすと如何にも田舎町らしい気分が濃厚である。

部屋も何となく静かで、気味の悪いほど落ち着いている。冬の長いこの辺りは、冬籠りに都合のよい様に家の造りが出来てるために、窓が少なくて明かりが薄い。空も雲が深くたれて覆い被《かぶ》さってる様だ。

◇

冬の外套を着て平気で歩ける。自分は訳もなく賑やかな所々を歩いて見た。日本人などは殆んど見たことのない人が多いので珍しがって、子供など後を追ってきた。福島を出発する時に、髯を思い切って、おとそうと考えたが、多忙でその暇もなくきてしまった。

アメリカの紳士は無髯である。自分のように赤い髯はあまり見っともない。又ベルリンで落とそうと思ったけれど、見れば髯の紳士も多い。そして自分のように赤い髯の人があるのを発見して急に、髯をとる事を止した。

◇

博物館見物に行ってアイノコと間違えられたのも、滑稽で話の種である。オスロの街には髯の人が多い。県庁の石川教育課長は警視庁から初めて赴任して来た時、福島は髯の紳士の多いのに驚いた。陳情に来る人来る人、みな髯を生やしている。百姓でも髯が必要かなどと自分に質問した事などを思い出したが、一体に雪国の寒い所には髯の人が多いのかも知れない。ヨーロッパは髯の紳士がもてる国だ。山高の紳士がもてるところだ。

例によって市内の観光をした。別段変わってる所もない。郊外にある千五百年以前のノルウェー人の生活状態をそのままに作ってある博物館を見物し、皇后を水葬にした時の船が最近発見されたというので、それらを見物した。そしてホルメンコロン山――それは箱根山のような所にドライブして一日を暮らした。この付近一帯はスキー場で、冬になれば幾万の人が欧州から集まって来るのである。

◇

横浜に長く居住したというガイドにシナイダーのことを聞いてみたが知らない。お前の国でスキーで一番偉い人は誰かと聞いてみたら、名もない人を教えておった。ホルメン、コホンの山に登れば、オスロー湾を眼下に見下ろすことが出来る。頂上までは四、五百メートルであろう。山の上にレストランがあったり、冬のホテルが二、三軒あった。

山の彼方此方に住宅が沢山建っておって、油絵に見るような景だ。この山からスキーで滑走する壮快を想像しない訳には行かぬ。見物や散歩に行く人々の自動車が幾台も幾台も通る。道幅は狭いけれどアスファルトのようによく道は固められていた。

ここで是非見なければならないものは、ダムブキョッケンという貧民救済の簡易食堂である。二千人以上の人に食事の供給が出来る設備がしてある。アケルスハス城砦は武器庫、監獄、兵営などになっておって、見物は出来ない。この付近に銀行や郵便局、立派な劇場などあった。

（昭和六年七月十四日）

【解説】この時期、菅家喜六は髯を生やしていた、しかも赤髯だった――。彼はずっと髯で通したのかもしれない。手元に残る菅家喜六の写真、多くは髯の姿である。

世界一周記（四十五）

〈北欧の旅⑫〉スカンヂナビアの山越え

汽車は今、スカンヂナビア山脈の高原を走ってる。北欧には珍しい日本晴れだ。朝の八時にオスロを立って夕、ゲルベンの港に着かんとするのだ。この間三百余マイル、十三時間を要する。

世界鉄道建設史に特記されるだけあって、この山越えはかなりに難工事であったらしい。それだけに見逃すことの出来ない風光明眉の場所だ。汽車は碓氷峠《うすい》を越す時のようにガタンガタン音を立てて山脈に登ってゆく。その間湖水あり急流あり瀑布奇岩ありで、耶馬溪《やばけい》など遠く及ばざる景色だ。

◇

ヒインゼという山の小駅に着く頃からは、雪が見え出した。六月の中旬にこの雪景は実に珍しい。遠山近水――ことごとく銀色に輝いてる。汽車の中はスチームで熱いけれど窓をあければ風身にしむ。

自分は思い出した。昨の冬、スキーの大家シナイダーが福島の社を訪ねた時、私の国は至るところスキーにスケートのリンクだと語ったことを。そこにも此処にもジャンプ台を見ることが出来る。沢山のスキーヤーが、山に登る冬の光景などを頭に絵書《えが》いた。

◇

頂上の駅は海抜二千四百幾メートルで、ここには高山植物が美しく咲き乱れている。小さなそして小綺麗なホテルが駅前にあって、二十分間のあいだにカフェーを啜ったり食事をしたりすることが出来る。あたりは切り立てたような岩山で、見上げるような険しい山々のみだ。その岩のところどころに赤い煉瓦の別荘風な家などあった。

幾つかのトンネルを潜《くぐ》り抜いただけのことで、煉瓦やセメンで固めたりはしてない。汽車は三時間ばかりこの雪景と断崖絶壁の相つらなる所を走りつづける。自分は会津の田舎の残雪の光景などを思い起こして、しばらくは窓際を離れずにおった。汽車は登りつめて、いよいよ下り坂となって、速力を早め出した。

◇

時のたつに従って雪景色はなく、深山渓谷といった感じのする谷と谷の間を走っている。樹木は新芽を出してるし、渓流には釣りなどしている人もあった。ごく狭い谷のところに牛が寝転んだりしてる光景はいかにも長閑《のどか》だ。

家が点々としてある。双眼鏡で見ると、牧場に働いてる人の影なども見え出した。日は照り輝いてる――なごやかなそして長閑な春先の景色だ。この里――ここには競争もあるまい。名利もないであろう。地狭けれど天と水と山を友として、雲の往来を眺めながら、嫉妬、恩讐、雑踏の煩瑣《はんさ》な人間社会より離れて生活する人々の幸福を考えたりした。

幾つかの湖が駅の前にある。小舟を浮べてる人もある。山河水草、みな悠長だ。詩人ハイネが讃美しておかなかったザクセンの奇勝。それにロッキー山脈、スイスのゼネヴァ湖畔。とこのノルウェーの風光は世界に於ける名勝の地として知られてるのである。

（昭和六年七月十五日）

世界一周記（四十六）

〈北欧の旅⑬〉ベルゲンの港

ベルゲン（注：ノルウェー西岸ヴェストラン地方にある交易都市、旧首都）に到着した次の日から、天気模様は悪い。さなぎだに寒さにいささか閉口して居る自分は、またシャツ一枚を重ね着した。イギリスに行く船ヂフターは二日待たなければならない。

ここの港は古い町ではあるけれども、視察する所とてもない。自動車で一時間ばかり飛ばせば郊外の住宅街まで見物出来る。そしてケーブルカーでフエールニンの山に登るくらいなものだ。

細い通りや昔からの街などを散歩したりして退屈をしのいだ。人口は六、七万であるけれど、港だけあって建物や道路、水道などは完備されてる。電車が市中を通って郊外まで行っている。

◇

その電車に乗ってみたり、カフェーに入ったりした。女給の仕度もかなりに変わってる。北欧気分の充たされてる酒場などあって、いま町の全工場はストライキをやっているので、労働者が酒場に沢山おった。

自分に何か話しかけるけれども、ノルウェー語では少しもわからない。こんな事で二日は過ぎ去った。明日はいよいよ北海の波荒きイギリスへの航海である。思えば長く憧憬《あこが》れた北欧の旅路も終わりを告げる。

デンマークから瑞典、そしてノルウェーと放浪の子のごとく足跡を残してきた。十二時床に就いたけれど、思いは老父母の在《いま》す会津の山河にはしり寝付くことも出来ぬ。起き出でてカーテンを上ぐれば、月の光の如く窓外は明るい。

◇

静かに歩いてみたい様な感じが湧いてくる。外套を引っかけて戸外に出た。遠くの山々に灯が見える。港の船はいと静かに帆を下ろしてる。ホテル前の小公園をブラブラ歩きながら家郷に思いを馳せた。

ホームシックかも知れないが朝夕に日本が懐しくなるようだ。食堂に出るのに洋服を着換え、オペラを見物するのに又服を着換える。人を訪ねるのに更に着換えなければならぬ。そんな煩瑣な社会よりも、湯上がり一枚で横になれる日本の青々とした畳の上が恋しくなった。

◇

何も彼《かに》も西洋西洋といって洋式かぶれをする連中の気が知れない。ママと呼ばせパパーと呼んで父や母に変わりある筈はない。自分は日本が世界一よいところであると思う――こんなつまらぬ事を考えている中に小高い街に出た。夜更けで歩いてる人はない。それから又引返してホテルに帰った。

そうして友人や留守宅に手紙などを書き、朝まで床に就かずにしまった。三時になれば日が高く昇る――六時になれば食堂が開かれる――ホテルの勘定をすませて十一時の船に乗るために自動車でホテルを出た。

（ベルゲン、ブリストル・ホテルにて）

（昭和六年七月十六日）

世界一周記（四十七）

〈ハンブルグにて・上〉

ハンブルグのホテルストライトは景色のよいホテルである。すぐ前が入海になっておって一つの遊覧場所だ。綺麗なレストランがあって、丁度日曜日にここに着いたので、沢山の人が散歩しておった。暑いことはベルリンと変りもないが、潮風が吹いてくるので凌ぎよい。商店はみな店をしめている。自分はボートを雇入れてスタッツ・パークに見物に出かけた。海に続いているのだが、湖水のように静かな波だ。無数のボートや汽船が遊覧客を乗せて通っている。

◇

二十分ばかりで、島のような所に上がったが、ここがボートの家でスタッツ・パークの一番賑やかな所である。入場料を払って、レストランに入ってみた。こういう場所は、どこでも入場料を取っている。千人ほどの人が、思い思いのテーブルで音楽に聞きほれている。カフェーをすすりながら、自分も一時間ばかりオーケストラを聞いた。そうして帰りは陸路を自動車でホテルに向かった。この公園付近は別荘や富豪の邸宅が軒をならべておって気持ちのよいほど、小ざっぱりしている。夜、銀座通りを散歩してみたが、日曜なので人通りは少ない。ここで見るべきものは港湾と動物園、市会の議事堂、国民劇場などである。

◇

動物園は世界一だというが規模も宏大であり、動物の珍しいものも多い。ここを見るのには、半日以上はかかる。中に日本島などという鳥居など建っておった。虎や象、白熊というような猛獣でも檻の中に入れては置かない。自然の風景の中に放しておくのだが、馴れているので危険はない。

面白いと思ったのは、南アフリカの原住民を数家族雇入れて、彼等の生活そのままを見せていることだ。

◇

ハンブルグは人口百万。ベルリンに次ぐドイツにおける第二の都会で軍港として、また商港として世界に有数なものである。政府が三億マークを投じ、十ヶ年以上を費して築造しただけに規模、誠に壮大なものである。

五百隻の遠洋航海船と、二千のエルペ河汽船、それに数千の帆船が繋留される。いかなる巨船も碇泊は自由で、ドイツの保護貿易主義と自由港制度とが、今日の発展膨張を来さしめたのである。

◇

最も好況時代に輸入、輸出ともに七十億マークを超えたと聞いて、いかに商業の繁盛であるかが察しられる。

自分は小船に乗って港内巡りをした。

ただ巨船の多くを見るだけで、どこを見ても大波止場だ。煙と雑音で目まぐるしい。アメリカの金持から註文されて、今造っているという巨大な汽船も見た。

豊橋丸が日の丸の旗を飜して碇泊しているのを見た時には、思わず万歳を叫んだ。乗込んでいる船員が日本人の自分を見てハンケチを振っておった。

この光景を写真にして日暮れ頃ホテルに帰った。

【解説】今回と次回の「ハンブルグにて・上下」は、本来ドイツ訪問中の記事であるが、何らかの事情で掲載が前後したものと思われる。記事中の「豊橋丸」は旧日本海軍の軍艦、のちに商船となった豊橋丸か。

世界一周記（四十八）

〈ハンブルグにて・下〉

ベルリンで視察することが出来なかったので、ハンブルグの市会議事堂を特別に参観させてもらった。ここの議員数は百六十名で、女の市会議員が十八名選出されている。選挙権は二十歳以上の男女で比例代表の名簿式によって選挙を行っているようだ。議員の写真が廊下に掲げられてあるが二十四歳という若い青年もあった。

議員の歳費は一ヶ月百マーク。委員が十六名あり、これが一ヶ年三万マーク、日本の市参事会員と同じものだ。毎週水曜日に午後六時から十二時まで市会を開会する。年中日を限って会議を開くのも面白いが、夜間の開会も特殊なものであろう。委員会は多く秘密会で毎週三回、月、水、金曜日に必ず開かれる。

◇

市会の分野は二十の党派があって、労働党が六十二名で第一党だ。議員の控室、委員会室、食堂、議事堂、図書室、応接室、傍聴人控室――どこを見ても驚くばかりの設備だ。郡山市会のように演壇があって、議員は登壇して演説をする。ベルリンで独逸議会の議事堂を見たが、どうもその仕掛けは行々しい。

この市会なども帝国議会のようだ。市長の俸給は何程かと聞いたら年俸十五万マークとのこと。市会議員という自分の名刺を見て、お前の市会はどんな風かと聞くから、議事堂はこれよりも立派で、議員はみな雄弁揃いだ、市長は州知事をした人で給料も高いと言ったら、目をまるくしておった。

◇

女議員はいるかと尋ねるから、日本には女の議員はない。女は内で働き男が外で働くのだと答えたところ、女の意見は誰が代表するのかと聞くから日本のマダムは夫の意見に従う、多くの女性は主人である男の意見に賛成する――などと出鱈目《でたらめ》を言って吹き飛ばしたら盛んに笑う。何だとガイドに聞いてみれば、男天下の日本が羨ましいと言ってるのだ。

◇

日本の演説をして見せろと言い出した。議長六番――甚だセンケツでありますがキンカイキン殿の話を致します――ハンブン、ギョレイになりますから、これ位で――と何のことかわからない事を述べたてて、自分でもお可敷《かし》くなった。記念写真を玄関前で撮影してここを辞した。

独逸で視察するところは、この外ライプチッヒ、ミュンヘンと都会は数多くあるけれど、先を急ぐ金のない旅だ。ここらあたりでグズグズしておれば、目的の地を見ないうちに財布が淋しくなる。

毎日、ホテルの部屋で金の勘定だ。市会の予算書よりももっと細かい予算書を作って歩いてる。ホテルで立派なバス付きの部屋に通されたりするとビクビクだ。明日からは北欧の旅に上る――そしてベルゲンの港からイギリスへ――。

（ハンブルグ、ストライトホテルにて）

（昭和六年七月十八日）

第三章　テームス河畔より

世界一周記（四十九）

〈北海の船中記・上〉

六月十三日。

朝八時半起床。三日間ばかり休養したので身体の具合も誠によろしい。今日はいよいよ北海の航海だ。海が荒れはしないかなどと船に弱い自分は船中の事など心配になった。

窓を上ぐれば、春雨のごとく雨がシトシト降っている。あたりの山々は霧で一寸先も見えない。十一時出帆だからそれ前にホテルの勘定をすませ、福島への通信を投函してから自動車で出かけた。

旅先で通信を書くことは仲々億劫《おっくう》だ。つまらないものでも一まとめにして送ろうと思うと時間がかかる。そここの視察をしてから疲れ切った身体で、ホテルに帰ってからの仕事は端書一枚書くのもいやになる。

◇

手紙と言えば、友人、知己、先輩と数多い自分には仲々書き切れない。あそこに出してここに御無沙汰すると言うような片手落の失礼があってもならない。差出す時は一しょにしようなどと考えると、さあ沢山で書けなくなってしまう。そこで手紙を書くつもりで今迄つまらない旅姿を書き送った。恐らくは物笑いになってることであろう。

雨をおかして午前十一時乗船する。乗客は少ない。一等客は女の大学生五名、会社の重役でもあろう肥った老人が二人、それにイギリスの若い青年一人、あとはどこの人か判らない人種が四、五名だ。二等と三等の客はよくわからないけれど二十名ばかりでないかと思われる。

キャビンは立派ではない。自分は二番の室で一人だ。荷物を部屋に入れてから、甲板に出た。雨であたりの景色は見ることが出来ぬ。見送りの人なども少ない。鐘がなって船は動き出した。

三時間ばかりは海峡を通っての航海だ。瀬戸内海のように双方に岩山を見ながら行くことが出来る。別荘風の赤煉瓦の家がたくさん建っている。昼の食堂が一時、それがすむと娯楽室で新聞や雑誌の絵などを見たりして時を過ごした。部屋の中は小さい丸窓一つで陰鬱だ。なるべく談話室に出ることにしている。

◇

女の大学生はピアノなどを弾いてる。自分はロンドンから回送された子供等の手紙を取り出して読み返した。万里波濤《ばんりはとう》の旅路にあって唯一つの慰めは家郷からの通信である。三人の子供の手紙を読んでると間違い字が多い。自分等もそうだが、近頃の小学校卒業では手紙が満足に書けない。これは文字の関係から重い負担をしていることに原因しているけれど、一考を要することである。五時半頃船が止まった。ドヤドヤ下りる人もある。スタ、ワンガーという所である。

◇

人口は三、四万もあるか、小さな港だ。午後の九時まで碇泊すると聞いて自分も街の見物に出かけた。公園から賑やかな所々を歩いてみた。丁度会社や商店などの退け時で、多くの男女が狭い道幅のところをドヤドヤ押し歩いてる。もう雨は晴れて日がキラキラ照り出した。二、三枚写真を撮って船に帰った。

七時半食堂。九時出帆。昼寝をしたので夜は眠れない。寒いけれど甲板で十二時頃までブラブラした。月はないけれど戸外は月夜のごとくに明るい。岸を離れるに従って波は段々高くなる。


（昭和六年七月十九日）

世界一周記（五十）

〈北海の船中記・下〉

六月十四日。

グッスリ寝込んで目を醒ましたのが八時半。波は高い。船は木の葉のように揺れている。部屋の中を見ると、棚の上に上げておいたものがみんな下に落ちてる。昨夜《ゆうべ》も荒れたのだが少しも知らなかった。顔を洗い朝湯に入ったが気分が悪い。甲板に出てみると、昨日の雨のためかしらないが、海は赤黒く濁っている。波は山のようになって船にブチ当って来る――その物凄さは一通りでない。目まいがしてきた。もう船酔いだ。無理をして朝の食事をしたが頭が重い。食堂に出た人もほんの二、三名だ。

◇

我慢して談話室に陣取ってみたけれど、もうたまらなくなったのでキャビンに帰って、洋服も脱がずそのまま横になった。ゴーゴーという波の音、風の音、甲板で何か船員が仕事をするいやな鎖の音。ガタガタ、ギューギュー。それに下の汽罐《きかん》の音、もう息づまるような苦しみだ。胸と腹の間をもぎとられそうになる。遠慮なく唸った。寝付いてこの苦しみを忘れたいと思ったけれど、容易に眠れない。十二時頃は破船するではないかとさえ思った。僅かに四千噸《トン》ばかりの船だ。この波には到底航海を続くることも出来まい。

◇

その中に何か知らせてくるだろう――などと考えてると、上の方の靴音までが何となく物々しい予感を与える。目をつむって揺られるだけ揺られた。いよいよたまらない恐怖に襲われて、呼び鈴を押した。船員が来たから、どうだと聞いてみたら波は荒いけれど心配はない。十六ノットの速力を出してるから、予定より一時間早くニューキャッスルに着するだろうと平気なものだ。それでやっと安心したけれど、苦痛は止まぬ。

◇

ボンボン夕食のしらせの合図はあるけれど、食事どころの話でない、唸りを続けていた。この苦しみの中にもいつとはなしにウツラウツラ眠ったものか、時計を見ると八時近くになってる。もうイギリスに着くではないかと思って起き上がり、双眼鏡を出して見ると波も静かになってるし島が見え出した。

もう英国に着するのだと思ったら、急に気分も治ってくる。カバンを整理して甲板に出た。フラフラするけれど心配した程でもない。乗客はみな疲れたような顔をしていた。船員の言ったごとく十時着の予定が一時間早くなって九時に着することになった。

◇

税関が乗りこんで来て、パスポートに荷物の検査がある。自分は簡単にすんだけれど、一等客の中に八可（やか）ましく調べられた者があって三十分ばかり遅れた。まだ目まいがする。自分は大連から青島に出て上海に向かった時のことなどを思い出した。

あの時もやられたけれど、今度のようにひどくはない。汽車で三十分ばかり乗ってニューキャッスルのローヤル、ステイションホテルに着いた。夕刊を見れば英国も暴風雨であった。出水の記事や被害の写真で紙面は埋められている。自分はこれからリバプール、マンチェスター——と英国の旅をするのだ。

（午後十一時半ニューキャッスル、ローヤルステイションホテルにて記）

（昭和六年七月二十日）

世界一周記（五十*）

〈テームス河畔より①〉倫敦《ロンドン》ラッセルホテル

何という乱雑な町であろう？　もし乱雑という言葉が不適当であるとすれば、何んという不統一な町であろうと叫びたい。型に嵌《は》まったようなベルリンの市街を見て来たものには、一層その感が深い。

スクエアー、ブレース。ガーヅンス。サーカスといったように地図を拡げて歩いても、容易に覚えにくいのが倫敦の町である。曲がり曲がって、そして廻りのたくった揚句の端が何々サーカスとくるのだから堪まらない。

◇

リバプールから汽車で四時間揺られると倫敦のユーストン駅であるが、その駅名を発見するのに余程苦心する。沢山の広告が日本のように貼り出されてあって、どこに駅の名前があるのか判らない。

自分は迷った。時計を見れば確かにユーストン駅に着いたに相違ないが、多くの人々が下車するところを見ても、ここがロンドンだろうと想像したけれど、駅名は遂に発見せず人波に押されて吐き出されてみれば、やはり間違いなく倫敦であった。荷物は赤帽に渡したけれど、受取の札もくれない。さっさと運んで、ホームの中まで入り込んでる自動車の屋根に乗せてしまう。人を馬鹿にしている。

◇

どこに行くかも聞かないで人の荷物を自動車の屋根に上げる。なンか自分は何が何んだか判らなくなった。

まあどうせ乗るには相違ないのだからと思って、ホテル、ラッセルと言えば、オーライとばかりでホームから自動車は出た。そうして訳の判らない路地のような通りを、幾つも幾つも曲がり曲がって着いたのがここのホテルだ。

◇

何といっても、世界一の都だ。定めしホテルの玄関先は立派で、多くの外人がうようよしているだろう。そして案内書にある如く、客は満員で予約のない限り、容易に部屋なんかとれまい。その上に判り悪《にく》い英語でドヤされるだろう――そんな事を考えて来た。そうして驚いた。

厳めしい服装をした玄関子が帳場に案内する。名前を書くと番号札を渡す。ポーターが荷物と一しょに鍵を持って、部屋に案内する。どこのホテルとも変わりはない。ヒッソリ閑としたものだ。どこに客が泊ってるのか、部屋の薄暗い電灯の下で考えてみた。

◇

何だろうあのパーラーの状態は？　何という静けさであろう。ハイカラな倫敦子の姿なんか、見たくとも見ることが出来ぬ。どう考えてみても世界一の都に来ているような感じがない。

窓外は雨だ。冷たい陰気なこの周囲情景の中に、倫敦気分を味わう。幸い雨だ。バーバリーの雨外套で傘をささず夜のピッカデリー見物だ――ときめて戸外に出てみれば、これは又雨と思ったのは霧であった。話の通り倫敦は霧と煤煙の町である。

（十五日夕記）

（昭和六年七月二十一日）

＊　前回と同番号。

世界一周記（五十二）

〈テームス河畔より②〉倫敦ラッセルホテル

倫敦に対する吾等の期待はあまりに大きい。世界一の都として想像する倫敦――すべて吾等が考えた程のものではない。夜のピッカデリーにしても銀座の夜景には劣る。時間の関係でもあろうけれど九時から十二時頃まで飾窓《しょくそう》を覗いて歩いてみたが、そんなに驚くべき人出でもなければ、賑わいでもない。

商店にしても綺麗なことは申し分ないものだ。しかし東京だって銀座通りの夜景と商店の飾窓は、これに比して大なる遜色あるとも思われない。

◇

電車がなくて赤い大きな二階のあるバスが数限りなく走っている。旧式な自動車と言いたい程古びた、丈の高い、窓の小さい、大きなタクシーが幾百台となく続く――汚らしい電車ではあるが、東京だって満員になって走ってる。値段は安いかも知れないが、東京のタクシーの方がスマートの様に感ぜられる。

日中市内をあてもなく歩き回って見た。街並の揃わぬ点では東京に似寄ったところもある。どこに行ってもすぐ街は曲がって、今歩いて来た場所が判りにくくなる。自分は一日、日本料理の「都」という家を尋ねた。地図で教えられた通りにピッカデリーまで歩いて、それから四つ角に立って、その方向を考えて見たが、どうしてもわからない。

仕方がないから、巡査に聞いてみた。教えられた通りに、大通りを横切って二、三丁行ってから細い道を右に曲がり左に少し歩いた。けれど、日本料理の「都」なんという家は見つからぬ。又そこの煙草屋で聞いてみたけれど、すましたものだ。この辺にそんなものがありますかといった顔付きだ。

◇

いよいよ迷い道だと思ったから、元の道に戻ってから再び巡査に聞いた。すると親切に「都」の見える所まで案内してくれた。何の事だ。さきに歩いた街の一つ手前の通りだったのだ。サンキューと言って一シリング握らせたら、見上げる様な丈の高い査公サンキュー、サーと来た。サーをつけた所がよいではないか。自分は一人でおかしくなった。倫敦の巡査はこんなことは平気らしい。

夕食をすませて七時半頃「都」を出たが、再びピッカデリーから、この家に行けと言われても一寸どまつく位だ。そんな風に街はあくまで判りにくいように造ってある。そうかと思えば、オックスフォード街などはいくら歩いて行っても長い長い涯しなき大通りだ。こんなところにも倫敦の特異性がある。

◇

自分は毎日、地図とペデカの案内で歩き回っているけれどまだ一人で行ける所としては、議事堂、ウェストミンスター寺院、セントポール寺院、ピッカデリーとオックスフォード通りくらいなもので、ギルドホールや倫敦塔には自動車でなければ、行けそうもない。

（昭和六年七月二十二日）

世界一周記（五十二）

〈テームス河畔より③〉倫敦ラッセルホテル

いよいよ名物の雨だ。朝、シトシト雨の音を聞いたら、何だか愉快になった。ドサ降る雨の中を外套一枚で平気で歩いてる倫敦児を考えておった自分は、その気分にひたるために、雨外套を引っかけてホテルを出た。そうして倫敦ブリッジの上に立って、薄黒く流れてるテームス河畔から議事堂を眺めたりした。強く降るでもないけれど、横なぐりに雨はブチ当たってくる。橋上に立った自分は平気に雨中の河畔を眺めながらそここを歩いた。そして自ら倫敦児になったような気分で、帰りがけにウェストミンスター寺院で礼拝などした。雨はすぐに晴れて日が照り出した。

これが倫敦天気なそうだ。今晴れたかと思うと、すぐに雨となり霧となり、又照り出したかと思うと雨になる。一日中にこんな模様が何回も続く。

◇

それだから倫敦児はいくら好天気でもコウモリを持って歩いてるのだから面白い。女にしても外套は大抵防水した物を用いてる。女事務員など、カンカン日の照ってる時に赤皮の外套なんか着て歩いてるものもあった。世界一といわれてるバーバリーのレインコートが堅牢《けんろう》に製造されるのもこの雨故である。

雨が止んだら赤バスに乗って見たい。二階から人通りの街や商店を見下しながら、スレーキャスルを吸うのも悪くはない。自分はしばらく煙草を止めておったが、奉天以来安くて上等の煙草が呑めるため、ついと又非常な喫煙家になってしまった。

二シリング払ってオックスフォード街まで赤バスに揺られて行く。気分は又何とも言えない楽しみだ。日本の電車のようにこみ合って煙草も呑めない様な不自由とは違う。下は駄目だが二階はいくら令嬢が乗っておっても、煙草は吸える。

赤バスにも乗って見物した。雨の中を散歩もした。もう倫敦児になったと言ったら「馬鹿野郎」と笑われるかも知れない。

◇

日一日と自分もゆっくりする様になった。周囲の環境は恐ろしいものである。手紙なども落ち付いて書けるようになった。倫敦の魅力はこんなところにもあろう。自分は英語を習ったり、案内役をしてもらうために、大使館の世話で、橋本君という若い青年を頼んだ。

橋本君は宮城県の生まれ。慶大を卒業してロンドン大学を三年迄やった人である。父の名を明さないけれど、話して行く中に橋本組の息子であることが想像出来た。留学中に女のために失敗し勘当を受け学費を送られず、一度は日本に帰ったが厳父の許さざる西洋人との結婚は非常な父の激怒を買い、煩悶の日を数ヶ月故山に過ごしたけれど、倫敦に残した子供の事を考えて彼は再びサイベリヤ経由で一路倫敦に帰って来た。そうして郊外にささやかな親子三人の生活を五ヶ年ばかり過ごした。

◇

日本に帰らないかと言ったら、

「親の許さざる子供のために私は一生を犠牲にします。おそらく帰国出来ずに侘しい生を此所に過ごすでしょう。霧深き冬の夜など、故山が懐しく矢の如く帰りたくもなります。しかし子供のために私はテームス河畔、波淀むほとりに骨を埋めますよ」

電灯のうすら暗いホテルの一室で彼の半生における告白を聞いた時、自分はホロリとした。一篇の小説だ、悲劇だ。自分は彼と彼の子供の一生を静かに考えた。

（昭和六年七月二十三日）

【解説】ロンドンで出会った日本人の一留学生の秘話――人情話である。「一編の小説だ、悲劇だ」と書いたあたり、訪欧中の菅家喜六の心に重く沈んだに違いない。百回以上に上った連載の中でも珍しい一編である。一留学生との出会いが「テームス河畔にて」という副題になったのかもしれない。

世界一周記（五十三）

〈テームス河畔より④〉倫敦ラッセルホテル

七百五十万の人口を有する倫敦。人の出盛りは何時であるか知らないが、昼前後はピッカデリーやオックスフォード通りは言葉通り人波であり、芋の子を洗うような賑わいだ。バス、自動車、馬車、引っ切りなしにこれが続く。

幾十万の人々はこれに依ってそれぞれ用を弁じ、又地下にはエレベーターで下りて乗るチューがあり、アンダー、グランがある。倫敦の交通はこれ等によって整理される。上海に行った時も感心したが、交通安全、交通の整理は、東京などでその光景は見ることが出来ぬ。交通事故の統計を上ぐる迄もなく倫敦では最も少ないとの事だ。一日、雷がなって豪雨沛然《はいぜん》として来るといった様に急に嵐のような天気になった時、自分は地下鉄道から出て来た。大変に混雑していると思ったら、篠突く雨である。

いくら雨に馴れている倫敦児でも今日の雨には閉口したものと見え、日除け幕の下や商店の前に立ち並んで雨の止むのを待ってる。自分はこの雨の中で感心した事がある。バスや自動車、地下鉄に乗る人々が、東京のように押し合いをしたり、後から来て人を斥けたりするものは一人とてない。

順序に急がず乗るその様子は英国に見る国民性だ。一体に大英国民はゆっくりしている。朝起きて食堂に行ってみても、ガチャガチャ騒いでる者はない。ゆっくりと落ちつき払って食べる。戸外を歩くのにも品を売るのにも、人と対話するのにも、ゆっくり落ちついてるのが大英国民だ。

アメリカン、ヤンキーどもの様にソワソワ忙《せわ》しなく飛びあがらない。呼び鈴を鳴らしてもボーイは急がずゆっくりやって来てノックする。急わしく用を命じても決して、あわてたりなンかしないで落ちついてる。かつての炭坑夫の総同盟罷業《ゼネラル・ストライキ》の時に静かに、そして堂々とデモンストレイションを行った英国の労働者も、要するにこの落ちつき払った国民性が、かくあらしめたものであろう。

◇

あれだけの豪雨の時でも地下鉄やバス、自動車は決して混雑しない。いつものように自然に走ってる。自分は「無名戦士の墓」のある通りをバスで宿の方に向かった。

ここで誰も一斉に帽子をとってこの墓に黙祷する。それはバスに乗ってる人、自動車に乗ってる人、歩いてる人、そのいずれを問わず必ずここだけは皆帽子をとる。子供も大人も老人も、紳士も、労働者も——バッキンガム宮殿の前に帽子をとらなかった者でも、ここだけは頭を下げて通る。

この愛国的精神がすなわち英国の紳士道であり、富強四百年を支えた所以のものである。わが宮城前を通る人が幾人帽子をとって遥かに皇居を拝するであろうと思えば、身悚然たるを覚ゆる。

（昭和六年七月二十四日）

世界一周記（五十四）

〈テームス河畔より⑤〉倫敦ラッセルホテル

ウータロー駅から乗ってアスコット見物に出かけた。臨時列車に乗れば間違いなく競馬場に行くことが出来る。場内の設備は目黒あたりと全然その規模が異なって大仕掛けなのに驚く。ジョーヂ陛下も御成りになっている。日本には見られない多くの観衆だ。そうして服装の整然たるのに、ビックリさせられる。

馬券も盛んに売れている様だ。自分のような貧乏人の来るところではない。そこそこにして引上げて今度は市内の見物をした。セントポールやロンドン塔、ギルドホール、博物館や動物園、絵画館と見るべき場所は数限りもない。どんなにしても一週間はかかる。自分は靴下一足買うのにもピッカデリーまで出かけた。一日バーバリーに行って雨ガッパを買った。

沢山下げてある中から、自分に丁度よさそうな物をとって着てみた。よろしいと思って、この品をくれと言ったら、それは売れないと言う。どうした訳かと聞けば「お前の身体にそれは合わない。そんな無責任な品は私の店では売れません。寸法を直してから差上げます」と言うのだ。お客がよろしいと言っても、こんな点まで注意するところが英国式だ。

◇

リデーメードの洋服にしても決して無責任な売り方をしないところに英国商品の信用価値がある。カバン類のデビス・ジョンポンド・カンパニー、靴屋のマン・ファエル、百貨店のセルフレーヂなどは、みな一流の商店で品物も上等だが値段も高い。日本人の店でも二、三軒は正確な店があるらしい。デンマーク・ストリートの料理店兼旅館である「常盤《ときわ》」の辺りに何とかいう名前の商店があった。

毛織物、毛布類の本場だけにイーガーの毛布などは丸善あたりの半値のようだ。買物とても別にない自分は、いよいよ目的の議会見物を始めた。英国の議会も日本と同じく議員の紹介がなければ傍聴出来ぬ。自分は大使館を訪ねてその事を依頼した。松平大使の特別な御厚意から、すぐに大使館で出す傍聴券一日四枚のうち私に二枚だけずつもらうことにした。橋本君を同伴して二時半頃ホテルを出た。

◇

開会は二時半頃からであるが、たくさんの傍聴人で一時間位は待たされる。議事堂の中は至って狭いような感じがする。日本の議場と違って椅子の並び方も演説の仕方、発言するの方法なども違っているらしい。背広服の議員が多く、正装した人は少なかった。初めの日は開会すると直ぐ休議になって容易に始まらない。英国の議会は非常に緊張している時である。解散になるかどうかという瀬戸際であるから何か問題が起こったらしい。自分は空腹になってその日はそのまま帰ってしまった。

その次の日は土曜日で本会議はない。ただ貴衆両院（注：貴族院、衆議院か）ともに一般人の参観を許し、内部の構造や組織を守衛が終日幾千の人々に説明することになっている。自分はその見物人の一人となった。

（昭和六年七月二十五日）

【解説】菅家喜六が日本大使館を訪ねて、松平大使の特別な御厚意からイギリス議会の傍聴券を得た――という面白い記述がある。その大使とは、日本の外交官、政治家、初代参議院議長、第十一代宮内大臣などと大きな足跡を残した、本県出身の松平恆雄氏（一八七七～一九四九）のことであろう。

氏は元会津藩主・松平容保公の四男として会津若松市で生まれ、明治三十五年に東京帝大法科大学政治学科を卒業後、外交官試験を首席合格して外務省に入省。ロンドン海軍軍縮会議首席全権や、在アメリカ大使（大正十三年～昭和三年）在イギリス大使（昭和四年～昭和十一年）などと華々しい活躍をした。昭和三年、長女勢津子様が秩父宮妃殿下となられ、長く「朝敵」の辱めを受けてきた郷土会津では一躍喜びに沸いた逸話が残る。

そんな松平大使の特別な計らいで、議員の紹介がなければ傍聴出来なかったイギリス議会の視察が実現したものと思われる。

なお、前段で「目黒あたりと全然異なって」とあるのは、昭和六年の時点で東京・目黒にあった目黒競馬場を指す。明治四十年に開設され、昭和八年まで置かれた。府中の東京競馬場はこの目黒競馬場が移転したものだという。

世界一周記（五十五）

〈テームス河畔より⑥〉倫敦ラッセルホテル

貴族院の方も議場が日本より少し狭いと思う。両陛下の御座所のごとき実に壮麗を極めたもので、両院共にさすが憲法政治の国だけあってどことなくドッシリ落ち付いた威厳と重みがある。傍聴人の控室廊下などには、たくさん有名な壁画が掲げてある。

午前十時に一般の参観人を入場せしめて説明をするのであるが、見物人は列をなして入ってる。自分は時間通りに行ったのであるが、既に先に五、六名の人々が立ち列《なら》んでいるのにも驚いた。

学生あり、田舎から見物に来た人あり、若き者、老いたる者、引きも切れずに終日見物人で賑わうのだ。かくて英国では議場内外の参観をせしむる事によって、政治教育の第一歩としている。わが日本などでも学ぶべきことである。青年団員を連れて、中を見せてくれと言っても、議員の紹介でもなければ見ることの出来ない日本である。

◇

日本のように喧嘩ばかりしている議場であれば、あるいは政治教育にならないかも知れないけれど、しかし政治の舞台であるこの議場から国民の頭に入れて置かなければなるまい。政界の革新などといくら騒ぎ廻っても、日頃の政治教育が足りなければ百年河清《かせい》を待つの類である。政界の腐敗は、要するに選挙界の腐敗堕落からである。選挙が公正にしかも厳然として行わるるならば、政治家に人物を出で、政治は常道を行き、政界は清く、明るくなるのである。

一選挙ごとに数万の金を要するような状態では、政治の改革も政治並びに政治家の刷新は出来ぬ。金がかかれば選挙が嫌になる。解散を恐れる。解散を恐るる結果は、唯一の在野党も政府党と妥協もしくは野合の政治を行って、遂に解散忌避となり政界は紊《みだ》される。

◇

選挙に金がかかる。さすれば代議士は常に金策をせなければならぬ。ここに代議士の利権漁りが生じて疑獄相次ぐの醜体を演じなければならぬ。これ要するに選挙に対する政治教育の欠陥から来るのであって、選挙の公正に対する国民的政治教育の根本方針を建つるにあらざれば、政界浄化、刷新、革正のごとき望み得られない。

自分は、英国の本場で選挙がいかに行わるるかを実地に視察見聞したいという長き希望であり、帰国した政治家の人々によくその事を尋ねた。いずれも英国には買収の少なきことを言う。将《はた》して真《しん》か。

自分は疑問の中に英国に渡った。リバプールから汽車でロンドンに来る途中、補欠選挙で自動車に宣伝文を貼り付けた運動隊を見たので、よき場面であると思い、あらゆる方法によって選挙運動方法の見学に努力した。

（昭和六年七月二十六日）

【解説】イギリスの議会政治を視察する中で菅家喜六がおのれの政治信条の一端を吐露する一編になっている。昭和六年のこの時代、菅家は野党系の憲政会・民政党に組みしていたと思われるが、連載の中で「政界の腐敗は要するに選挙界の腐敗堕落からである。選挙が公正にしかも厳然として行わるるならば政治家に人物を出で、政治は常道を行き、政界は清く、明るくなるのである」「一選挙ごとに数万の金を要するような状態では、政治の改革も政治並びに政治家の刷新は出来ぬ」と書いたあたり、新聞ジャーナリストとしてもっとシビアに政治の動きを見ていたように思われる。

また、菅家喜六はたびたび「政治教育」という言葉を使う。この言葉で思い起こされるのは、福島民友新聞が大正十四年という早い時代に「民友青年議会」という先駆的な模擬国会に取り組んでいたことである。同紙百年史によれば、二十五歳以上の男子すべてに選挙権を与える普通選挙法が成立したのを機に、普選法の啓発普及と青年の政治思想を高めることがねらいだった。県内を三つの選挙区に分け、五十五人の青年議員を投票で選んだ。そして大正十五年十一月には三日間にわたって「民友青年議会」という模擬国会を開催したという記録が残っている。当時の田子健吉編集局長（戦後復刊時の第七代社長となる）の発案だったという。

ここから後に多くの若き政治家たちが生まれていったのは言うまでもない。

連載で彼の持論はまだまだ続く――。

世界一周記（五十六）

〈テームス河畔より⑦〉倫敦ラッセルホテル

絶無とは言えまいが、ほとんど買収なく選挙はゆけるらしい。強いていえば選挙の時直接に買収をやらず、任期中の長い間にいろいろな方法によって買収らしき行為を沢山にやる風はある。けれども選挙が開始されて、一票五十銭とか一円であつめ、その頭をはねる選挙ブローカーのごときは絶無と言ってもよいらしい。誠に羨ましいことである。

労働党が絶対多数の勝利を得るのも、英国なるが故である。買収を防ぐ方法は色々あろう。選挙区制の改正すなわち比例代表になすこともその一である。選挙の国営――それも一つの方法である。言論戦だけにしてその他の運動を絶対に禁ずるのも又一つの方法であり、更に選挙に対する罰則改正も必要である。しかれどもこれらの方法を全部遺憾なき制度としても買収は止むまい。政界腐敗の主なる原因は制度の欠陥ではなくして、国民の政治に対する観念の欠陥である。

◇

政治並びに政治家に対する心的態度の欠陥である。すなわち政治教育の不徹底からくる現象であって、型の問題ではなく内部的に基礎の出来ざることから生ずる事象である。

ゆえに選挙民の罪でもなく政治家の罪でもない。もしその責任者を質すならば双方共に重大な責任者であろう。要するに国民全般にわたる政治教育が今日最も必要なる第一条件である。議会がすんでもその報告をせず、報告演説会を開いても聞きにも行かないようなことでは政治教育も何もあったものでない。政治家を特殊扱いにして、政治を談じたりすれば銀行員でなくなったり、官吏が上から睨まれるような考えでいるうちはまだ駄目だ。本場に来たからと言って自分はかく生意気を言うわけではない。

◇

常にかく信じておった事が今ここに来て更にその感を深くしたというに過ぎない。おそらくこの稿が紙上に掲載さるる頃は県会議員選挙の前哨戦であろう。例のごとく激烈を極むることであろう。

願わくば政界浄化のため、憲法政治のため、買収なき、公正なる選挙の行わるることを遥かに祈ってやまぬ。

戦いは武家の常である。勝つも負けるも見事にしたい。武士の試合は敵の首だけ取ることではない。正々堂々と果たし合う所に武士道の精華があるのだ。ロダンが叫びし如く美しき彫刻をつくるのが目的ではない。美しき彫刻を作るに至る、貴くして且つ美しき精神を養うことが眼目だ。

◇

選挙に勝つことは必要である。けれども正しく勝つという事を、更によき敗北者たる事の二つを考えなければならぬ。英国に「グット・ルーザー」という言葉がある。勝つも負くるも、釈然として負者が勝利者に祝電を打つがごとき、美しきスポーツの精神を自分は選挙界に望みたい。

正しき勝者を考えると同時に、よき敗北者たることを忘れてはならぬ。多くの同僚、並びに先輩諸君が立候補さるるであろう。自分は遥かにテームス河畔より各位に正しき勝利者たることを切に祈る。しかれども武運拙く敗れたる場合は、よき敗北者たられんことを願うものである。

（昭和六年七月二十七日）

【解説】菅家喜六が「例のごとく激烈を極むることだろう」と書いた昭和六年の県議会議員選挙は、この年九月二十五日に行われている。結果は激しく争った民政党が二十九議席、政友会十四議席だった。

ところでこのように政治の革新、公正な選挙を訴え続けた菅家喜六だが、これからずっと後のこと――この連載から四半世紀を経た昭和三十年になると、第二十七回衆議院選挙に出馬した菅家喜六（福島二区、自由党）の陣営は、地域の政界や経済界を巻き込んで多数の支持者が選挙違反の摘発を受けることになる。改めてこの一編をじっと読み通しながら、筆者はそれを嘆く。

世界一周記（五十七）

〈テームス河畔より⑧〉倫敦ラッセルホテル

勝てば官軍ではない。負けても官軍は官軍である。ドイツのごとく手段を選ばず勝つことのみを考えれば、遂に破綻は来る。自分は今更のごとくこの感を深める。吾等の疏水事件は即ちそれであって静かに考えれば吾等はよき敗北者たるべきであった。勝つことのみを知ってグット、ルーザーを知らなかった。

敗れても吾々は尊氏より楠正成が慕わしい。ここに吾等の精神的修養がある。今イギリスの議会は険悪なる空気を漂わしている。マクドナルドがいかなる態度に出づるかは世界注目の的であろう。彼が正しく勝つか、よき敗北たるか？

自分等のよき学問である。今彼は静かに立って弁疎之《これ》つとめている。不信任案の提出さるる迄にラン、タックス案がいかになり行くであろう。

語学の不自由な自分は、討論の内容が判明しないのを遺憾とし且つ心細く感じた。自分はこんどの旅行で痛切に感じた事は只二つである。その一は吾日本の有難さと、その二は日本人の語学の不足という事である。世界至るところ大道を闊歩出来るのは、日本という国の偉さでありお蔭である。

支那人を見、黒人、ユダヤ人を見、更にフランス、イタリー、ドイツなどの国々より以上に日本の立場が英米と肩を並べてる結果から来る、旅行者に対する各、外国民のよき態度に接した時、吾等は日章旗の前に涙が滲み出るほどの感激が湧いてくる。もし国字がもう少し世界的のものであったなら、必ずわが大和民族は世界第一の優秀なる人種であったであろう。

◇

文字に苦しみ、文字に重き負担をした吾々は、外国語を堪能に話す機会を与えられなかった。日本語を世界語にするということは、いかに自惚《うぬぼ》れても考えられない事である。ここにおいてほとんど世界語である英語の必要が生じて来るのであるけれど、大学を卒業してもブロークンでなければ話せぬ。大学者しかり、外交家しかりで、ただ自分どもと五十歩百歩の違いのみである。

外交家がよく世界の舞台に立って、堂々と意のごとく英語で話すなどという事は誠に稀である。パリー会議における西園寺公、ワシントン会議における加藤全権、ロンドン会議における若槻首相、それ等の外交ぶりを見た時に誰かその感を深くせざる者があろう。

自分は、自分のみじめなる姿をここに発見して、淋しさを感じ、わが子弟の時代にその事なきを祈る者である。ここにおいて日本も義務教育八ヶ年にしなければなるまい。経済的に苦しむという理由で、将来の国家的重大問題を葬るわけには行かぬ。吾々もその課税の重き負担に堪えなければならぬ。それはあたかも国難ともいうべき重大場面に際会したドイツ革命の時における独逸国民の如くに。

（昭和六年七月二十八日）

【解説】この一編に登場する「吾等の疏水事件」とは、菅家喜六自身も連座した昭和二年の安積疏水疑獄事件のことである。大事なことなので説明を加えておきたい。

安積疏水は明治十二年、荒涼たる安積原野を開墾するためオランダ人技師ファン・ドールンを招聘し、猪苗代湖から総延長百二十七キロメートルに及ぶ水路網を開削させた一大国策事業で、今日の郡山市および周辺地域に発展をもたらしたものである。同百年史によれば明治末期から大正期にかけて、農業用水ばかりでなく日本の工業化とともに電力事業にも供される。その猪苗代湖の水利権をめぐって中央の猪苗代電気会社（のち東京電燈）と地元の郡山電気会社（のち東部電力）両社がはげしい争奪戦を演じ、やがて疏水組合ばかりでなく政財界を巻き込んだ政争に発展する。

　昭和二年二月、東電・郡電の疏水議員買収事件に関わったとして東部電力社長（貴族院議員）の橋本万右衛門や福島新聞専務・県議会議員の菅家喜六ら十七名が検事告発を受け、逮捕されるという疑獄事件に発展した。なぜ新聞記者までがと思われるが、安積疏水百年史は「この事件の特徴としては当時の地方新聞記者が事件に巻き込まれていることであり、新聞も両派に色分けされ、東京日日、河北、民友、福新は郡電派、東京朝日、国民、中央時事、民報の各紙は東電派とみられたという」と書いている。

　思い出してほしい。この連載の第一回で菅家喜六が「一昨々年春酣《たけな》わの頃、新聞社の人々に送られて狐塚へ行った。それが最初の洋行である」と書いたのは、この事件に連座して収監されたことを指しているものと思われる。狐塚とは当時の福島刑務所が置かれていた福島市狐塚の地名である。

　この連載で菅家喜六は「吾等の疏水事件は……静かに考えれば吾等はよき敗北者たるべきであった。勝つことのみを知ってグット、ルーザーを知らなかった」と述べている。そこに菅家喜六の痛恨の思いが込められているのではないか。とまれ、この安積疏水疑獄事件が政治家を志した彼の前途に大きな影を落としたことは言うまでもないだろう。この年、昭和二年九月に行われた県議会議員選挙に菅家喜六の名前を見ることは出来なかった。

世界一周記（五十八）

〈テームス河畔より⑨〉倫敦ラッセルホテル

政治の舞台に立てば、色々な場面に際会する。嵐も激浪も一時に押し寄せてくる時がある。自分のごとき若くして政治に志した者にはそれが多い。

特に新聞人から政治界に入ることは、いと安きようであって仲々容易でないのみか、その成功はすこぶる少ない。釘本氏のごとき新聞人上りなるが故に、未だに代議士たる事を得ないでいる。東京あたりで弁護士の三、四年も開業すれば、すぐ故山に帰って代議士候補者だ。孜々《しし》として地方に努力する多くの政治家は、その進み方がすこぶる遅い。菅村代議士、氏家代議士のごとき人々が、未だ二回若しくは三回の当選で陣笠扱いではないか？大島代議士を総務にもしない日本の政界だ。鈴木寅彦が何かの委員長でいなければならぬ日本の政界だ。

◇

吾々ごとき激浪に洗われ、暴風雨に襲わるるのは当然の事である。そこに吾等の精神的鍛練がある。自分は船中もしくは車窓に、退屈まぎれに読んだ書籍の中に尾崎咢堂《がくどう》（注：「憲政の神様」「議会政治の父」と呼ばれた尾崎行雄のこと）が欧州旅行に出かけた時の記事があった。彼が出発の前夜、品川の自邸を出でんとするや四、五名の暴漢が彼を襲いていわく、貴様は外遊成金だろうと居丈高に叫んだ。

咢堂が時の政府に買収されたといって憤慨して来たのであった。咢堂は黙して何も言わなかったと書いてある。この事を咢堂夫人が田川大吉郎氏に宛てた手紙の中に現れている。わが夫の心事を知る者は、神と吾のみなりと書いてある。

こんな事はよくあることである。自分が今度の旅行に出でんとした出発の朝、一枚の葉書が玄関に配達された。日付は福島であって筆蹟も見たことのある書き方であるから、何人であるかも大体想像出来た。

又東京である先輩が新聞社のことを顧見ずに行く不都合を責めておったと友人から聞かされた。吾の心事を知り且つ解する者は、神と吾のみである。政界の荒浪から観ずるならば、かかる事は一些細なる事柄であって思い煩うこともない。かつて星亨（注：明治期の政治家、衆院議長、逓信大臣などを務めた）は衆議院で除名され、再び宇都宮の選挙区に帰って立候補の名乗りをあげた時に、反対党の人々は星は乞食に強姦されて出来た賤しき者の子であると演説して歩いた。

◇

星の乾分（注：こぶん）は涙を出してこの事をくやしがった。その時に星はただ一言、騒ぐな乞食も人間だ、と叫んだ。政治家は毀誉褒貶《きよほうへん》が多い。

それを一場の夢のごとくに笑って過ごす度量がなくてはならぬ。しかしながら日本の政治並びに政治家を罵倒する多くの人々は、政治を傍観的態度で批評する。もしかくの如くすべてを傍観的態度で批評するならば、この世の中に人間のやっていることで馬鹿げていないものは一つとしてあるまい。政治は歌舞伎ではない。観方を少しかえて貰わなければならぬ。

（昭和六年七月二十九日）

【解説】この一編には当時の政治家たちの名前がたくさん登場するので、少しでも説明を加えておきたい。最初の釘本氏とは、明治末期に福島新聞記者、主筆を経て大正十一年に双葉郡から福島県議会議員になった釘本衛雄（一八八〇～一九四九）のこと。県議会議長二期を経て、この連載の後に昭和十二年から衆議院議員、民政党県支部幹事長、同支部長、福島市長などを歴任する県政界の実力者である。双葉郡幾世橋村（現在の浪江町）出身。

菅村代議士とは、自由民権運動家で福島県議会議長、衆院議員を務めた田村郡美山村（船引町）の菅村太事（一八六二～一九三四）のことか。大正十四年河野広中の後継者として衆院選に出馬し当選三回。氏家代議士は双葉郡津島村（浪江町）出身の政治家で、昭和六年から再合流した福島民友新聞の第五代社長となった氏家清（一八六六～一九三七）と思われる。そしてもう一人、大島代議士は憲政会の代議士や福島商工会議所会頭などを務めた大物実業家で、大正期にやはり福島民友新聞の第四代社長となった大島要三（一八五九～一九三二）である。

鈴木寅彦（一八七三～一九四一）は会津坂下出身の大手実業家で、明治四十一年以来衆院議員に当選五回、民政党県支部長。昭和十四年から若松市長も務めることになる。孫娘の順子がのち作家の遠藤周作に嫁いだことでも知られる。

いずれも菅家喜六が信奉していた当時の憲政会、民政党に所属した重鎮の政治家たちと言えようか。

ところで連載の冒頭や中ほどに見る「政治の舞台に立てば嵐も激浪も一時に押し寄せてくる時がある」「吾々のごとき激浪に洗われ、暴風雨に襲わるるのは当然」という表現にも注目したい。やはり前章でほのめかした安積疏水疑獄事件のことが重く引きずっているように思えてならない。また、あれほど賑々しく見送られて「世界一周」の途に出発した菅家喜六だが、その裏面ではさまざまな嫌がらせや批判の声があったことを率直に述べているのも、やはり政治家であったからか。

世界一周記（五十九）

〈テームス河畔より⑩〉倫敦ラッセルホテル

一九一八年（注：大正七年）の総選挙で独探の汚名を蒙ったマクドナルドは、戦いに敗れ全く逆運逆潮のドン底に陥ちた。しかし彼は洒然として一巻の書を携え、人生の得喪を一場の夢と笑ってコーカサスの旅路にとのぼったことを、自分は何かの本で読んだことを思い出す。

この態度を自分は憧れる。政治家にこの心的態度がなければならぬ。こんなことを考えながら、いつものように自分はテームス河畔を歩いて、そうしてハードパークに出でピッカデリーを一廻りしてホテルに帰った。これが自分の日課だ。

◇

長く居れば居るほどよくなるのが倫敦であると聞いたが、全くここに一ヶ年も居てみたいと考える。十一月迄には帰らなければならぬ旅路である。初夏の初めに立って秋深き頃日本の土を踏むのであるが、時々急に帰ってみたいような感じのする時もある。エレベーターに乗って二階の部屋に帰ろうとする。中に女が乗っていれば、帽子を取らなければならぬ。こちらで帽子をとっても、彼方はスマシタものだ。

こんな儀礼がつくづくいやになってくる事もある。ヤーヤーで暫時耳を痛めダーダーで悪寒を催し、今度は朝から晩までイエスとかサンキューサーで苦しめられる。狭いホテルの部屋で考えてると、家族と共に裏庭でカクレンボをする楽しみを思い出してくる。食堂に出ても無味乾燥だ。

型のごとく椅子に腰を下し、型のごときものを食ってグットバイだ。貧しくとも家族全部でジャガ芋をつついた方がどんなに愉快だか知れはしない。お湯に入る。長くなって寝そべっていなければならぬ。檜の風呂に思う存分身体をしずませて、湯水を流す愉快を思うと、もう堪まらない。今頃は湯上がりで北町を散歩する頃だ。

六月も半過ごした。そろそろお祭りが始まる。帽子を被らずに単衣物に兵古《へこ》帯でブラブラする味は、外国に来て初めて知り得る味だ。足を水虫だらけにしてピッカデリーを歩いて見ても別段文化人になれる訳のものでもない。

◇

扇を用いながら麻雀をやる涼しさはやっぱり故山でなければならぬ。こんな風に郷山の懐かしくなった時は、日本人のいる倶楽部か日本料理店に出て行く。日本人の倶楽部は大使館の並びで、相当立派なものである。そこで将棋などすると日本に帰った様な気分がしてくる。それからブラブラ出かけて、都か常盤で日本食で番茶を飲めばもうすっかり日本気分で戸外に出るのが嫌になってしまう。

こんな事を書いたら笑われるだろうけれど、実際だからやむを得ない。動物園辺りで遊んでいる子供を見ると、自分の末子の事を思い浮かべる。もう自分は外国向きではない。日本が一番よい。日本の中でも郡山が一番よい。懐しい。早く帰って青畳に寝ころぶ工面だ。

(昭和六年七月三十日)

【解説】この一編では、書き出しの部分に英国の政治家マクドナルド(労働党党首、首相)が戦いに敗れ、逆運逆潮のどん底に陥ちても洒然として人生の得喪を一場の夢を笑ってコーカサスの旅路に立った。この態度に自分は憧れる――と菅家喜六は書いた。それはどこか、昭和二年の安積疏水疑獄事件で逆境に陥った自分の思いを重ねているようにも思われる。

そしてこの「世界一周の旅」が十一月まで続く長旅だと書いている。筆者がこの稿を執筆中の段階では、菅家喜六の新聞連載は昭和六年九月中旬の第百九回あたりまでしか見つかっていない。まだまだ旅の途中ではあるが、この長途の成り行きがはたしてどうなってゆくのか、今からわくわくさせている。それにしても菅家喜六自身、望郷の思いを日増しに強くしている事も気に懸かる。

また「今頃は湯上がりで北町を散歩する頃だ」と書いているが、北町とは福島市（赴任先）の住んでいた辺りか（注：別な昭和十二年の連載では「宮下町」が福島での住まいになっている）。日本の中でも（家族や住まいを置く）郡山が一番よいとも書いている。もうひとつ、麻雀がよほど好きだったらしく人事興信録の中でも「趣味は読書、スポーツ、麻雀等」と紹介したものが見える。

世界一周記（六十）

〈テームス河畔より⑪〉倫敦ラッセルホテル

今度の旅行でロシアを除いた外の国々は、いずれも物価の安いのに驚いた。英国品のごとく日本に沢山輸入されている国の品々は勿論のことであるが、北欧デンマーク、ノルウェー、瑞典共に日常生活に要する品々は、恐らく日本の半価であろう。瑞典の専売局で職工の賃銀を聞き、更に物価の公定表を見せられた時に、日本における中産階級の生活の苦しみも故ある事であると首肯《うな》づかれた。英国――特に倫敦は貧乏人の多いので有名だ。大廈《たいか》高楼（注：とても立派で豪壮な建物）軒を並べ、華麗なる品々は店頭に飾られて、不景気はどこを吹くというような風に見えるけれど、裏長屋――アパート、屋根裏に生活する多くの貧困者の生活を聞けばこれ又驚くばかりである。市内の見物をしようと思って、乗合自動車に乗れば、その乗降には多くの辻芸人に乞食を発見することが出来るであろう。

◇

大使館で色々の話を聞いたが、英国も非常な不景気である。しかし労働者のごとき賃銀は日本と比較にならぬ。その諸物価が安いのであるから、同じ不景気といっても、日本の生活と同一に考える事は出来ぬ。日本から留学している学生の如き節約すれば一ヶ月百五十円位で足りるとの事である。不景気は世界的であって日本ばかりでないことは何人もこれを認める。

であるが物価の高きことは何故であろう？　今少しく日本も物価が安くならなければなるまい。米の値段や繭の値段のみが下がって、その他の日常生活に要する品々は少しも下がらないと言ってもよい位である。朝未明にゴンペントガーデンの市場に行って見ると、籠や袋をさげたお上さん達が大勢で買物をしているが、野菜類なんか実に驚くべき安いものであった。肉やパンのある市場も見たが日用品は実に安い。

◇

そして労働者でも下級の者は、アレクサンドラ、トラストという人の始めた簡易食堂の大レストランに入れば一日三十銭から五十銭位で食事が出来る。そして屋根裏で一ヶ月五円か十円を払えば生活が出来るのだ。どこの国だってそうではあるが、上を見れば限りなく下を見ても同じ事だ。倫敦の真中にもこんな生活者がうようよしている。

失業者は日本の二倍も三倍もいる。けれども、日本のように騒ぎは大きくない。これは一つはそれ等の人々に対する設備の完備されてるという事と、ドッシリ落ち付いてる英国の国民性がしからしむる所であろう。東京や大阪とか名古屋のごとき大都会では、近ごろ社会的施設が完備されつつあるが、地方の小都会に至ってはいまだこんな訳にはゆかぬ。

いずれにせよ、日用品をもう少し安価にするという事は必要なことである。官吏の減俸も当然であろうが、それ前に諸物価がもっともっと下らなければならぬ日本であると思う。

（昭和六年七月三十一日）

【解説】ロンドンから政治のあり方、国のあり方、生活のあり方を説いた一編である。菅家喜六は「大使館で色々の話を聞いた」と述べているように実際に大使館や議会、学校などにも足を運んで視察を重ねたようだ。このあと新聞社なども訪問する。この「世界一周記」が単なる観光、物見遊山ではなかったことがよくうかがわれる。連載の全体が新聞ジャーナリストとしての片鱗をのぞかせる、壮大な世界一周記だったと言ってもよいだろう。

世界一周記（六十二）

〈テームス河畔より⑫〉倫敦ラッセルホテル

パリは女の世界であり、倫敦は男性の都である。オフィスに働く人、店頭に立つ人、社交界に活躍する人、何れも気持のよい程スッキリしたスタイルである。黒ずんだ服に白のシャツ、どことなく落ち付いてる。それは小面憎《こづら》い程にスマートな態度である。見るからに紳士らしい。辻々に立つ乞食でさえ、皺のない火熨斗《ひのし》のかかった服をまとっている。倫敦の男性ほど身嗜《たしな》みをするものは少なくないであろう。しかし決してハイカラではない。

新しい妙な縞柄の服など間違っても着ない。どこまでも落ち付いたものを用いる。日本で考えれば新しい立派な服でも着ているかと思うけれど、倫敦児くらい古い服を着ているところはない。いかに古き歴史を尊び、古典的な英国民であるかは服装の上にも見ることが出来る。

◇

一体に日本人くらい新しい物を用いる国民は少ないであろう。洋服にしてみた所が一年に一着位ずつ作る人が多い。どんなに倹約にする人でも二年か三年に一着は作る。品物が粗製であることは言うまでもない。

しかしながら、新しいものを好む潜在意識がこんな所にも現れるではあるまいか？　自分はバーバリーに行って洋服と雨外套を注文した時に実に驚いた。この地で作れば一生は大丈夫着られると店員がいう。吾々日本人は一生涯着る服を作るなどという考えは露ほどもない。

少し古くなれば古物としてこれを用いない。型が流行より遅れると、もうその服を着るのが嫌になる。これが多く日本人だ。英国紳士とは全く正反対である。英国の紳士はすべて間に合せ物は用いない。洋服にしても一生着れるだけの物を作る。型も決して流行を追ったりはしない。地味な型で、そして吟味した物を作るからガッシリしている。

◇

帽子なども日本人のように一年に一つずつ新しい物を買うという贅沢はしない。麦藁の帽子を一度買ったら、それは一生被るといった調子である。英国品の優秀なる事にもよるけれど、一体に流行などと巴里《ぱり》ッ子やアメリカ人のように騒ぎ回らないのが倫敦児であり、ゼントルマンである。

そして英国製以外の品物は決して用いない。英国の商品が世界一であるという信念を彼等はすてない。故に国産愛用などと日本のように宣伝しなくともよろしい。たしかに、英国の商品は英国政府が責任をもつように正確なものである。

自分のように五年も前に買った古ボケタ帽子に洋服で渡って来たものは、肩身が広いように感ぜられる。人生新を追うという事も大切ではあるが、日本人のように新しいものばかりを歓迎するという事も考えものだ。趣味の向上から考えて型を換え、衣を正すという事も人生の半面ではあるけれど、流行を追うということも或る程度まででなければなるまい。

（昭和六年八月一日）

世界一周記（六十二）

〈テームス河畔より⑬〉ロンドンにて

倫敦の六月は実に気持がよい。雨が降っても終日降り続くということは滅多にない。冬の日のように灰色の雲が深くたれこむというようなこともなく、青葉が六月の陽光に輝くハイド、パークの景色は旅人の快覚を唆《そそ》らずにはおかない。

朝まだき頃、ここに足を運ぶならば、ジョーヂ陛下の御乗馬姿を拝することが出来るであろう。朝の新聞を携えて、公園のベンチに腰を下ろしていると、身も心も何となく裕《ゆたか》なるように感じてくる。自分はテームス河畔の逍遥とハイド、パークの朝の散歩が何よりすきである。

何を考えても、そこに掣肘《せいちゅう》（注：干渉し自由を妨げること）はない。ジョーヂ陛下の御通りでも、許可証もなく御姿をカメラに謹写することが出来る。そこに何人の干渉もない。どんな画を書いても、文章に発表しても、発売禁止になったり、他人から悪口や攻撃を受くる必要もない。全く自由の天地である。ある人は英国は小さき島を大きく広く使ってるといったが全く然りである。

倫敦に来ればその感が深い。ハイド、パークの広々とした青い木立を静かに歩いてると、すべての雑音も耳には聞こえてこない。自分の庭を歩いてるというような感じがしてくる。

こんな所にも自由の英国の気分が漂ってるのである。ベルリンの街を歩いてると物売りがうるさく付きまとう。夜のベルリンは賤業婦の客引きでうるさい。モスコーは雑音と喧噪《けんそう》で、ロシアそのものの如くに旅人の神経を痛める。夜は不安と恐怖でホテルを出ることも出来ぬ。

ピッカデリーにも賤業婦は歩いてる。しかしハローと声かけて、返辞をしない男の後は決して追わない。どこを歩いてもうるさいという感じが起きてこない。ノンビリしたような心持になれるのが倫敦である。

◇

部屋も狭い、そして薄ら暗い。雨の日など陰鬱そのもののようである。それで倫敦生活がノビノビした感じを与えるのは何のためであろうか？　通りを歩いてもせせこましい、広いのは公園だけである。建物も古びている――それでも倫敦生活が人を引きつけるのは何のためであろうか？

倫敦の持つ魅力は自由の天地である。この自由の天地に世界の多くの天才は、国を追われ、逃れ住んだ。名ある革命家で倫敦に逃れざる者幾人あるであろう。彼等は自由の国旗の下に――そして大きな広い倫敦の懐に抱かれて安住したのである。クロポトキン（注：ロシアの革命家、政治思想家）が、故国から追放されて逃れる船上で、英国の国旗を仰ぎ見た時に自由の英国よと叫んで声をあげて泣いたことは有名な話である。

覇業四百年を誇る英国の隆盛は、底を流るるこの自由の精神の賜である。君主国として欧州に唯一を誇り得る所以もこの賜に外ならぬ。

（昭和六年八月二一日）

世界一周記（六十三）

〈テームス河畔より⑭〉ロンドンにて

ウェストミンスター・ブリッジから国会議事堂を左に眺めながら右に折れて河畔を下ってロンドンブリッジまでの間は、並木のあるアスファルトの綺麗な道路である。自分は毎朝のようにここを散歩した。倫敦には有名な橋がこのテームス河に五つ架かってる。その一つであるブラック・フェアース・ブリッジを渡ってゆくと有名な古本街がある。ベーターノ・スターローといって、珍しい本を探すために沢山の人が見ている。

東京の神保町通りのような賑わいだ。ここらあたりをぶらぶらして歩いてから、少し横道に出ると、そこに大きな古風なギルド・ホールが建ってある。現代語でいえば市の公会堂である。即ちシティ・ホールである。昔からここで市会が開かれている。

◇

毎年十一月九日の夜は、市長新任披露の大宴会が催され、総理大臣をはじめ諸外国の使臣その他貴顕紳士が招待されるのである。しかもその夜の謝辞である総理大臣の挨拶は、施政方針の演説をする習慣になっているので重大視されてることも面白い。

欧州戦後はあまり宴会場には使用してないらしい。市会のない日には一般に参観が許される。自分は大ホールに足を踏入れて、ジョーヂ陛下が乾盃されてる大絵画の前に立った時、わが今上陛下が摂政に在す頃、ロンドン市長の歓迎会がここに開かれ、陛下が中央に立たれて御挨拶を遊ばされた当時の光景をば想像しないわけにはゆかなかった。

ここらあたりを見てから、イングランド銀行の大建物や世界一を誇る取引所といったようにバンク街をすぎて、プリンセス・ストリートを奥に進むと、その辺は大会社が軒を並べている。

◇

正金（注：金銀貨幣を扱う）銀行支店や郵船支店、領事館などもここから遠くはない。この辺の街を歩くと、いまでもシルクハットを被った人を見ることが出来る。自分はこの横丁をぬけて、又テームス河畔に出た。そして倫敦ブリッジの上に立った。この橋は世界的に名の知られてる橋であるけれど、ただ石の橋に過ぎないしさほど立派なものでもない。

ただ下流の眺めが一寸よいのと場所柄だけに人通りは多い。この下流にタワー・ブリッジがある。この橋の下を巨船が通行するので、双方に二ッ塔が立っている。そうして船が橋に近づくと塔の中の見張番人が鐘をならして、橋の真ん中が二つに開くようになってる。これも鴨緑江《おうりょくこう》の橋を見て来たものには珍しくもない。

ここに立ってすぐ横の真向かいにタワー・オブ・ロンドンの古ぼけた建物が見える。これもロンドン塔と言えば世界中の人が知らぬ者のないくらい有名な伝説のある、一つの古城だ。入場料を払って中にはいって見ると半日はどうしてもかかる。更に下流の方を眺めると、数里も続くかと思わるる位に大ドックとその埠頭にある数万の大汽船に驚かされる。延長が四十マイル、船の数が一ヶ年に二万艘、輸出入年額五十億、この数字を聞いただけで倫敦の大を知ることが出来よう。

（昭和六年八月三日）

世界一周記（六十五*）

〈テームス河畔より⑯〉ロンドンにて

ロンドン塔は伝説によると紀元後間もなくローマ人が来て城を築いたと説明してある。

午前九時頃から遊覧の自動車でその入口は非常な混雑だ。妙な赤い巾の広い帽子をかぶった案内人というか看守人というか、いかめしい服装の男が沢山いる。珍しいので写真に撮ろうと思って、カメラを向けたら大変に叱られた。そこそこにして中に入って行くと兵隊さん達の教練がある。

どの塔から見てよいか判らない程多くの塔がある。多数の人の行く通りに自分もその後をついて中に入った。昔河の水がここまで入ってきて、船で囚人を送りこんだなどというトレーター・ゲートとかなんとかいう門がある。エリザベス女皇などもこの門から入れられた。

◇

それから左に出て一つの塔に入ると、ここは英国皇室の御即位式に使われた王冠が燦然として輝いてる。特に驚くべき大きなダイヤで作ったビクトリヤ女皇の戴冠式に用いられた冠の如きは、全く何ともいえない見事なものである。この室に隣りしてエドワード四世の二王子事件で知られてる部屋がある。

歴史家ウォーター・ライーが、二十ケ年間も拷問されながら書きあげた有名な英国史のことなど、案内人は口早く六つかしい英語でしゃべるけれど聴き取れぬ。今は武器の陳列館になって年代別に鉄碗や槍、甲冑などが列べてあったし、日本の名刀が一ふり飾られてあった。

無実の罪、拷問、虐殺などといやな事ばかり聞きながらゆくと、更に又ヘンリー八世の第二王妃、第五王妃などが殺された断頭台の古跡がある。

◇

この土地ばかりは今も一本の草も生えぬと説明する。自分はこのロンドン塔では漱石の書いたものが思い出される。昼近くここを出て世界一の大博物館ブリティッシュ・ミュージアムを見物することにした。

どこの国にも世界一というものがある。独逸では農芸博物館に動物園が世界一だという。ハンブルグに来るとここの動物園も世界一だという。パリにも、アメリカにもこの世界一が沢山あるであろう。世界一が二つも三つもあるのだからおかしい。しかしこの倫敦の博物館はたしかに世界一のようだ。自分は一先ずホテル、ラッセルに帰って食事をすませてから出かけることにした。

◇

ピッカデリー、オックスフォードのサーカスまでゆかず、ホルボーンの繁華な裏通りになってるところに、それは驚くほど広大な庭園を前にしてギリシャ風の一大建築物がそびえている。それが博物館だ。ホテルから歩いて十二、三間である。大玄関を入るとギリシャやローマ時代の古い碑が並んでいる。

次が彫刻の部屋。エジプトから発見された何々、ローマから発掘した何々、といったように古い物が数限りなく陳列されておって、一時間や二時間、一日や二日で全部見てしまうことは出来ぬ。東洋の部屋に日本の印籠や甲冑、支那の工芸品がこれも数限りなく列べてある。キングス、ライブラリーなど世界における珍本はことごとく集められているという事である。日本の書籍なども沢山あったのに驚いた。

しかし専門家ならざる自分は、一時間ばかりで倦《あ》き倦きしてしまった。これは自分達ののぞくところではない。逃げ出すようにここを出た。

（昭和六年八月四日）

＊　六十四回は欠番と見られる。

世界一周記（六十六）

〈テームス河畔より⑰〉ロンドンにて

セントポール寺、ウェストミンスタアベー、ホワイトホール、トラファルガー　スクエアー、テートの美術館や動物園と一週間は見物にかかる。

倫敦の名所という名所はあまりに知られすぎてるから、今更これをくどくどしく書き立てる迄もあるまい。

自分はニュース ペーパー ダムと呼ばれる新聞雑誌社の林立するフリート・ストリートの街を何度も何度も通って、夕刊のすり出される光景や配達小僧の発送ぶりや印刷される驚くべき大仕掛けの輪転機などを見たりした。

そうして日本の新聞雑誌の劣ってる事を、痛感しない訳にはゆかなかった。

◇

アメリカでも英国でも新聞社の数の統計の上において減ぜられている。群小新聞社は合併されて一経営者の下に統一されつつあるのが大勢である。アメリカは七、八の社が存在しているのみであると聞いたが、英国においても新聞社の数は誠に少ない。

日本のように一県に五社もしくは十社も日刊新聞社のある国は少ないであろう。新聞事業の発達せざる進歩せざる理由の一つはこんな所にもある。

各社が少数の読者を相手に競争して新聞の経営がうまく行くべき筈のものではない。新聞販路の上から考えても日本の新聞社の数は多い。

◇

少なくとも一県一社、もしくは二社位に統一されて、優秀なる新聞を出すということは理想であって、あるいは現在の日本においては実現困難のことかも知れぬ。

それは地理的関係と政党関係において容易に行われざるものであろう。しかしながらロンドンタイムスやデーリー・メール社のごとくに、飛行機で新聞を輸送するようになれば日本の新聞界における販売政策も変わってきて、恐らく近き将来において小新聞社は中央の新聞社と経営者を同じくするにいたるであろう。

然して諸外国の新聞界と同じように、その地方地方には全く特異のカラーを持つ新聞のみになって来るではあるまいかと思う。

◇

新聞の経営は要するに大資本の下に統一されるのが大勢であろう。更に痛感することは日本における新聞用紙の粗悪なることと、価格の高きこと、並びに通信料金の高価なる事実に驚くばかりである。

英国における電信電話は、新聞社は特別に割引きされて日本の約半額である。東京通信を十二通話から二十通話位とって一ヶ月二百円ないし三、四百円の通信料に電話料の百円ずつも払っては経済が立ちゆかぬ筈である。

新聞用紙も巻取紙一本約六十円、一連四円から四円五十銭の値段ではとても、やり切れない。印刷に用するインク、職工賃銀、その他すべての経費を見るならば、恐らく一枚の単価において、少なくも二厘《りん》や三厘の損をして売ってるという結果になるであろう。

（昭和六年八月五日）

【解説】この一編は珍しいことに当時の新聞社の経営実情、並びに菅家喜六自身の「新聞経営論」に言及しているのが面白い。

「一県に五社も十社も日刊新聞のある国は少ない」「各社が少数の読者を相手に競争して新聞の経営がうまく行くべき筈がない」「やがて新聞の経営は要するに大資本の下に統一されるだろう」などと述べている。

この当時、福島県内の新聞はどうであったのだろうか。手元に詳しい資料はないが、恐らく東京朝日、毎日新聞、読売報知といった中央の大手紙に加えて、県内紙は福島民報と福島民友新聞、福島新聞の地方紙三紙、さらに各地域で数多くの地域紙が発行され、論陣を張っていたものと思われる。

このあとの趨勢をたどれば、昭和六年の満州事変、昭和十二年の日中開戦を境にして日本は泥沼のごとく軍国主義と戦争の時代へと突き進んでいく。新聞界も軍部の厳しい「言論統制」の波に巻き込まれていったことは、周知の事実である。この激烈な戦争統制によって、昭和十三年頃の時点で全国に一千二百七十九紙を数えていた日刊紙が、戦争末期には「朝日、毎日の全国紙を含めて五十五しかなかった」(木村栄文著『記者たちの日米戦争』一九九一年角川書店)という峻厳たる事実がある。

この福島県でも、やがて昭和十三年に最も古き歴史を誇った福島新聞が終刊し、そして菅家喜六自身が指揮をとっていた福島民友新聞も軍部の「一県一紙」政策によって休刊を余儀なくされていく(昭和十六年)。さらに各地域にあった地域紙も合同を余儀なくされ、県内では福島民報が唯一の代表紙となっていく。

考えてみれば、この「世界一周記」という連載を書いていた昭和六年が、じつは新聞界にとって大きな転換点だったと言ってもよい。その時代、当事者の一人にいたのが菅家喜六だった。一県に新聞が五社も十社もあるのはおかしい――と連載に書いた菅家喜六は、この後の軍国主義と言論統制の時代をはたしてどのように見ていたのだろうか、と筆者は思うのである。

もうひとつ書き加えれば、その戦争が終わると代表紙となっていた福島民報が驚くことに毎日新聞に買収され、大手資本の傘下に収まってゆく(詳しくは拙著『新聞疎開―小説・福島民報の暑い夏』平成二十七年歴史春秋社刊を参照願いたい)。

また、昭和二十一年に奇跡の復刊を成しとげた福島民友新聞もやがて読売新聞と提携していくことになる。菅家喜六の「予言」がはたして的中したというべきか――。歴史というのはわからないものだ。

世界一周記（六十七）

〈テームス河畔より⑱〉ロンドンにて

新聞の広告は販売紙数による事であってその反響が広告単価の基準となるのであるけれど、これも正確にはゆかぬ。故に欠損を埋めるまでに広告料金が新聞社の収入となる迄には容易ならぬことである。

しかも通信社があって、地方の新聞社はこれらの通信社に掣肘《せいちゅう》をうける。広告料金と通信料を差引かれて幾何《いくばく》かの料金が新聞社に入るという状態では、地方新聞は決して盛んになる理由はない。

中央における新聞社も今日は欠損を出しているであろう。

◇

読者の減少ということよりも、商品の広告減収は相当に大きいに相違ない。大毎《だいまい》（注：大阪毎日新聞）、大朝《だいちょう》（注：大阪朝日新聞）、などが地方紹介などといって、地方新聞がやるような銀行会社の広告を取る様になったところを見ても判る。

要するに、現在の日本における新聞界は経済的に受難時代である。この時において吾々は通信料金、電話電信料、巻取等の値下げを要求せなければならぬ。全国の地方新聞が結束して当たるならば、必ず実現出来ることではあるまいか。

◇

英国における――倫敦における人口に対する読者の比率は、二人に対して新聞一枚の割に売れてるということを聞いた。はたして正確であるかどうかは判らない。新聞社を訪ねて発行部数や販売部数、印刷部数を聞くくらい、無常識な馬鹿馬鹿しいことはない。

ノルウェーのベルゲン港で新聞社の記者が私を訪ねてきた。そして新聞社の名前と発行部数を聞くから、これは新米だと思ったから、福島民友新聞は五十万印刷すると言ったら、驚いて日本の一流新聞かと尋ねる。おかしくもなったがイエスと答えた。

すると夕刊に、ジャパン東京の福島民友新聞という五十万を発行する新聞社の重役がブリストル、ホテルに泊ってると出ている。滑稽ではあるが面白い。これも参考に一部福島への土産に持ち帰ることにした。

◇

故にロンドンにおける一流新聞が如何《いか》ほどの購読者を持ってるかということはハッキリしない。けれども、辻々に売る新聞売り子、地下鉄駅、公園の売店、ホテルの店、などで朝売れゆく様子は日本のそれとは到底比較にならぬ。おそらく新聞の配達されざる家はないではあるまいかと思うし、新聞を手にせざる人が皆無であるまいかと想像した。

購読者の数を増すということは可成《かな》りに六つかしい事ではあるが、日本の地方新聞も中央の新聞も、今少しく方法を換えなければ駄目ではあるまいか。

最近、報知新聞のやってる販売政策は可成りに各地方を動かしているようである。読者階級が違うのかも知れないが、著しく増加したように自分等には考えられる。何れにせよ、倫敦の新聞社などを視察しても、規模が広大で自分等の参考になることは少ない。


（昭和六年八月六日）

世界一周記（六十八）

〈テームス河畔より⑲〉ロンドンにて

倫敦は社交と運動と衛生に力を注ぎ、金を使う。テニス、乗馬、ミアチヤ、ゴルフ。戸外散歩。イギリス人位、戸外運動をする国民は少ないであろう。

ハイドパークを散歩すると、乗馬の人を多く見ることが出来る。今議会は紛糾して問題をひき起している。日曜日にはハイドパークで大道演説が盛んに行われてる。

あの広い公園の中に、幾つかの演壇が設けられて、交々《こもごも》起って何か論じている。それなのにかかわらず、その傍らではこれに耳を傾けざる人が幾人かも読書に耽ってるかと思えば、乗馬で歩いてる人などを見るといかにも英国らしい気分になってくる。巡査などもこの演説会には見向きもしない。

◇

ゆっくり散歩して演説など聞こうとしない男女の群が多いのだ。こんな光景は此所でなければ見られまい。

倫敦児は衛生ということにやかましい。食物でも衣服でも清潔にしなければ承知出来ないのだ。ハンカチーフ、ナプキン、ワイシャツカラー、朝夕にこれを取り換える。洗濯したアイロンのかかったものでなければ用いないという程やかましい。

そして運動服に着換えて戸外に出かけるのだ。夫婦連れで並木の下を乗馬でゆく姿を眺めた時には、幸福な人々を羨ましくなる。郊外はどこを見ても、ゴルフ、リンクだ。白い服でクラブを振るイキなスタイルは又何とも言えない。全く一幅の画である。

◇

夕刻になって地下鉄にでも乗ると、多くの人々がゴルフの道具を肩にして帰ってくる。五月からはテームス河にボートレースが始まる。これも倫敦の名物の一つである。英国人はゲームを愛する。ゲームを愛する者に老ゆることなしという諺《ことわざ》さえある。スポーツマンシップとは英国にのみ見らるるではないかと、そう考えらるる。

勝つ事のみを知って、よき敗北者たるの心理を知らざる者を嫌う。勝つという事を目標とせずに勝利に至るまでの順序――過程を味わう――それがスポーツマンライクであると、彼等は考えてるのである。見事に勝利を得るという事を、立派な負け方をするという事を考えてるのが、倫敦のスポーツマンだ。

◇

この競技精神が英国の紳士を作り出している。政治家もこの競技精神で立ってるのが英国である。勝てば官軍という言葉は英国にはない。

英国の立憲政治が世界の手本となるのも、このゲームの精神である。政治教育の根本はここから発足しなければ駄目だ。政治は力ではない。正義とは力の事ではない。

見事な勝負をする。立派な精神が奥に流れているにあらざれば、よき政治社会は望まれない。英国の議会はこの競技精神で動いている。

（昭和六年八月七日）

【解説】政治は力ではない。正義とは力ではない。勝てば官軍という言葉は英国にはない――この言葉に菅家喜六の思いのすべてが込められているのではないか。

数えてみると英国の訪問記はもう二十回を数えようとしている。ロンドンを視察することが今回の旅行の大きな目的の一つだったのかもしれない。あるいは「英国の立憲政治が世界の手本だ」というロンドンの街に、菅家喜六は多くを魅せられた——筆者はそんな感じがするのである。

世界一周記（六十九）

〈テームス河畔より⑳〉ロンドンにて

子供を愛せざる国は亡ぶ。国民教育の衰えてる国が隆盛になったためしはない。倫敦——英国——は子供の世界だ。子供——児童に対する設備のゆきとどいた点では或いは世界一であるかも知れない。一人、小学校教育の完備をもってかく言うのではない。子供を大切にするという精神を尊ぶのだ。

イタリーのムッソリニー首相は、施政の第一に全国の学生を無賃にて国内を自由に旅行の出来るようにした。彼は第二の国民を考えたのだ。子供を愛する彼の精神は、国民教育を政策の第一にしたのである。

自分は彼の偉大さをここに発見する。英国々内を旅行して痛切に感ずることは、どこの書店を覗いても子供に関する読物の多い事である。

◇

小学校の設備の優秀なる事である。家庭を訪れても子供の部屋の完備されている事である。人種の保存を尊重する者は子供を尊ばなければならぬ。自分と子供を別個の人格のごとく考えて教育をしている。日本の小学教育は古い。

倫敦では子供に限って貴族も貧民もない。彼等は平等に無邪気なそして平和な天地に生長してゆくのである。

日本のように十七か二十になるとすぐ大人になってしまうという事は間違ってもない事である。

◇

子供の生命は天真爛漫ということである。天真爛漫の中に考えてゆく――倫敦児が三十を越しても子供のごとく無邪気で天真爛漫なのはこのためである。

大人に教育してゆくという傾向のある日本の初等教育は、一考を要すべきではあるまいか？　子供の世界である倫敦でつくづく自分は羨ましいと思った。

ある日のことである。自分は退屈しのぎに動物園の見物に出かけた。そしてそこに偉大なものを発見した。数組の小学児童が先生に引率されて野外で何かの教育をうけている。女の先生が幼い子供と一しょになって象に乗ってワイワイ騒いでる。子供と一しょになって馬に跨《またが》ってる老女教師もある。みんな自由なそして、ほがらかな気分である。午前中こんなにして午後から何かの学科をやるらしい。

◇

この明るい気分は、やがて子供に崇高な精神を育ぐむことが出来るのである。休みの時間に職員室に引き籠って、子供の遊ぶさまに一目もくれない日本の小学校の女先生などと、天と地の違いである。

子供を理解するのには、子供の精神に返らなければならぬ。子供の精神にたち返ってゆくのが、教育者の天職であり、使命でなければならぬ。そこに教育者の尊厳がありむずかしさがある。

吾々が教育者に敬意を表する所以は、蓋《けだし》ここにあるではあるまいか。

（昭和六年八月八日）

【解説】子供を理解するのには子供の精神に返らなければならぬ――菅家喜六はイギリスの女教師たちが子供たちと一緒になって遊んでいる例を引き合いに出して、教育論を論じている。それでふっと思い出したのだが、福島県大沼郡野尻村出身の菅家喜六は「県教員養成所卒業」という学歴になっている。もともと教育養成所の出身であり、新聞記者になる前は地元の野尻小学校などで代用教員をしていたという。

だからこそ、このような事が書けるのかもしれない。だが当時の菅家喜六について知る人はもう少なくなってしまった。

世界一周記（七十）

〈テームス河畔より㉑〉ロンドンにて

欧州各国どこを旅しても、驚くのは道路の完備していることである。どんな田舎道に入っても、みんなアスファルトの道路だ。京浜道路、阪神道路、旅大道路、そんな道路がどこまでも続いてるのに驚かされる。どうして、そんな立派な道路が出来るのであろう。

日本ではどこの県でも道路問題に悩まされてる。市でも町でも村でも道路の修繕費にはみな閉口している。日本の地方自治は五十年の間に、意外の発達をした。

世界どこの国にも見ることの出来ない、短月日の進歩であろう。

◇

しかしながら今地方自治は行き詰まりを来している。財政窮乏を告げざる市町村は数える程しかない。県も市町村も、ありとあらゆる財源を探し求めて課税しているのである。

その課税にも制限があるので、結局事業を起さんとすれば、県債、市債等によるより外ないのであるが、その借入れにもまた制限があって、手続きや認可に相当な年月を要し容易ではない。

昨年のごとき福島県においては、水害工事の起債認可が一年もかかってようやく許された。しかもその工事の完成されざる中に、第二の水害があったという馬鹿馬鹿しいほどに暇をとるのである。

◇

一体に日本の官庁くらい手続きが八可間敷《やかまし》くめんどうな所も少ないであろう。もっと簡単にそうして敏速にすべての手続きが運行されなければならない。地方自治などというけれど、一つとして上級官庁の認可を得ずして出来るものはありあしない。

あれもこれも願書を出して、認可の指令がなければ決行出来ないのが日本の現状ではあるまいか。

地方自治権の伸張が叫ばれるのも、決して故ないことではない。自分はある友人のために倫敦の警察署に願い出をすることがあった。

◇

願書の書き方が判らないので、モジモジしていると窓に居る巡査がペンですらすら書いて、サインだけすればよいように書いてくれた。また旅券の査証を受くるために領事館に行った時も、その仕事ぶりの迅速なことと親切なるのに恐れ入ってしまった。

県庁や裁判所、警察署の窓口で一時間も二時間も待たなければならぬ、日本のお役所のやり方は改良せなければなるまい。英国では地方自治体の起債に日本のような制限を加えない。故に借入金は、会議の決議を経れば簡単に起債が出来ることになっている。そしてその利率も誠に安い。日本のように九朱（注：朱は利率の単位。一割の一〇分の一、分や歩）とか八朱とかの利子で金を借りる市町村は一つもない。

高いもので五朱だ。起債が簡単に安く出来るので、市町村では盛んに事業を起こすことが出来る。施設が立派になる。しかも十ケ年か十五ケ年の年賦返済であれば、一般の負担も軽くなる。これでなければ地方自治は進歩しない。何の仕事も出来るものでない。日本も現在のように公共団体に対する借入金の利率が高くては困る。少なくとも現在の半分にならなければなるまい。

（昭和六年八月九日）

第四章

倫敦から巴里へ

世界一周記（七十二）

〈倫敦から巴里へ①〉パリにて

倫敦におればおるほど住みよくなる。六月一ぱいをここに暮らした自分は何となく未練があって、旅立つのが嫌になった。ホテルも馴れて狭苦しい部屋でも自分の家のようになって懐しさが湧いてくる。いよいよ明日は立とうと思って幾度荷つくりをしたことか。そしてもう一日、もう一日と延ばして、ついに今日になってしまった。

先の予定もあることだ。いつまでこんな事でグズグズしてはおられない。懐かしのロンドンにも、おさらば――を告げよう。そして荷造りを始めた。船で行こうか、それとも飛行機で巴里に一足飛びにするか。これで又しばらく迷った。

ベルリンで上空を飛行したときの気分が忘れられない。ドーヴァ海峡を飛行するのも一日の清興だ――と思ったら、もう堪まらない。すぐに飛行会社の調査をして、ピッカデリーの裏通りであるヘー・マケットのエア・ユニオン会社にタクシーを飛ばして、巴里までの切符を買い求めた。

◇

午前十一時に立つと、巴里へ一時半頃到着するのだ。料金は四ポンド四十志（シリング）、日本金にして四十五円ばかりである。子供のような喜びを胸に抱いてホテル・ラッセルに帰り、勘定をすませてからトランクは汽車で送り、活動写真機と双眼鏡、それに小さい手提げカバン一つを持って、クロイドンの飛行場に駈けつけた。

客は二十人乗りであるが、この日は自分を加えて十五、六人しか乗らない。女の客も二人あった。ヨーロッパの航空路は蜘蛛の巣を張り散らしたように、殆んど行けざるところなしという発達ぶりである。丸善で買った地図をひろげて赤線の航空路を見た時に驚いた。鉄道線路と同じように四通八達だ。

◇

どこの国にもエアー・ポートのないところはない。日本でこそ東京、大阪間や福岡、大連とただ一本の航空路で珍しがられているけれども、欧州では汽車旅行、汽船旅行と同じように、ごく簡単に考えて空中の旅をする。飛行機で旅をするなどと騒げば笑われものだ。

もう飛行機が危険であるなどということは絶対にない。女も子供も平気で乗れるようになっている。この度の飛行で驚いたことは、この航空輸送事業の著しく発達していることである。恐らくは日本の現在と十年の距《へだ》たりはあるであろう。

◇

空港、エアポートなどといえば日本では新しい言葉かも知れないが、やがては全世界の隅々にこの空港が出来て、空中旅行者はわれわれが停車場や海港によって汽車、汽船の旅をするごとく、空港から空中の旅行が安々と出来る日がくるに相違ない。

欧州の天地は、すでにこの空港によって自由自在に旅が出来る。多くの見送り人が自動車で来ている。絵葉書に写真師が飛行するさまを撮れといって進める。自分は自分の器械で記念の写真をとった。

時間が来た。汽車に乗るように自分の席に着いた。広い飛行場の草原を七月の暑い陽はキラキラと照らしている。珍しく空も晴れた。

◇

自分は鋭い好奇心を感じ、窓からあたりを珍しそうに眺め、どんな風にして陸を離れるかを見ておった。やがて、

バタバタ、バタバタ、バタバタ。

ゴーゴー、ゴーゴー、ゴーゴー。

と耳を聾せんばかりにプロペラーの凄《すさま》じい音が響き渡ってくる。スッ――と揺れるでもなく、エレベーターに乗ったような感じがしたかとおもったら、もう機体は陸地を離れておった。

（昭和六年八月十日）

世界一周記（七十二）

〈倫敦から巴里へ②〉パリにて

もう空間に浮かび上がってるのだと思うと、壮快なようでもあり薄気味も悪い。音だけやかましいけれど別段に動揺も感じない。乗り込んでる人々は皆高声で何か話し合ってる。自分は双眼鏡で下界を眺め下ろした。どの位の高さを飛んでるのであるか判明しないけれど、倫敦の市街があかくなって見える。郊外の森、起伏する小丘、テームスの流れ――みなかすかに見える。少しの風もないこの日は動揺がないので手紙も書けるくらいだ。

一体に高い所を嫌いな自分は乗る前にいくらか不安があったけれど、こうして見れば実に愉快なものだ。家の子供等を乗せたなら、どんなに喜ぶであったろう。

◇

一年に一度か二度、郡山の上空を走る飛行機を見て大騒ぎをする子供等に、この自分の乗ってる所を見せたならば、どんなにか喜んだであろう。陸上で吾を見送ってる子供等の姿を幻に絵書《えが》いた。

それは郡山駅頭の別れである。自分は生れて初めてあんな多数の人々に送られた。朝早くから挨拶に来て下さる方々で、家の中は上を下へのどよめきだ。旅行には馴れてる様な自分であるけれど、いざ千里の旅となれば、あれもこれもと仲々思い出せない。

送別会と麻雀会で出発前は、二週間ほとんど夜二時、三時でなければ帰宅出来なかった。出発の前夜は親戚の者が集まって夜更くるまで話し合った。子供等にゆっくりと顔をつきつけて話すの暇とてない。自動車で県社に参拝してから飛ぶように駅に駈けつけた。妻に何か忘れ物がありませんかと聞かれても、気の落ちつかない自分はそれを考える余裕はなかった。

◇

幼い憲三に土産は何か――と聞いた時に、飛行機と時計と言われた。今それを思い出す。万歳の声に送られた郡山駅頭の光景が、それからそれへと自分の頭に描かれてくる。

千里別離の哀愁がヒシヒシと胸に迫る。飛行機はもうドーヴァ海峡の上に来ている。かすかに風音がする。下界は一面の波、布を晒《さら》した様に――自分は的もなくただ山と海――点在する人家――などを見下ろしながら、再び思いを故山に馳せた。

倫敦宛ての手紙をポケットから出して読み返したりした。もう夏休みの近づいた女学校は学期末の試験らしい。長女美津子の書いた手紙には、そのことが委《くわ》しく書いてある。

◇

四年生の信一はロンドンとパリ―の絵葉書を送ってくれと書いてある。民夫の書いた手紙は学校で習う綴り方のような手紙である。みんな今年の夏休みは父が留守なので淋しいと言っている。妻が貧乏世帯をやりくりしている様がありありと見える。

人一倍に用事の多い自分の留守居は容易ではない。今更のごとく自分は相すまざるような感じがする。新聞社のことも色々と聞かされた。自分を頼って郷里から来た青年が、自殺したことも此処で承知した。

宮下（注：現在の三島町宮下）にいる厳父の嘆きを想像した時に、自分は何とも言いようのない暗い心にならざるを得ない。青年に思いあまった事はあるであろう。しかしながら父に先立って自ら逝く――それは実に浅墓（あさはか）な事である。如何なる事があっても父にこの嘆きをさせてはなるものではない。

◇

機体が横に曲がったと思って首を伸ばして見ると、もう下向し始めてるのだ。着陸する時の速力は凄い。二廻りばかりすると広いルイペノルヂィの飛行場に下りた。プロペラーの音もやんだ。

もう巴里に着いたのだ。気抜けしたように足の軽さを感ずる。

（昭和六年八月十一日）

【解説】パリに向かう機中で、菅家喜六は郷里から倫敦に届いた手紙を開く。そこで自分を頼って郷里から出て来た青年が自殺したことを知らされる。詳しいことは書いてないが、いったい何があったのだろうと思う。千里隔てた異郷で菅家喜六はいかばかり心を痛めたことであろうか。この時代、郷里会津から彼を頼って何人かが新聞社の門戸をたたいていたことを窺わせる一文でもある。

世界一周記（七十三）

〈倫敦から巴里へ③〉パリにて

ルィペノルヂィの飛行場から自動車でホテルセントアンナに向かった。ホテルはスース、センター通りといって横に入った細い通りではあるが、グランドオペラも近ければロンドンのボント、ストリートと同じ様に世界の流行を代表しておる。リュー、ド、ラ、ペー、それにコンコルドの広場。

凱旋門からシャン、ゼリーゼの広い通り――みんなあまり遠くはない便利な所だ。ベルリンでも倫敦でもホテルは場所を選んだ。そして必ず二流の上に泊ることにした。

巴里も部屋は立派でないが、外出するのに都合がよい。部屋に荷物を運んでからすぐに岡本商会に電話でシベリヤの旅で友達になった岡本氏の在否を尋ねてみた。

◇

電話は数字を棒読みにすれば通ずる。倫敦ではこの電話のかけ方が判らないでしばしば失敗した。けれど巴里は簡単だ。岡本氏に習ったフランス語の必要な言葉だけを書いた手帳を出して女中に用を命じたりした。

岡本氏はローマの方に旅をしておるというので留守であった。早速湯にはいってから夕暮れの街を散歩する事にした。「ウーエ、ヴレ」湯殿はどこですかとやってみた。すると女中は「ウイ」と言ってすぐにその用意をする。有難うという事はメルシューとかムシューとか発音する。目の上にはメッシム、シューという。サンク、サーと同じ訳らしい。もうすっかり巴里気分になった。

◇

服を着かえてから何はともあれコンコルドの広場に出かけた。建物の壮麗と道行く女の飾りたてた綺麗なことはいかにも巴里らしい。倫敦に着いた時よりも華やかな感じがする。街も賑やかだ。ウィンドも見事だ。道路は雑巾で磨き上げた程にツラツラしておる。放射式の都市計画はなるほど見事である。世界の歓楽境としての名に背かざるすべての設備である、

広場の中央には大噴水とそれをとりまく小さい噴水が幾つもあって、ここを中心に道路は十二放射しておるのである。大ナポレオンが世界に通ずる型をとったといわれて居る。

ここから遥かに有名な凱旋門を眺めることが出来る。この凱旋門まで一直線の一マイル余の路上をシャンゼリゼーと呼ぶのだ。シャンゼリゼーとは極楽浄土を意味するらしい。

◇

百間余もある広い道幅とその両側は美しいマロニエという木の林である。この通りには有名な商店や劇場、旅館、カフェーなどが集まっている。夜の八、九時頃になると、街路にベルリンと同じ様に、椅子にテーブルを出して幾百の人々がカフェーを啜りながら夕涼みをするのだ。

コンコルド広場からセーヌ河畔も近い。そしてその岸に聳ゆるエッフェル塔も仰ぎ見ることが出来る。広場の中には大小無数の彫刻で普仏戦争の記念大理石の群像などで、あたかも彫刻陳列場の感がある。

広場の中は無数の自動車だ。そして東西南北に馳せちがう車で、それは目まぐるしい位だ。右側通行で一寸面喰うし、速力を馬鹿に出して飛ばされるので、道路を横切ったり広場から出かける時などは全く命がけだ。五十マイルも速力を出されては堪《た》まったものではない。身体とすれすれに自動車の通るたびごとにヒヤヒヤさせられる。

（昭和六年八月十二日）

世界一周記（七十四）

〈倫敦から巴里へ④〉パリにて

コンコルドの広場はルイ十五世時代に完成したので、ルイ十五世公園とも言っている。今は華やかな広場となっているが、一七二九年の大革命には、この広場こそ最も悲惨な歴史的物語りを残した。

もちろん騎馬像のごとき破壊され、ルイ十六世はここの断頭器で首をはねられた。一七九五年の五月には、一夜に三十人の人々がこの広場で首を斬られたのだ。こんな陰惨な物語りを残すこの広場も、今は在りし昔を偲ぶことも出来ぬ。

モスコーの赤い広場に立った時のような感じが起きてこない。どこまでも美術的であり、芸術的な巴里は、革命の跡も立派な一つの公園となり民衆の遊散地としている。

◇

自分はここから凱旋門までブラブラ歩いて行った。いくらか小高いように感じられる所に巍然《ぎぜん》（注：高くそびえたつさま）として立っているのが世界一と誇る凱旋門である。大ナポレオンの偉業を千古に伝えるものは、おそらくこの凱旋門であろう。

一八〇六年に起工し、竣工したのは一八三六年七月で、時はすでにナポレオンがセントヘレナの孤島に没してから二十年を経った後である。

門の高さ二十五間、幅二十四間、厚さ十五間、工費はその当時にして一千三百万円。門にはナポレオン時代の勇士六百五十名の姓名が印刻されてあり、前後両面には革命戦争から平和に至るまでの仏国歴史の重大事件を彫刻してある。毎年ナポレオン死亡週期日に、シャンゼリゼ街から見ると太陽がこの門内に沈むように設計されてあるそうだ。

◇

同じ道を引き返して、わが今上陛下並びに秩父宮、高松宮殿下が御宿泊遊ばされた、国営のコンチ・ネンタルホテルを左にながめながら自分はホテルに帰った。そうしてその夜は金曜日でグランドオペラを見ることにして置いた。

八時にタクシーでホテルを出た。倫敦もそうであったが、巴里もタクシーは全部メーター付だ。三マイル乗っても五十銭位にしかかからない。速力を出して飛ぶので、乗っている者には愉快であるが、辻々でヒヤヒヤさせられる。左側通行で習慣のついている自分等は、右側通行の巴里でいささか調子があわないように感じられる。グランドオペラの前は沢山の自動車で、下りる人もみなみな正装して大建築の場内に吸われて行く。世界第一であるこの劇場はなるほど、外観内部ともに誠に華麗な宮殿のごとき感じを与える。

◇

自分はタキシードを持参しないので、黒の背広服で入場したから遠慮して二等席に陣取った。二階の中央から左に折れた所で、案内された椅子に腰をおろした。すでに開幕されている。神話のオペラであるけれど吾々にはよくわからない。ただ電灯と舞台装飾の見事なことに魅せられただけだ。しばらくして幕は楽の音と共に静かに下りた。パッと電灯が明るくなる。

場内は急にどよめき出した。見れば絢爛華麗そのもののごとくただ驚くの外はない。大理石の広い、そして長い廊下を褄を取るような恰好で薄い透き見える衣裳を片手で押えながら、靴の音軽くコトコトとそぞろ歩きする多くの美人を見た時に、芸術の大殿堂に魅せられずにはいない。

香水と白粉の強き香い——それに刺激する舞台の色彩——灯の輝く下に豊潤なる肉体の洪水——夢のごときも

のである。

（昭和六年八月十三日）

【解説】後段のグランドオペラ劇場内の描写――は、まことに惚れ惚れとさせられる。菅家喜六のジャーナリストとしての表現力には、唸らせるものがあると言ってよい。誇張気味ながらリアルで迫力のある文章、なおかつ色彩があり音があり匂いまでぷんぷんと漂ってくるではありませんか！　筆者も新聞記者としての半人生を過ごしてきたが、とても及びもつかない。

世界一周記（七十五）

〈倫敦から巴里へ⑤〉パリにて

芝居帰りはどこも同じようにカフェーで休む。グランドオペラは巴里でも文化と流行の一中心地で、ここから幾條《すじ》かの放射線を出しているのである。どの道に出ても一流の商店が軒をならべ、装身具や貴金属など目もくらむばかりに飾られてある。年々世界中に大波のゆれて行くように、流行というものが、ここから湧き出てゆくのである。

夜の十時を過ぎても、通りは身動きもならぬ程の人通りである。自動車の洪水で、道を横切るのには余程の技術を要する位だ。この複雑な交通の中を巴里の女はカカトの高い靴で、すらすらとぬけて歩く――その美術的な歩きぶりは到底ロンドンあたりで見ることの出来ない光景である。自分は煙草を買うために、四ツ角の煙草屋に入った。

今までに見たことない店の飾り付けである。入って行くと綺麗に化粧した女店員が、ニッコリ微笑みながら「御用は――」と尻上がりの仏語で聞きにくる。何々の煙草をくれというと、その持ってくる手つきがまたすてきだ。彫刻か絵画にでもあるようなようすで持ってくる。

そうしてマッチで火をつけてくれる。どこまでも美術的だ。店に買物に行くのに、いささかきまりの悪さを感ずる時もある。どの店もどの店も清楚な、そして芸術的な列べ方をしている。殊に香水舗のごときは、ほかの国で見ることの出来ない森閑とした綺麗なものである。

デパートの感じもロンドンとは全く違う。マガザン・デュ・プランタンやボン・マールシェに行って見ても独特なデパートである。なんといっても巴里は旅人を引きつけずには置かないところだ。

◇

自分は煙草屋から出て、賑やかな通りをブラツイて、とあるカフェーに入った。巴里ジャン位カフェーで遊んでいる者も少なくないであろう。昼でも夜でも一杯のコーヒーで二時間も三時間も新聞を読んだり、道行く人をながめたりして過ごしている。

食事をするのにも、静かに落ちついて決していそがない。すべての動作にリズムがある。そして美的なところを発見することが出来る。ダンス、音楽、詩、画、彫刻とで訓練された文化人であるだけに、どこか垢抜けしている。女には特にその感が深い。

ロンドンの女性は知識的なところがあるけれど美的なところがない。さわやかな、やさしさのあるのは何といっても巴里の女性である。ある人から聞いた話であるが、チェスの競技の時に、一人の女性はたしかに打てた球を打たなかった。そのために負けをとった。

どうしてあなたは、あの時にあの球をうけなかったのかと聞いたところ「あの球を打つのには醜い姿勢をしなければならない。そんなことをしてまでも、勝ちたくはない」と言った。勝つのを目的とせず、勝つまでのプロセス——順序——を尊ぶ点は倫敦児と同じであるが、この一挿話はいかに巴里人が美を愛するかを知るに足るであろう。

◇

巴里に足を入れた者でカフェーをのぞかざる者は一人もあるまい。それ位にカフェーは巴里の名物である。学者のカフェー、文士のカフェー、画家のカフェー、政治家のカフェーというように数限りなく上流、下流、幾十のカフェーがある。一杯十銭のところもあれば、二円も三円もとられる所もある。巴里のカフェーは特殊性をおびたものである。

自分は十二時過ぎまで、ゆっくり一杯のカフェーを啜って巴里ジャンの真似をしてホテルに帰った。バルコニーに出てみると、夏の月がさわやかに照っている。セーヌ河畔の静かなこの一夜——望郷の念、押さえがたきものがある。

（昭和六年八月十四日）

世界一周記（七十六）

〈倫敦から巴里へ⑥〉パリにて

巴里は礼儀の正しいところである。

一杯のカフェーを注文するのにも、必ず「シル、ヴー、ブレー」どうぞという言葉を用ゆるのが常法になってる。どんな人に対してもムッシュー（貴下）とかマダム（夫人）マドモアゼール（令嬢）と呼びかけなければならぬ。巴里は何とぞお願いしますの国である。ホテルのポーターでも店の売子でもみな愛嬌があって、慇懃《いんぎん》丁寧を極める。ホテルで水を下さいというのに、

「ドンネマー、ロー」（水を下さい）

と言ってはならない。

「シル、ヴー、ブレー、ロー」（どうぞ水をお願い致します）

と礼儀正しく言わなければすまないのだ。

◇

買物に行っても、これはいくらか？　と聞くのは「コンビアン」と言えば足りるのであるが、それだけではならない。「コンビアン、サックット」とか何とか、尻上がりに丁寧な言葉をつかわなければ巴里式にはならない。

◇

巴里は女の都だ。

絵の中から抜け出して来たような美人が、幾人も幾人も粧を凝らして帽子を目深くかぶって公園や大通りを歩

いてる。必ずしもグランドオペラに観劇せずとも、凱旋門通りを午後の四時頃歩いていれば、多くの貴婦人を見ることが出来る。

この美しい女性は、ニューヨークでもロンドンでも見ることは出来まい。女を奪い去っては巴里は無味乾燥だ。オペラ、カフェー、美人、香水それ等をとりのぞけば巴里はなくなる。

女性を考えずに巴里を想像することは出来ぬ。旅人は千尺の高きエッフェル塔に上る時に、セーヌ河畔に洗濯する労働婦人の多くを見るであろう。

◇

さらに朝未明買い出しにゆく主婦、塵箱を戸外に出して掃除をしている女中——貧しくも清楚な身だしなみで物優しくいそいそと立ち働くさまを見逃すことは出来ないであろう。

しかしながら巴里の女性が化粧ばかりしていると思ったら、大変な間違いである。ホテルのバルコニーから眺めてると、向かい側のアパートのどの部屋を見下しても多くの女性は洗濯か裁縫をせざるものはない。

フランスの婦人は、驚くべき忍耐力と勤勉心があるので有名だ。小唄を口誦《ずさ》みながら、苦き人生の重荷を軽く荷《にな》いてすごしゆくフランス婦人はたしかに貞淑そのものであろう。働いた後に身だしなみをする——これが巴里の女性である。

◇

巴里は料理の美味いところである。

世界一と言わるる支那料理の次は、おそらくフランス料理ではあるまいか。岡本君は南欧の旅を終わって巴里に戻ってきた。自分にすぐ電話がかかったのでマゼステックホテルを訪ねた。すぐ二人で昼の食事に出かけた。

名物の魚料理を食べたかと聞かれた。まだであるといったら、巴里でこの料理屋をのぞかなければお話にならぬという。

グランドオペラから右に折れて少し行った所にブロニヤという看板がかかっている家が、その魚専門の料理屋である。なるほど大勢の客である。後から後から客はなだれをうって来る。丁度昼時であるので一層忙しい。席の空くのをしばらく待った。

ようやくにしてテーブルの空きが出来たので二人は料理の注文をした。エビやカニの料理は全く独特の味で、ホテル食堂などで味わうことの出来ないものであった。

（昭和六年八月十五日）

◇

世界一周記（七十七）

〈倫敦から巴里へ⑦〉パリにて

巴里は歓楽の都であり夜の都である。巴里の事情に詳しい岡本君は鏡の部屋を見たか、変態性欲倶楽部をのぞいたか、裸体の国を眺めたか、カフェー・ナポリタンに行ったか、金はさみの曲芸は見物したかと尋ねる。まだ二日の市内見物とオペラを見ただけである。フランスでこれを見なければお話にならぬと言って、案内さるるままに見物しておったら一月や二月はたってしまう。

スゴイ所だけを選定して見せてくれたまえと言ったら、それもそうだと二人は笑いながら夜の巴里を見物した。

◇

オペラの付近は賤業婦の巣でストリートガールも多い。八、九時頃になれば貴婦人は歩かない。ことごとく賤しい稼業の女性が列をなして歩いてるといっても誇張ではない。二、三軒色々の所を見せられたが、いずれも醜悪極まるもので紙上での発表は遠慮しなければならぬ。

とても人間社会の仕業ではない。面白いというよりはむしろ恐ろしい悪寒さえ催した。巴里の奥底にはスゴイところがある。

二人はチョコレートで名高いブレオウストで一時間ばかりチョコレートを啜りながら話合ってから別れた。

◇

ホテルに帰ってから巴里の享楽生活をつくづく考えてみた。おそらく世界のうちで文化生活の最高水準にのぼっている国民はフランス人であろう。彼等すべてとはいわないけれど、晴れやかな生活を送っている人々が多い。

夢のごとき五十年の人生をこの享楽生活で過ごせるものとしたならば、これ以上の幸運者はないであろう。モーパッサンが「女の一生」で、

『ネ、わかりましたか、人生と云ふものは考へたほど、そんなに好いものでもなく、又そんなに悪いものでもありません』

の一句を思い出したりした。人生がよいものであるか悪いものであるか？　吾々にも判らない。けれども巴里人の愉快な享楽生活を傍観した時に、羨やまずにいられない様にも感ぜられた。

◇

自分は倫敦テームス河畔に立って国会議事堂を仰ぎ眺めた時に、血潮の高鳴りを感じた。今宵夜の巴里を見物して自分の胸に迫り来る感想は、「グズグズしてはおられない。怠けていてはならない。日本に帰ったら大いに働こう。働かずに人生の逸楽を望むことは無理だ。勉強しなければならぬ。人生は足早に過ぎてゆくのだ。五十

年の人の世に残すところ十ヶ年となってしまった。若かりし日の夢は泡のごとくに消えた。今四人の父として立つ自分の責任や重い。何の事はない、汗みどろになって働く事だ。働かざる人生は老いてゆく」

◇

夜はすでに一時を過ぎた。けれども眠りにつくことは出来ぬ。汽笛の音が遠く鳴り響く。自分は一人淋しく客舎にあって幾度か懐かしの日本を思い返した。そうして妻と子供からロンドン宛てに来た手紙をカバンから引き出して読み返した。

一巻の詩を携えて旅に上る――それは積年の自分の望みであった。今その望みは果たされて十に余る国々を視察した。

けれどもいかに考えみても、懐しきものは故山の山川である。自分は青年の頃のごとくに、この手紙を胸に固く抱いて深き眠りにつくのだ。

（昭和六年八月十六日）

【解説】冒頭に書かれた「鏡の部屋」とは、ベルサイユ宮殿の有名な鏡の回廊か。この後の連載でその見物記が登場するが。

この一編では、歓楽の都・夜の都を覗いてみた菅家喜六だが、後段になって「グズグズしてはおられない。日本に帰ったら大いに働こう。勉強もしなければ。自分はもう四十代になるのだ」と書いている。何か菅家喜六の後半生にはばたこうとする強い決意を感じさせる一文である。

世界一周記（七十八）

〈倫敦から巴里へ⑧〉パリにて

今朝は早起きして郊外十マイルのヴェルサイユに行く事にした。朝食をそこそこにして自動車で出かける。朝のすがすがしい空気がいかにも気持がよい。

途中ムードンという所でロダンの住んだという家を見てから、更に自動車は速力を出して二十分ばかりでヴェルサイユに到着した。この町は人口五万ばかりで寂しい街である。

すぐ切符を買って宮殿の中に入った。欧州では至る所で宮殿の拝観を許されてるので、実はいささか倦いてる気味はあるけれど、何といっても此処の鏡の間だけは見なければならぬ。一体にしてドイツでも、デンマークでもノルウェーやスウェーデンにして見ても、建築の様式や部屋の飾り具合は大小の差こそあれ似寄ったもののように思われる。

◇

自分はまっすぐに鏡の間で講和会議の調印された椅子やテーブルなどを見て、その他はあっさり目を通しただけでここを引上げた。

この宮殿は大部分、歴史博物館として使われているのである。ここで鏡の間さえ見てしまいば、そのほかはポツダムの宮殿やアポースの夏の宮殿と大変な違いはない。

鏡の間は六十間の長さに、高さ七間、幅六間半。世界一の美麗な大広間で、壁がん（注：壁間か、柱と柱の間の壁の部分）や彫刻が金色燦然として周囲の鏡に写り、その壮麗なこと言語に絶するものがある。

この大広間に続いてルイ十四世の寝殿があり、女王の間、会議室いずれも装飾の善美をつくしたものである。昼近くまで内部を見学してから後ろの庭に出た。庭園は鏡の間から見下ろすのが一番眺望がよい。中央に大きな池があって、その周囲には沢山の大理石の彫刻がある。ここで記念の写真をとりしばらくすると、池の大噴水から水が噴き出し始めた。この光景を見物に来る人は一日に万を数えられる。五月から十月の間、日曜日を限って噴水するのだ。

池のあたりから西を見下ろすと、森林地帯の様な広大な庭園が続いている。夏の日はキラキラ輝いて暑さも烈しくなってきた。大統領選挙に使用する昔の貴族院の議事堂が宮殿に続いてある。つい過般施行された大統領の選挙も、ここに議員が集まって選挙を行ったのである。

◇

内部は日本の議会に大差はない。日本文字で書いた説明書が一冊備え付けてあった。正午を少し過ぎてから自動車でここを出発。マルメゾンにナポレオンの遺跡を訪ね、一先ずホテルに引きあげることにした。

帰途、競馬場のところまで来ると多くの自動車が道の両側に並んでいる。何かと思って運転手に聞けば、自動車と美人の共進会だそうだ。珍しいことだと思って車から下りてこれを見物した。

◇

この付近は盛装した美人と自動車とそれに見物人、新聞社の写真班で、通行止めの大騒ぎだ。自動車と運転する美人の調和を審査して、優秀なものに賞金を出すのだ。

ちょうど審査が終わって、一等に当選した女優とその自動車が新聞社の写真班に取りかこまれてるところである。自分も早速、シネマの機械を取り出してこの光景をばフィルムにおさめた。

意外な拾い物をして喜びながら、アグファの代理店でこの現像を依頼してからホテル、セント、アンナに帰った。午後は休養して手紙書きをすることにした。

（昭和六年八月十七日）

【解説】私事で恐縮だが、筆者はまだ若き現役記者だった昭和五十四年（一九七九）六月、オランダ、フランスなどを歴訪する海外同行取材を体験した。明治初期、安積疏水の設計に偉大な足跡を残したオランダ人技師、ファン・ドールンの墓碑を彼の母国に再建するために、郡山市の使節団と共に渡ったものだが、帰路の数日間はフランス各地を視察した。

それでふと、菅家喜六が書いたベルサイユ宮殿のことが懐かしく思い出された。わが書斎の片隅を探してみたら、何と当時の記事資料が出て来た。考えてみれば菅家喜六が渡欧した昭和六年から、四十八年後のことである。当時三十一歳だった筆者も菅家喜六と同じ職場にいた。そして「世界一周の旅」で隠されたキー・ワードのひとつに、菅家喜六の安積疏水疑獄事件がある。

何かしらそこにひとつの不思議な「因縁」のようなものを見出したのである。そこで使節団のパリの一日を紹介した記事の一部をここに再掲させていただきたい。——とても菅家喜六の「世界一周記」にはおよびもつかない、恥ずかしいばかりの駄文だが。

〈ファン・ドールン供養使節団旅スケッチ〉

○圧巻の宮廷絵巻　パリは街全体が歴史博物館だ。使節団は三日間の滞在中、ノートルダム大寺院、凱旋門、オペラ座、コンコルド広場、バスチーユ広場、それに郊外にあるベルサイユ宮殿と多くの歴史に触れることができた。なかでもルイ十四世がパリから二十キロのところに築造したベルサイユ宮殿では、当時の豪華な「宮廷絵巻」にすっかり圧倒され、橋本辰義議長などは「大スペクタルの激動のドラマを見る思いだ。パリには近世からの歴史がすばらしく保存されている」と舌を巻いていた。

○パリにも日本店　パリといえばシャンゼリゼ大通り。カフェ、洋装店、銀行、映画館などが並ぶ繁華街。女性団員から「わあ」という歓声がきかれる。そのパリの夜を飾ったのはリドとエスカルゴであった。リドはシャンゼリゼ大通りにあるショー劇場。最後の夜はエスカルゴなどのフランス料理を楽しみながら、サヨナラ・パーティーとなった。（昭和五十四年七月下旬、福島民友新聞郡山版に掲載）

世界一周記（七十九）

〈倫敦から巴里へ⑨〉パリにて

巴里見物で見落とせぬものは大ナポレオンの墓とエッフェル塔である。セーヌの清流に沿ってルーヴル宮殿を河向こうに眺めながらゆくと、名物の古本屋が河岸に店をひろげている。

それから三つばかり橋のたもとを過ぎてゆくと国会議事堂だ。休会中は何人でも内部を参観することが出来る。階段のところに有名な政治家の像が立ってある。

その奥には憲法を手にし、商業と繁栄と平和との助けを求めている様を現わした壁彫刻があり、下院の方にはフロンド内乱中に捕われし議長モーレ、立法会議の開会を宣告するフィリップ・ベルの名画がある。

ここを出てコンコルド橋を渡り少し行くと大ナポレオンの墓である。エグリー・デ・パリードと言えば、ナポレオンの墓といっているが、それは小さな寺の名前で、ここに大ナポレオンが静かな眠りについているのでそうというのである。大理石で作った十二の女神が墓の周囲に立っている。

これはナポレオン十二度の戦勝を現わしたものであり、実戦に臨んだ沢山の旗なども飾られてあった。祭壇のうしろ入口の両側にはナポレオンの親友たりし二人の石棺が置いてあり、入口の上にナポレオンの遺言で有名な、「余は余の遺骨が余のかくも愛したりしこのフランス人民の間にあるセーヌの河畔に埋められん事を望むものである」

と記されてある。

◇

ロシヤで印象に残るものはトルストイの家と赤い広場のレーニン廟である。英国で忘れ得ざるものはテームス河畔に聳ゆる国会議事堂であるように、巴里の記憶の中にこのナポレオンの墓は永久に存するであろう。フランスのナポレオンか、ナポレオンのフランスかと言わるるほどに、彼は偉大な英傑であった。今フランスの人々はナポレオンのごとき大英傑は再び現われないと言っている。

そしてこの墓は市民崇敬の的で年中、見物人というか参詣人というか知らぬが絶えたことがない。絵葉書などを買ってここを出た自分はいささか疲労を覚えたので、タクシーでエッフェル塔まで走らせた。

◇

一九〇〇年の世界博覧会の時に、建築家エッフェルが鉄骨のみで築きあげたのでこの名がある。世界にその比を見ざる大塔で高さ一千尺である。エレベーターで昇降出来るようになっている。

八フラン払って頂上まで上ってみた。高い所の嫌いな自分は飛行機でも懲りたが、このエッフェル塔でも足の下がムクムクするようだ。パリーの全市街を見下す事が出来るのであるから壮観には違いない。

◇

観光客で朝から昇り降りともに満員である。頂上に上がるとカフェーや売店などがある。眼下にセーヌ河を睥睨《へいげい》（注：じろりとにらみつけること）する景色は、なんとも言うことの出来ない痛快である。

昇降するに一時間はかかる。下りてからタクシーで市内名所見物を始めた。ユーゴーを記念する文学博物館、革命博物館、ルーヴル博物館、ノートルダム寺院、美術館等、数日を費してもなお見尽くせざるものがある。

自分は東京でも名所の見物をしたことがないが、グルグル博物館など見て歩くのが大嫌いである。三日間で巴里のこんな所はすませてしまった。あとは自分の趣味に基づく歩き方をしよう。

（昭和六年八月十八日）

世界一周記（八十）

〈倫敦から巴里へ⑩〉パリにて

どこの国を歩いても呼び売りというものがある。ヨーロッパの駅売りは、新聞でも煙草でも飲み物でも車のある大きな台にのせてホームをドナリ歩く。

ベルリンで夕暮れの街を歩いてると、四辻で時々ビックリさせられた。それは大きな声で夕刊を売り捌《さば》いてる売子の叫び声である。日本の夕刊、夕刊というのと同じ事だ。ロンドンにも夕刊売りの声がやかましい。

北欧の方では、朝早くから戸外を大声張り上げて売り歩いてる者があると思って見れば、野菜売りであった。どこも同じ事である。四階か五階の部屋から、細引に籠をつけて下にさげる。中に入っておった金だけ何やら入れると、下で合図をする。上では紐を引く。こんな事をして朝の買物をしている所もあった。
◇

巴里でも物売りの呼び声はかなりに多い。古着屋、飲食物や時計直し、新聞売り――いずれも声をはりあげて一寸驚かされる。ロンドンでは牛乳の呼び売りがあった。

オランダにはチューズ（注：チーズか）の呼び売りがある。その国々によって売り歩く品も変われば、売子の様子も違うところが面白い。自分は朝早く住宅街を歩いてこんな所を見るのが非常に面白かった。

北欧の旅で朝、部屋の掃除をしている家庭の様子を見た時などの憶い出が、今も新しい記憶となってよみ返ってくる。

◇

食物なども国々によって習慣が違う。ただ朝食だけはどこも同じ様にカフェーカテイにパン位ですます。もし食べるとしてもハムネイックス位なものであるけれど、多くはそれも食べない。ロンドンだけがこのハムネイックをよく食うが、その他の国々は多く軽い食事で朝はすます。

北欧では昼の食事が夕食よりも馳走が多い。大きな食卓の上に数限りなく馳走が並べられる。ベルリンでもロンドンでも巴里でも、こんな事はない。ドイツの食堂はビールを飲む人が多く、婦人でもきっと黒ビールかなんかを飲んでおった。フランスに来るとブドウ酒だ。夕食のテーブルには必ずこのブドウ酒がつけられる。

女子供も盛んにブドウ酒を飲む。ロンドンではビールはまずい。食卓でミネワル、ワッサーを飲んでる人が多い。日本人に向く料理はヨーロッパでは北欧料理なようである。

◇

煙草の美味いのはロンドンだ。ドイツも悪くはないが、ロンドンには及ばない。北の方の煙草はまずくて高い。

しばらく煙草をやめておった自分は、今度の旅でハルビンから飲み出した。食事のあとで一本のスレイキッスルを飲むその甘《うま》さは何とも言えない。

談話室に集まって女も紫煙を吹きながら、流暢なフランス語でささやいてる様子は絵巻物でもくつてるような感じだ。

日本では婦人の煙草を飲むのは賤しい稼業のものだけのようになってるけれど、ヨーロッパの婦人は大抵煙草を吸うようだ。

◇

巴里の女性が曲線美を出して、片手にシガーの煙をたなびかしている様子は、誠に清楚な美しい感じを与える。帽子をかぶるのにも、上着を抜ぐのにも如何にせば、美しく見えるかと工夫するのが巴里の女性だ。彼等の趣味性はどこまでも美を追うのである。

(昭和六年八月十九日)

世界一周記（八十二）

〈倫敦から巴里へ⑪〉パリにて

胃腸の弱い自分は、いつも旅先で腹の具合が悪いので閉口する。今度もそれが一番心配であった。ビオフェルミンやタカヂャスターゼなどを沢山用意してきたけれど、もう三ヶ月余になるのだが、肉食に馴れて、胃腸の具合はすこぶる順調で一度も薬の厄介にはならずにすんだ。

気候の変化で一度は風邪を引いたが、それも熱なく、一粒のバエェル・アスピリンで治ってしまった。日本の食事よりも肉食の方が胃腸にはよいものと見える。

それから一つは規律正しく食事をして、間食をしないのも健康になる原因であろう。数年前に糖尿病になったことがあるが、食物の療法にかなり苦心した。

◇

朝からパンだけでは、到底堪え切れなくて米食をすると、すぐ尿に糖分があるので気をイライラさせた。今度も来る前に太田病院で検尿したところ少し糖分があるらしい。

けれどもこれを家内の者に話せば心配すると思ってそのまま黙って出発した。夜中に水がほしくなって目の醒めるたびごとに、また侵されているではないかという不安が襲ってくる。

巴里で医者に診察してもらったところ、少しも異状ないとの事で先ず安心した。食事の関係で自然に治っていたものと見える。

◇

近頃の自分の日課は朝七時半に起きて、すぐに髯を剃り、洋服に着換えて朝の食堂に出る。コップに一杯の冷水を飲み、パンとコーヒーで軽い食事をすます。部屋に帰ってしばらく煙草をふかす。

そうして空想に耽ること一時間――時によっては机に向かったまま半日を暮らしてしまうこともある。気が向いてくれれば見物や視察に出るけれど、終日部屋の中で暮らしてしまうこともある。

旅なれしたので気分は落ちついてきた。六つかしい早言葉の英語なんかで話しかけられても驚かなくなった。

こいつ英語が上手らしいと思った時には独逸語で、

「シュ・ブレホン・ジー・ドイツェー」

君はドイツ語を話せるかと聞いてやる。ノーと来るにきまっている。こいつ独逸語が話せそうだと思った時は、フランス語で「ベレーブ・ジアーポネ」とか「パレーブ・アンゴレー」とか言えば大抵はノーと来る。

◇

こっちだって少しも話せないのだが、何々語を話せるかという事を覚えておけばこんな芸当もできる。フランス語も独逸語も英語も話せそうで危いと思ったら、「オイ君、ロシア語はどうだ」と言ってスパシポーでやってみると乗ってしまう。

こんな事をして歩く旅も決してすてたものでない。食物の事でもホテルの事でも汽車の事でも言葉でも、何にも心配なんかありやしない。ロンドンの真中にウナギ丼食べに行きませんかなどと呼びかける女もおれば、巴里のグランドオペラの前に、モシモシ・ジャパネー・コンバンワなどと言う女もある。

ホテルでもポーターなんか日本語の上手なのがいるので、ウッカリ日本人同志で安心して悪口など言えたものではない。

◇

クックの観光自動車で一日見物に出てみた。その時に一人の日本人が乗っていた。お互いにすぐ話合う仲となった。

大勢の中で日本語で話していると、すぐ隣りにおったアメリカの青年が流暢な日本語でどちらからお出でしたかなどと聞かれてびっくりしたこともあった。

ホテルの女中なんかでも一度教えるとすぐに日本語を覚える。自分の係の女中なんか、朝廊下で会うと「お早う」などと日本語で挨拶したりした。

（昭和六年八月二十日）

【解説】記事にもあるように渡欧中の健康はすこぶる順調であったが、菅家喜六はこの時期にやや糖尿病？の気をわずらっていたことがうかがえるようである。

世界一周記（八十二）

〈倫敦から巴里へ⑫〉パリにて

日の経ちゆくのは遅いようで早い。また早いようでおそい様にも思われる。家郷を旅立ってから、まだ四ヶ月にもならないのだが半年か一年も過ぎ去ったように感ぜられる。懐しい妻や子供の手紙にも、これと同じような事が書いてある。

五月の十日に出発して、シベリヤの旅から北欧を飛び歩き、ロンドンで長い滞在をしてもまだ三ヶ月と少しにしかならないけれど、過ぎし旅路はただ夢のごとく、数年前の記憶のようにおもわるる時もある。

しかし遅いようでも早い。ちょっとのうちに一月や二月は経ってしまう。一日の早いことは驚くばかりだ。未だかつて退屈したという日はない。シベリヤの汽車の中は一日が長いとおもったけれども、それ以外は一日がほんとうに早いのにあきれる位だ。

◇

朝の食事をして、煙草をふかしながら少し考えこんでいると、すぐに昼になってしまう。

昼の食事をしてから、買物にも出かけ、そこらをブラブラしてカフェーで三十分間も休むと、もう日暮れになる。

夜の食堂が七時半、すむのはどんなにしても九時近くになってしまう。煙草を二、三本吸えば、すでに十時だ。

昼寝でもしなければ堪まらなく睡《ねむ》けがさしてくる。

◇

十時半に床に就いて、朝は六時半か七時に目がさめる。朝の散歩に、コンコルド広場まで歩いてきても一時間だ。食堂で一時間を費すと十時になる——こんな日課をくり返していると、時間の経つのが実に早い。一日一日は夢のごとく明けては暮れてゆく。人生も短いようで長い。長いようで短いのが人の一生だ。

巴里の滞在も数えてみれば予定を超してしまった。そろそろオランダ、ベルギーの旅に上らなければならない。大使館に手紙でも来ているかとおもって訪ねてみた。

わかりにくい場所を、ようやくのことでさがし、玄関を入ってからすぐにKの字（注：菅家喜六の頭文字か？）の棚を見た。数枚のハガキや手紙の中に、自分宛ての一枚の絵葉書がある。差出人はSと書いてあるのみだ。

◇

日付け印はどこの局かハッキリしない。文句は鉛筆で「御壮健を祈りつつ吾はゆく」とのみ記されてある。誰であろう？　しばらく迷った。別に気にもしないでホテルに引き返した。

そうして荷物の整理を始めていると、ボーイが三枚の手紙を持ってきた。三枚ともに留守宅からロンドンに宛てたものである。大急ぎで封を切って読んだ。

そうして自分は驚くべき事実に逢着した。大使館で受取った葉書の差出人もハッキリわかって来た。

◇

いかに外目には知るよしもない。根ざし深き煩いが潜めばとて、この短い生涯を闘い続けられぬ法があろうか。所詮、人の世は努力と忍従の累積ではないか。

はかなく過ぎゆく人の世に、すなおに毅く忍苦に堪えゆくこそ、人の美は輝いてゆく。自分は暗い心で一枚の葉書を手にして、しばらく考えこんだ。

そうして若き頃、会津の山奥で夜ごと星を眺めて悶え苦しんだ日を想い起こした。憐れむべき自分の人生観はこの頃から、まだ一歩も進んでいない。

（昭和六年八月二十一日）

【解説】また、余計なことを書きたくなった——筆者は菅家喜六とは世代がいくつも違うし、会ったこともない人物なのだが、この一編のなかで「自分は未だかつて退屈したという日はない」という言葉に、この菅家喜六という人物の人柄というものがよく表れているのではないか、とふと思う。彼は何ごとにも真正面から向き合い、エネルギッシュに生きようとしてきた。そんなイメージが彷彿と湧いてくるのである。だから「退屈」などということは一日とてもなかった。

このあとで彼は「一日一日は夢のごとく明けては暮れてゆく。人生も短いようで長い。長いようで短いのが人の一生だ」と書いているではないか。この言葉に菅家喜六という人物の人生観がこめられているような気がするのである。

ところで、大使館に宛てて出された一枚の絵葉書。御壮健を祈りつつ吾はゆく——と書いた「S」という差出人はいったい誰なのか？　菅家喜六にいったい何を告げたのか？　どうやら知人の遺書だったらしいのだが、何か陰鬱で暗い、謎めいた、思わせぶりを秘した記述が気にかかる一文である。

世界一周記（八十三）

〈倫敦から巴里へ⑬〉パリにて

巴里の街は美しい。巴里の女も美しい。巴里人は言葉も美しい。しかしながらそれはみんな、ただ形の上に過ぎない事だ。

倫敦の女性はどこか知的なところがある。従って底力あり磨きがかかっている。形の上の美も捨てることは出来ないが、自分は巴里の女性よりも倫敦の知識的な女性をゆかしいと思う。巴里の煙草屋の女店員はたしかに美しかった。

けれど倫敦の一流商店にいる落ち付いた衣裳の女店員の方が、どこかに品があって、奥ゆかしかった。巴里の女には隙間があるように思われる。

◇

出発前に大抵の人は、巴里は何日いても飽きない、居心地のよいところであると教えてくれた。自分はフランスの田舎は知らない。けれど巴里だけを見ると、別に居心地よいとも思われない。見物も飽きた。カフェーもいやになった。

公園を散歩しても倫敦のハイドパークを歩くような感じは起きてこない。人に教えられた事が自分には反対だ。とにかく日本に帰りたくなった。

そこには為すべき事が待っているようにも感じる。夏の衛生掃除がすんで、庭の芝草に青桐が私の散歩を待ってるようだと妻からの手紙など見ると、無性にその庭が懐かしくなる。

◇

寂しさに更けてからモンマルトのカフェーに入った。自分は一人で一杯のビールを一時間あまりもかかって飲みながら、とりとめない事を考えて、目の前に展《ひら》けてる巴里人の夜の生活を見るとはなしに眺めたりした。

カルタで賭博をやってる者もある。女とふざけてる者がある。踊ってる者がある。こんなにして一時になっても帰ろうとはしない。みんな悩む事なく悲しむべき事もないように夜を更かしている。夜通し騒ぎまわってる。遊び場所がいくらあるかわかりはしない。巴里に来たしるしだ、コンパクトでも土産に買って帰ろうと思い、化粧品を売ってる店に行った。例のごとく森閑とした静けさだ。

◇

少しばかり買って帰り途《みち》にブラブラ街を散歩していると、後ろからモシモシと日本語で呼びかける者がある。誰かと思って見返すと一見したことのない日本の青年だ。

私ですか、と聞いたら――「そうです、案内でもさせてくれませんか」と言う。もう巴里を立って行くのだ、案内もいらないと答えても、うるさくついてきて、生活に困ってるからいくらか恵んでくれと言い出した。うるさく後を追ったことが、気の短い自分の感情を痛めてるので堪まらない。怒鳴り返してしまった。後で聞けば、巴里で有名な日本人の乞食なそうである。

◇

年若くせに何事であろう。どこに行っても、こんな働かずに生きようとする人間は絶えないものと見える。もう夕暮れだ。急ぎ足にオペラの前から左に曲がってホテルの方に向かった。とある角のお菓子屋の前にくると、幼い一人の子供が窓に飾られている綺麗な菓子を眺めて立ってる。

その様子はたしかに貧しいものの子供らしく、よごれた服に破れた靴をはいておった。自分もこれをしばらく見ておったが、子供はそこを立退こうともしない。夕暮れの巴里にもこんな点景があるのだ。

自分は先の青年には同情なかったが、この異国の幼き子供には引きつけられた。金をやろうか、やるまいか？しばらく考えた上、ポケットから少しばかり出してやったらニッコリして菓子屋に入って行った。

◇

どこの国にも貧しき子供は多い。自分は長女美津子が尋常六年生の時に、若松に遠足に行って、帰ってから誰さんと誰さんは今日都合があって欠席した、お金がないらしかったという話を聞いて、何とも言いようのない物哀れな感に打たれ、何とかしてそんな人々に心を痛ませない工面はないものかとつくづく考えたった。

子供の心を金で痛めるくらい惨酷なことはあるまい。これも人の子の親となって初めて知る事柄だ。

（昭和六年八月二十二日）

世界一周記（八十四）

〈倫敦から巴里へ⑭〉パリにて

シベリヤ以来天気続きで、ベルゲン港で出発の日雨が降っただけ。倫敦でも終日降る雨の日はなかった。天候に恵まれて旅行には都合であるけれど、自分は六月の雨がすきだ。シトシト降りしきる雨の日に、静かに寝そべって物思いに耽ることは何よりの楽しみだ。朝起きて見ると雨がザアザア降ってる。

しかし高いホテルの窓から眺めておっても何の感興もない。外套を引っかけて、ドサ降る雨の中を公園へでも歩いてみたいような気にもなった。

◇

桜花が散る夕べ、自分は友数名に送られて狐塚に洋行した。葉桜もすぎて獄舎の窓から青桐のすがすがしい葉を眺めた時くらい、感傷的になった事はない。

その日、その夜、強い雨が止む事なく降り続いてあった。幼き頃母の懐に抱かれて、安き眠りについた夜を追憶して、自分は一片の書を双峰渡部君に送り、一本の手紙を故山の老父母に書き送った――その当時の事がまざまざ考えられ出した。

晩春から初夏をここに送った。自分の心境は一転機をせずにはいない。今欧州の旅路にある自分は第二の自己革命に心燃えつつあるのだ。

◇

世界到るところ、地球の上に住む人類という人類はことごとく、働いて楽しんで、そして老い滅びゆくのだ。それ以外に何ものもない。どこを歩いたって、そんな珍しい、新しい変わった事のある道理はない。

どこの国も太陽が輝いてる、月が冴えてる、人間が住んでいる。富める者と貧しき者と——楽しんでる者と悲しんでる者と——山あり、河あり——それが世界中だ。何にも六づかしく考えることもないようだ。物事は六づかしくすればいくらでも難解になる。簡単にすればいくらでも易き事柄になってしまう。

◇

疑ぐればすべてを疑ぐる事になる。海の神秘を聞いた所、マーテルリンクはもっと神秘的で不可解なものが在る、それは人間だといった話があるが、人間が人間の不可解に迷い、悩み、悶えたりするところに宗教が生まれたり、宇宙が存在したりするのだ。——（自分の耳元で誰かが馬鹿野郎と叫んでいる）
なるほど自分は愚者だ。欧州に来てこんなことを考えてる。社の石鶏や平君（失敬）が笑ってる顔が巴里で見られる。

◇

洋服に着換えたらもう雨は止んでる。それでも出かけなければ物淋しい。ぶらぶらセーヌ河畔に歩いて行った。

欧州の街々を歩いて日本の街々を考えると大分とその様子が異なる。

日本の町にはどこにも沢山の旗で広告をしているけれど、欧州ではそんな街は一つもなかった。賑やかで日本情調があって面白いようであるが、うるさいようにも思われる。

巴里などを歩いてると、街々が小ざっぱりしている。東京のように乱雑な所がないようだ。自分は裏通りを歩いてドコまでも行ってみた。しかし日本の貧民窟のような街には出ることが出来なかった。いかに巴里が美的にするために苦心したかを想像する事が出来る。

（昭和六年八月二十三日）

【解説】再び昭和二年、菅家喜六が安積疏水疑獄事件に連座して狐塚に洋行した時を回顧した一文である。——あれが自分の一大転機だった。そして「今欧州にある自分は、第二の自己革命に燃えつつある」と並々ならぬ決意を披歴しているように思える。力強いものだ。

この文中に同僚記者たちの名前がいくつか見えている。菅家喜六が一片の書を送った「双峰渡部君」とは、連載第四十回のところで登場したように——大正末期に南会津の政戦に敗れ、病身を房総半島の一寒村に転地して、秋風と語るの一篇を残して一人寂しく逝いた——という盟友・渡部喜一（当時の福島毎日新聞主筆）のことである。

もう一人、平君とは昭和六年に福島毎日新聞と福島民友新聞が再合流した時の編集局長、井筒平（いづつ・たいら）のことであろう。もちろん、この連載も、彼が編集局長の時に進められている。彼はこのあと日本が満州事変、日中開戦へと軍国主義の道を突き進むと、軍部と激しく対峙した反骨のジャーナリストである。昭和十一年の二・二六事件では、彼の執筆した時論が軍部から全面削除を命じられる。拙著の『吾等は善き日本人たらん』（平成二十六年、歴史春秋社刊）で詳しく取り上げた。

さて残る石鶏とは誰だったのか——残念ながら筆者もよく承知していない記者である。

世界一周記（八十五）

〈倫敦から巴里へ⑮〉パリにて

これは家郷の妻への手紙である――。

◇

巴里からの通信は大部分はお前に宛てるつもりで書いたのだ。多分今頃は読んでくれたことと思う。この一片もお前に宛てた手紙のつもりで書く通信だ。

もう旅行案内書のように何月何日何々を見物した、何月何日市役所を訪問、何々会社の工場視察をしたなどという記事を書くのがいやになった。

思いついた感じをそのまま書き記して、自分の近況だけをお前達に知らせることにする。倫敦に宛てた手紙は全部受取って読んだ。子供等にもよろしく伝えてもらいたい。

◇

ベルリン郊外ポツダム宮殿前で多くの外国人と記念の撮影をした写真を送った筈だが、もう着いたであろう。今巴里には薔薇の花が咲いてる。青い芝草とこの花を見ると家の庭が憶い出されてならぬ。

何を見ても、食べてもすぐに思い出すのはお前達の事ばかりだ。一日巴里で開かれてる万国殖民博覧会を見物した。一人で見て歩いても決して面白いものではない。子供連れの人など見ると、一人旅をとった自分が阿呆らしくてたまらない時もある。

アフリカ館に行くと原住民の生活そのままを見せているが、これなども子供等に見せたらどんなに喜ぶであったろうと考えた。

◇

動物園で大きな象に乗って半日を過ごしている倫敦の小学生を見た時にも、そんな感じが起きてあった。ホテルの女中が自分の出かけたあとで、机の上にあるお前達と写したあの記念写真を見て、日本の子供は可愛らしいと言って、写真に接吻をしたりしたが、自分は西洋の子供等はみんな可愛い顔をしていると思う。大人には見るのさえいやらしい奴があるけれど、子供にはそんな者は一人もいない。ポーランドやデンマークの孤児園を訪ねた時にもそういう感じがした。どんな貧民窟の子供でも、可愛いらしい様子をしているし、そうして日本の子供のように鼻水を垂らしている者は一人もいない。どうして日本の子供があんなに棒鼻をたらすであろう。

◇

身体の具合は前にも書いたようにすこぶる順調だ。食べ物も心配したほどではない。すっかり馴れて、日本食の味を忘れたわけでもないけれど、そう強いて食べたいとも思わない。

倫敦でうなぎ料理にいって自分の好きな番茶を注文してみたが、それは家で焙じたての番茶を飲むようなわけにはいかない。最初の中はこの番茶がほしくて、ならなかったが、それもすっかり、なれてそれほどでもなくなった。

今日のように暑い時は冷たい麦湯が思い出される。何にも困ったことはないが、どうしても嫌な事が二つある。それは洋式の便所とベッドだ。便所に腰なんか下していつまでたっても糞は出てこない。尻の辺がムスムスして気分の悪い事といったら何とも言えない。

◇

どちらかと言えば、洋式の生活を好む自分もこの便所にだけは参る。そのつぎはベッドだ。あまりに強すぎるスプリングの寝台であれば、滑らかに寝返りも出来ぬ。寝様の悪い自分はヒョットすると寝台から子供のように落ちる心配もある。

広々とした青畳の上に馴れた寝床を敷いて、枕元一ぱい新聞や本を散らかして寝るような快感を味わうわけにはゆかぬ。もう一つ別段困りはしないけれど、日本式の方が気持のよいものがある。それは湯殿だ。

西洋の風呂は大抵、薄暗い廊下の脇に戸を締め切って作っておく。日本の風呂のように庭の草木を眺めながら、身を沈めて上水をザーザー流す贅沢は注文しても出来はせぬ。（続く）

（昭和六年八月二十四日）

世界一周記（八十六）

〈倫敦から巴里へ⑯〉パリにて

岡本君の友人、学校の同窓らしい三井家の息子さん夫婦が巴里に来ている。自分と同じ年輩の人だ。岡本君の泊ってるマデス、テックホテルという一流の旅館だ。

その令婦人が巴里で洋服を買うのに一しょに行ってみないかと岡本君がいう。日本一の金持様の着物買いだ。参考に見ておいてもよいと思った。

巴里第一という女の洋服屋。家の名前は何とかいうむずかしい店の名前だ。自動車で店の前に横付けにすると、さすがは日本一の財閥の倅夫婦というので、店員が、ちゃんと玄関に出むかえる。

◇

一つの部屋に通される。岡本君が何かフランス語で話をすると、一人の美人が目も眩《くら》むような洋装をして出てきた。そして後ろを向いたり前に立って、格好をつくって見せるのだ。モデルが入り換わり立ち換わり、色々な服装をして出てくるのは実に見事なものだ。

まるで絵巻物でもくってるようだ。この様子だけはお前にも見せたいと思った。自分はこれだけで沢山だと思ったから、一足先に失礼してホテルに帰った。

そして今この通信を書いてるのだ。ホテルの生活も十日や二十日はよいけれど、三ヶ月も四ヶ月も暮らすうちには単調なその日その日がいやになってくる。自分の書斎で静かに雑誌でも読みたくなってきた。

◇

半年もたたないうちにこんな事を言ったら、大方笑われるであろう。倫敦だって、巴里だって、いくら見ても際限がない。十年いても巴里をつかめない人もある。一週間で巴里をすっかり会得して帰る人もある。要するに研究心とその人の考え方によることとだ。

もう切りあげなければ旅費も足らなくなる。明後日はベルギー、オランダの方に旅立ってゆく。それから長く憧れておった南欧の旅路に入る予定である。

気候は七月の初めとしては、日本のそれと比較して大差はない。ただ驚くことは日本であればもう白服に白靴であるが、ここは合服で通せる。夏の帽子なんか被ってる人は一人もない。倫敦で作った冬の黒服で平気で街を歩くことが出来る。

◇

カラーやワイシャツ、それに靴――毎日新しい物にしなければなるまいと思って、沢山持ってきたけれど、カラーは三日位は汚れない。日本のように埃が立たないせいだ。

靴も道路がよいので、シベリヤ以来履いてる靴で間に合う。ロンドンで買った靴なんか一度も履いたことがない。

今日は帳場に言って、勘定書をもらった。宿料は驚くほど安い。一日食事付きで五円ばかりだ。

◇

ただ洗濯賃の高いのには閉口する。カラー一本は五十銭だ。予定よりも少し安く上がったから、何か土産物でも買って帰ろう。あと手紙はスイスから書く。会津の老父母にもよろしく言ってもらいたい。

倫敦からも手紙は出しておいたが、くれぐれもお前からよろしく便りをしてもらいたい。それからいつも私が電話をかける人々——にも御無沙汰ばかりしているから、よくお詫びをして下さい。

もう夕食の時間になった。今夜は喜劇の見物にゆく約束をしておいた。書きたいことは数限りもないけれど、これでこの通信は止めにする。福島の方々にもよろしく。

（昭和六年八月二十五日）

【解説】菅家喜六は旅の訪問先の途中途中で、この「世界一周記」のレポートや手紙をこまめに郵便で送っていたわけだが、五月の連載開始から一度途切れただけで、連載がここまで毎日欠かさず続いていることに感嘆を覚える。もう九十回近くにもなるのだ。

さて筆者が昭和五十四年、安積疏水開削の功労者であるオランダ人技師、ファン・ドールンの墓碑建立の同行取材でアムステルダムやパリに渡ったことは一度、書いた。その当時も電話をはじめ現在のような通信技術はまだ発達していなかった。

したがって余程のことがない限り、現地からの新聞報道は帰ってからまとめ書きでレポートする事が多かった。とても現地から原稿や写真を生のままで送ることは不可能に近かった。それで筆者の場合は——十日間ほどの同行取材であったが——肝心な記事はある程度「予定原稿」の形で本社に残しておいて、毎日社と連絡を取りつつ掲載してもらう手法を取っていた。お恥ずかしいことだが——。
今はパソコンさえあれば、世界のどこからでも原稿や写真をリアルタイムで送ることが出来る。隔世の感がある。

世界一周記（八十七）

〈倫敦から巴里へ⑰〉パリにて

欧州の旅も半ば以上は過ぎて、そろそろ終わりに近づいてきた。いつもホテルにトランクを運ぶ時、多くの人々が自分のカバンを見て驚いておる。かなり多くのホテルに泊ってきたので、カバンはまるでレーベル（注：レコードの中央部に貼られてある円形の紙。ホテル名などが書かれたラベルのことか）の展覧会だ。

一体に荷物は旅先で増えがちなものだ。家を出る時には二つしか持ってこないのであるが、ドイツで一つ、北欧で一つ、倫敦で二つ、巴里でも一つカバンがふえた。

汽車に乗る時、三つはチッキ（注：鉄道などが旅客から手荷物を預かって輸送するときの引換券。手荷物預かり証）にして、後のカバンは列車中に持ち込むのだが、日本の汽車と違って棚も一人でそう沢山に占領は出来ぬ。自分の席の上だけにしか荷物はあげられない。

◇

止むなくチッキにするのだが、その運賃ばかりでも相当にかかる。発車時間の間際になんか停車場に駈けつけると、荷物の心配で一苦労しなければならぬ。

日本人は荷物を多く持つ癖があるというけれども、外国人の旅行を見ると、それは実に大ゲサなのに驚かされる。自分は十年も前に欧州から帰った人に、ホテルの札をもらったことがある。その頃、外国のホテルの札をカバンに貼って歩いている人は洋行帰りと言って、注目の的となり珍しがられたものである。

◇

子供のように喜んで、自分はそのレーベルをカバンに貼って仙台に旅した事がある。帰途、列車中に一人の紳士が乗っておった。その人のカバンは所謂洋行カバンで、沢山に外国のホテルの札が貼られている。丁度自分のカバンに貼ってあるホテルと同じレーベルがあった。汽車が岩沼から福島にくる間になって、お互いに退屈まぎれに話しあう仲となった。紳士は私に向かって、

「貴郎もロンドンで何々ホテルにお泊りでしたか？」

と問われて、自分は非常に当惑したけれども人から貰ったレーベルを貼ったのだとも言いたくない。軽くうなずいた所、それからそれへと欧州の旅の話を持ち出されてこまってしまった事がある。それ以来、そのカバンは持ち歩いたことはない。

◇

惜しかったけれど、新聞社の人にやってしまった。今ホテルのレーベルをカバンに貼ってあるのを見て、その時の事などを思い出して一人で苦笑した。

現在では札を貼る事はあまりにはやらない。ロンドンで橋本君に笑われたけれども、一枚ハルビンで貼ったので、モスコーでも貼られ、いくらはがしてもその次の宿屋で直ぐ出る前に無断で貼ってしまう。別に邪魔にもならない。美しくてよいからそのままにした。

◇

日本の宿屋のレーベルと違ってどこまでも美術的に出来ており、印刷の意匠なんか、特色あるもので立派な一枚の絵だ。

額にしてもよいと思われる札さえあった。自分のカバンはレーベルで地を見ることさえ出来ない位になってしまった。

このカバンを眺めていると、懐かしい追憶の種となる。第一流の名を誇るホテルには勿論泊らないけれど、それでも自分にとっては皆、それぞれ思い出の種となるホテルばかりだ。巴里でも凱旋門の描いてあるレーベルを貼ってくれた。

（昭和六年八月二十六日）

世界一周記（八十八）

〈倫敦から巴里へ⑱〉パリにて

欧州に来てから朝起きになった。一つには食堂の関係で時間通り出なければならないので、自然に規則的になったためであろう。

二時や三時まで麻雀をして、朝十一時までも寝ているという不規則な生活をしておった自分としては珍しい変化だ。たまには麻雀や将棋をやりたくなって日本人倶楽部に行ってみるが、ここにいる日本人というのはみんなすまし込んで、気取り屋ばかりで不愉快だ。

外国人よりもひどい他人行儀の人間が多い。妙に通ぶった事など言って、金でも持ってない奴を人間でないように考えてるらしい。そこに行くと画家などは淡泊で面白い。

◇

美術館見物に行った時、多くの西洋人画家の中に一人日本の青年画家が名画の模写をしているから声をかけたところ喜んで、筆を休めて話をする。

自分は急に思い出して、鈴木寅彦の長男が絵画の研究に来ている筈だと思い、名前は忘れたが、鈴木という青年画家が巴里にいる筈だが知らないかと尋ねたら、

「知ってますとも。最近しばらく会いませんからどこにお出でになりますか、場所は知りませんが――」

という。しばらくフランスの絵画の話を聞いて愉快な半日を過ごした。見れば仕事服ではあるが汚れた服と靴をはいている。

◇

巴里にはかなり多くの日本人画家がいるけれど、どれもこれも貧乏人らしい。されど人間味な所があって、そこらあたりの会社員や大使館員などよりはよほど親しみ安い。

倫敦でもそう思ったが、日本料理屋に行った時、二、三人の日本人を見た。こちらで挨拶してもツンとすます奴が多かった、気取ってるのを紳士と思ってるらしい。

あるホテルで日本人の学生が腹をやんでると聞いたから、自分は赤の他人、名も知らぬ人ではあるが、異郷にあって病むことに同情して、その部屋を訪ね薬を与えようとした。

◇

病床に横たわっていた彼の青年は「有難うございますが、もうすっかり治りました」と言う。しかもその口のきき振りが気にくわぬ。何にも知らぬお前がよけいな御世話だ、といったような態度だ。自分はそのまま自分の

部屋に引き返した。

あとで聞けばケンブリッジの学生で、スイスに夏休み中勉強に行く途中なそうである。次の朝、彼の青年はどうしたと聞いたら今の汽車で御立ちになりましたという。こんな所にも嫌な日本人の姿を見せられた。

こんな者に限って、夜の巷でチップなどを荒っぽくまき散らしあたり近所に迷惑をかける癖に、ステイションあたりの荷物運搬人なんかには馬鹿にケチな真似をする。

◇

悪ずれのした外国生活の日本人がつくづくいやになった。日本の有難味と、日本で生まれた事を忘却して、日本の悪口ばかり言ってる者もある。何でもかんでも西洋の事がよいように思う彼等の価値観念の転倒には、愛想が尽きて物も言えぬ。

西洋人を妻にして得意になり「日本なんかでは――」と口ぐせにいう。そこら辺の靴磨きか、工女のアバヅレ女を妻にして何の誇りがあるか。

髪の毛が赤く縮れ、目玉が碧く、そして短い服を着たからといって、偉いわけのものでない。

文藝春秋で新渡戸稲造先生が、文士連中の質問に答えて「さあ西洋の家で支那の料理を食って、日本人を妻にしたら理想的でせう」と言われたことを覚えてるが、日本の女も男も、自分は世界中で一番すぐれてる者であるという考えを以ている。何でも外国が偉いと思うことは、明治初年だけで沢山だ。


（昭和六年八月二十七日）

【解説】青年画家のところで名前の挙がった鈴木寅彦とは、この連載の第五十八回でも登場した会津坂下町出身の大手実業家、政治家であった鈴木寅彦（一八七三～一九四一）、のちの若松市長のことである。菅家喜六が「世界一周記」を書いた昭和六年当時、その子息が絵画の研究のためパリに渡っていたという。いったい誰なのか興味深い。

世界一周記（八十九）

〈倫敦から巴里へ⑲〉パリにて

この一編を県政記者倶楽部の諸兄に送る――。

◇

暫時《しばらく》御無沙汰致しました。御別れしてからもう三ヶ月になります。私は相変らずの元気で旅行を致しております。何から先に諸君に報告してよいか、頭の中が雑然としてまとまりがありません。

旅立つ前に諸君から注文された事は、外の人が見ないような場所をなるべく探し求めてきてもらいたいという事でありましたけれど、そんな所はありません。

◇

女の世界でも、どの本にもどの本にも私の見たことよりも詳細に書かれてあります。先の小柳知事（注：官選時代の第三十代福島県知事小柳牧衛、昭和四年七月〜六年四月まで在職した）や金森内務部長などの「欧州女行脚はどうだ」などと冗談を言われたけれど、そんな場面も見たくないと思っても、見せつけられるのが旅先の常であります。

◇

巴里は遊んでいるのには面白い所であるかも知れませんけれど、少したつと飽きが来ます。さんざん飲み明かした次に来る悲哀のような物寂しさを感じます。

巴里人は世界に率先して享楽と趣味の生活に深入りしましたけれど、その晴れやかな――清楚な生活を一とまく突き破ると、そこにさびしき人生の痛々しい場面が展開されるのであります。巴里や倫敦は期待が大きかったためか知れませんが、私の想像は裏切られました。金があり余るほどあって、湯水のごとくに消費《つか》えたら、あるいは充分な享楽を得るかも知れませんが、通り一ぺんの吾々には別段これぞというほどのこともありません。ただ驚いたことは変態性欲倶楽部をのぞいた時でありました。

◇

そこには多くの淫虐狂、倒錯症、同性愛などの狂者が集まっておりますが、その内容は帰朝の日まで御待ち下さい。日本人のもてるのは北欧です。北欧の女は肌色が綺麗です。そして悪ずれがしておりません。ストックホルムやオスロ辺りにゆきますと、日本人を珍しがって集まってきます。特に大学生などは、男も女も店先ですぐに何か話しかける。カフェーでコーヒーを飲まないかなどと誘ったりします。北でなければ聞かれない唄などきかせてくれるので、旅情を慰めるには充分でありました。

◇

アホスでもベルゲンでもコデンパークでも、みな港街でありますが公娼はなく私娼が多いのです。ベルリンやロンドン、パリのように大通りでいやしい誘いなんか致しません。

カフェーがこちらの根城であります。倫敦、伯林、巴里はあまりに多くの日本人が戦争直後馬鹿遊びをしましたので、日本人ずれがしておって、むしろ悪感を催すくらいであります。美人の多いのは巴里ですけれど、日本人好きのする女はイタリーが多いでしょう。

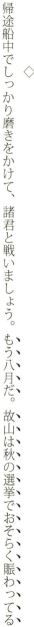

これからベルギー、イタリー、ギリシャモナコと視察をいたします。諸君と麻雀や将棋をやりたくなりましたけれど、相手がなくて旅先ではそれも出来ません。

◇

帰途船中でしっかり磨きをかけて、諸君と戦いましょう。もう八月だ。故山は秋の選挙でおそらく賑わってることでしょう。

従って諸君も多忙を極めらるる事でしょう。遥かに諸兄の新聞の隆盛と健康を祝福して、この雑文を捧げる――。（巴里の客舎にて）

（昭和六年八月二十八日）

【解説】この一編は、福島県庁に置かれてある県政記者倶楽部の記者仲間たちに宛てた手紙形式をとっている。旅立ちの際に記者仲間から「なるべく外の人が見ないような場所を探し視察してほしいと注文された」と菅家喜六は書いており、それに答える一文である。

そしていよいよ巴里に別れを告げるのだが、「もう八月だ。故山では秋の選挙で賑わっていることだろう」と書いている。はたしてどれだけの期間を巴里に滞在したのか、時系列が七月なのかそれとも八月なのか、いまひとつ明瞭でないのが残念である。ただ満州、シベリア鉄道でヨーロッパに渡ったのだが、帰途は船中によることが明記されている。

世界一周記（九十）

〈倫敦から巴里へ⑳〉パリにて

倫敦はゆっくりしたが、巴里は何となく気が落ちつかない。見物と視察も予定の通りすんだが、その視察した場所の感想など書く事がいやになった。

もうこの原稿を書き終われば、明日の朝はブラッセルに着いてるのだ。いざ出発となるとどこでも名残りおしいような気持にもなってくる。宿でも馴れて冗談をいう程度になると、いよいよ出発という時には「御機嫌よう」などと言われて、こちらも何となく感傷的になる時もある。

岡本氏とは昨夜公園で別れたきり、十一月東京で再会を約した。それぞれ手紙も書いた。少しばかりの買物もした。

◇

もうこれで巴里にもおさらばだ。今宵限りの夜の巴里だ。ブドウ酒でも思う存分飲んでから寝てやれ——一フランが日本貨で約八銭、十フランで八十銭だ。五円もつかえば上等な料理とブドウ酒が飲めるのだ。

自分は元来酒がきらいだ。ビールを半分も飲むと酔っぱらってしまう。ベルリンで大きなコップに黒いビールを一杯飲んだところ、一晩中ほろよい加減ですごしたことがある。

ことに旅先ではアルコールが早くまわるようだ。ずっと酒類は飲まずにきたけれど、ブドウ酒だけは飲んで見たい気分になって飲んで見たところ、さすがは本場だけにその味は上等だ。

◇

顔を赤くして、バルコニーの椅子に腰を下ろした。輝く電灯の街々がにぎやかに見える。

エッフェル塔も薄ら明りの中にかすかに見ることが出来る。夏の月——いつでも、月を眺めることは大すきだ。

ホテルのレーベルが見事に貼られているカバンを部屋中並べて、出発の用意をした。

隣りの西洋人夫婦は一晩中トランプをして遊んでる。自分は十二時過ぎまで荷物の整理をしたが、まだ起きて騒いでる。おしまいには子供のように唱歌など唄い出した。壁一重というが、それよりも薄い板の上に壁紙でしきった隣り合わせだ。

◇

寝るにはねられず、少々癪にさわったから、ドアーを思う存分、荒くバタリしめてみた。それからは少し静かになってトランプを始めたらしい。

いつの間にか自分は眠ってしまった。夜中にふと目がさめた。盛んにいやな夢を見たのだ。夢は逆夢などというけれど、いやな夢を見れば、決して愉快なものではない。

夢を説く者は昔から痴人とされてるが、雨のドシャ降る暴風雨の中を老父と共にゆく、いやな夢である。故山の父の身に何か変わり事でもないか。それからそれへと心配は続く。自分は夢をよく見る。

夢は身体の疲れであるというけれど、疲れてない時にも自分は夢を見る。鈴木代議士（注：鈴木寅彦代議士か）は生まれてから、夢を見た事がないと語ったが、豪傑は夢を見ず、小人は夢を見る。

（昭和六年八月二十九日）

【解説】さあ、いよいよ巴里に別れを告げて出発だ——。この一編で菅家喜六は、秋十一月に東京で岡本商会の岡本氏と再会を約して別れたという。別項でも記載があった通り、今度の「世界一周の旅」はまだまだ続いて当初十一月までの予定であったものか？

だがその旅が最後まで続けられたのかどうか、筆者は非常に気になりながらこの起稿を進めている。菅家喜六はこのあと巴里からベルギー、オランダに向かうという。

第五章　オランダから南欧へ

世界一周記（九十二）

〈風車のオランダ①〉アムステルダム

海よりも陸の低い国、運河に小舟を浮かべて青々とした広い牧場を眺めてゆく時に旅人の心は躍る。風車がクルクル廻る、野にはチューリップの花が綺麗に咲いている。四百年の昔、わが国と交友した名もゆかしきオランダの国に来た。

旅は第一印象が大切だ。アムステルダムに着いた夕べ、それは言いしれぬ快感を覚えた。海辺を前に控えたホテルも誠に気持ちがよい。汽車でくる時に花園の続く野を見た時に、オランダという国が花園連続でもあるように感ぜられた。

夕暮れの街を散歩してみると、そこには美しい街が雑巾でもかけたように掃き清められ、目元のすずしいオランダの小娘が静かに街を歩いてる。ホテルはアムステルダム駅のすぐ前で、運河や海を窓から眺めることが出来た。自分は三階の部屋から屡《しばしば》この光景を眺めたりして国への手紙を認めた。

◇

欧州戦争の時に、オランダは戦争はチューズ（注：チーズか）で戦いと言った位に、ここはチューズの出来る国である。夕餉の食卓には必ず美味のチューズが旅人を喜ばせる。

オランダはチューズと運河に水車、ダイヤモンドの国と言ってもよいくらいである。着いた次の日、アハター、グラハト、ユスターなどという代表的なダイヤモンドを磨く工場を参観した。

次の日はここから十八マイルばかり自動車で走り、マルケンの島にオランダ独特の風俗を見るために出かけた。郊外にはアスファルト道路が十八間幅に開けている。自動車は八十マイルから九十マイルという快速力で走る――。

◇

海は陸地よりも小高く土手――堤――を越して静かに青い波を漂わしている。牧場と牛、それに名物の風車――そんな景色を眺めながら北に進むこと一時間、とある小さな街に自動車は停まった。

白いレースの頭巾に赤い模様の繻子《しゅす》の着物、裾を長く引いた娘たち。紺のモモヒキに、シャツのような上衣、それに赤い帯をしめた男。ゾロゾロ街の中を歩いてる。

写真を撮ろうとすれば、子供も娘も列をくんでカメラの前に立つ。写し終わると、彼等は金をくれと手を出す。いくらかやらないとどこまでもついてくるのだ。旅人に悪ずれしたこの街の人々は、昔ながら純朴な風習を失っている。観光客の多いところだ、どこでもそんな傾向があるようだ。

◇

ホテルに立寄って昼食をすませた。ここから三マイルばかり離れた所に、マルケンの島がゾイデル海の中にかすかに見える。

歴史時代の初頭にはこの海辺全部は立派な陸地であったけれど、この揺らぎなき大地が次第次第に沈降を始めた。住民は海岸に堤防を築いて海水の侵入をふせいだが、その涙ぐましい人々の努力も一時のむくいが喜ばれただけで、遂に人類の安住の地とはならなかった。

大洪水、海嘯《つなみ》等によってゼーランド諸島、フレヴォ湖は一朝にしてゾイデル海湾となってしまったのである。故郷忘じ難し、今海底に没した住宅、美しき牧場、それ等を復興せんとするオランダ人の努力は実に偉大なるものがある。故に海防工事と排水事業は、この国に特殊な発達を見るに至った。

◇

電化作業のため風車の数は減ぜられつつあるけれど、しかしまだ海浜に河岸に大きな翼をひろげてる風車は何とも言えない風趣をそえている。オランダの人々は、吾々の努力はこの埋め立て工事によってゾイデル海を埋め、面積を現在の倍にしてみせると言っている。

（昭和六年八月三十日）

【解説】前回の連載では「巴里ともおさらばだ。明朝にはブリュッセルに着くのだ」と書いているのだが、連載では先にオランダ編になっている。おそらく前後入れ替わってしまったものか、ベルギー編はこのあと九十五回から始まっている。

世界一周記（九十二）

〈風車のオランダ②〉アムステルダム

オランダには山という山はない。ヘーグの見物に出かけた日、そこの公園を一日案内されたが少し小高い丘——日本では丘という——それがオランダ一の高い山と聞いては寧《むし》ろ滑稽である。それ位に平地というよりは陸地が海面より低い国である。

水なきところに都市は成立せぬ。水あれば人は必ずそれに沿って住み、人住めばそこに橋が架かる。道路が出来る。オランダは水の国とも言いたいほど、河と運河によって構成されている。

自動車に乗っても、幾つかの橋を渡らなければならぬ。橋は運河の上にあって、必ず二ッに折れて船の通行が自由に出来るようになっている。

◇

舟の通るたびごとに、陸との交通は一時遮断される。電車のレールでも急行列車のレールでも、橋と共に捲きあげられて、その下をば三百トン以上の汽船がすべるように滞りなく通行出来る情景はよその国には一寸見られない。

デンマークや瑞典で自転車の多いのに驚いたが、この国も自転車乗りが多い。船の通行によって一時交通の遮断された時、橋の両側に並ぶ幾千の自転車には驚かされる。ちょうど自分が旅行した時は、選挙が切迫しておったので、この自転車隊が宣伝ビラを撒き、メガホンで高い声を張りあげて街を練り廻ってるのを何遍も見せられた。

郊外の散歩に出かけた時、軍楽隊が皆この自転車で数百人堂々と楽を奏しつつ行軍してるのを見て非常に愉快に思った。それはちょうど日曜であった。若き男女が公園の中を自転車をつらねながら漫歩している――何という静穏な事であろう。

◇

ヘーグの公園などは、自動車、馬車、自転車、乗馬、電車とそれぞれ道路は別々になっている。名も知らぬ青々とした並木がその間に繋ってるのである。

イギリスにも、パリー、ベルリンにも見ることの出来ない幽邃《ゆうすい》（注：景色などが奥深く静かなこと）の感じが湧いてくる。そこにはオランダ独特の住宅が美しく並木の間からかすかに見らるるのである。ヘーグ、アムステルダム共に恐らく世界有数の綺麗な街であろう。平和な街であろう。

清潔な街であろう。旅人は朝の散歩をして公園、道路、細い路道――そこに掃除しているオランダの女を見て、いかに綺麗好きな国民であるかを知ることが出来るであろう。

◇

ヘーグでは痰唾《たんつば》を吐きたくなれば、郊外電車に乗って、初めて郊外に痰を吐いて来るとさえ言われている位の潔癖性な国民である。

マーケン島に行った時、手を洗うために、そこの農家に立寄って炊事場で手をあらわせてもらった。自分はその農家の台所の整頓されている事と綺麗なのに驚いた。

既に彼等の戴いてるあのレースの帽子を見れば判る。どんな貧しき者でも、キチンとした白いレース帽をかぶってる。かの帽子こそ彼等の清潔をシンボルしたものである。

（昭和六年八月三十一日）

世界一周記（九十二）

〈風車のオランダ③〉ヘーグにて

ヘーグは平和な街である。自分がここを訪ねた時は、ちょうど日曜日であった。ホテルペルプーは今までにない感じのよい綺麗なホテルであった。

初夏の日を浴びながら市内の見物をした。商店は日曜で全部休んでいる。万国平和会議の開かれた平和宮を視察した。世界各国から寄贈された品々で飾られてる。

日本から贈った日本画の刺繍の部屋などは見事なものであった。午後からは博物館や宮殿、大運動場等を見物してから、セヴィニンゲンの海水浴場に出かけた。

◇

この海水場はオランダ第一といわれるだけに大規模なもので、ホテル、ドォランジからストランド、ウェーダという大通りまで脱衣場が続いている。そろそろ暑くなってる時で、多数の人々が家族連れで海岸の砂の上に寝込んで一日の日曜を楽しんでおった。

一時間ばかり海岸をぶらついて、活動写真を撮ったり、ガイド夫妻と記念の撮影をしたりして、夕暮れホテルに帰った。

「ヘーグでは何も見るものとてもありません。ただ平和な街であるという感じて御帰り下されば吾々は満足です」とガイド夫妻は口を揃えて私に語った。

◇

たしかに平和な街である。争闘――嫉妬――中傷――それ等のない街ほど幸福なことはない。自分が旅した時はちょうど選挙日の切迫した時であって、道路という道路のアスファルトの上に、政党の名前と候補者の氏名を白ペンキで大きく書いて通行人に宣伝しておった。

日本とは違って、ポスターや塀などにビラを無暗に貼り付けるような事はない。

道路一面にペンキで宣伝文を書いてある。けれども日本の選挙前のようにガヤガヤうるさくない。特にヘーグとアムステルダムを比較するとそれは非常な違いがあった。

◇

アムステルダムの夕暮れに街を散歩しておったところ、五十人か百人の人々が隊伍をくんで街を練り歩いている。しかも高声に何か唄いながら、それは実に不愉快な調子で騒ぎまわる。自分は初め、どこかの学校で競技にでも勝って学生が騒いでるのかと思った。聞けば選挙の運動である。ヘーグにはこんな場面は見られなかった。

道路にあの白いペンキで書いた宣伝文さえなかったならば、選挙があるという事さえ旅人には判らなかったであったろう。

アムステルダムの選挙気分の濃厚に比して、ヘーグの静かなることに驚いた位である。広い公園に乗馬で散歩している人々を見ると、ロンドンにも巴里にも見る事の出来ないノンビリした感じが湧いてくる。どこか日本の家屋に似寄ってるような藁屋根の住宅が公園の中に軒を並べてる。

そこのベランダーに老夫妻がテーブルを囲んで読書に耽ってる様子なども、ヘーグで見らるる情趣である。終日ドライブして静かな街の気分を味わった自分は、ここを去るのが何となし名残りおしく思わるる位であった。

（昭和六年九月一日）

【解説】ヘーグは平和な街である、と菅家喜六はこの一編で書いた。そして「争闘、嫉妬、中傷――それ等のない街ほど幸福なことはない」と述懐する。筆者はこの一行に、新聞ジャーナリストそして政治家でもあった菅家喜六という人物が置かれたある面血なまぐさい環境を、ふと想起するのである。彼を獄窓に送った昭和二年の安積疏水疑獄事件などは、それを象徴するのではないかと思うのである。

さて、五月二十四日に始まった連載は、もう九月に入った。昭和六年九月といえば中国大陸であの満州事変が勃発し、日本が本格的な軍国主義の道を歩み出す歴史的な節目を迎えようとする頃である――。

世界一周記（九十四）

〈風車のオランダ④〉ヘーグにて

マーケン島はホテルの食堂からかすかに見える。午後二時半頃、沼の舟に乗って島へと向かった。宣教師三名、それにイタリー人夫婦とアメリカ人が三名と自分だけである。小舟なために動揺が烈しい。風の吹くたびに波が舟の中に飛んで来る。自分は帆先の方に上がって波を逃れた。

三十分ばかりで島に着くのだが、この間船頭はこの海中に無数の街が埋もれてる、吾等の先祖が努力して耕した多くの土地が埋もれてあるのだ、オランダは近き将来必ずこの海をば埋《うず》めてしまう。

お客さん方がこの次に遊覧にお出でになる頃は、この付近は陸になってますよ、と盛んに気焔をあげる。この話を聞いてる中に舟は島にと着いた。赤い切れ地の着物、それにオランダ式の白レースの帽子、それをかぶった女が沢山物売りの籠をさげて舟の着いた所に来て「御土産の品を買って下さい」と英語や独逸語、仏語何でも話す。

◇

こちらで返事をしないと、支那語や日本語で片言まじりに「旦那さん、いかがです」などとやられて閉口する。断っても断っても後を追うて品物を押しつける。別段に珍しい品物とてもない。風車の模型や寄木細工品だけである。絵葉書などもここで買えば高い。自分は村の中を一人ぶらぶら歩いて見た。

小さな堀があってその中を小舟に沢山の麦殻を積み、女は陸で綱を引き、男は舟で舵をとり運搬しているのが、いかにもこの島らしい情景なので、活動写真に撮ろうと思ってカメラを向けたところ手を振ってこれを撮らせない。後の方からそっと写して帰った。

五十戸か六十戸の村で住宅など低い、極く狭い農家と漁民の家ばかりである。物売りの女は二、三十人もいるであろう。いずれも漁師の妻であるらしい。

◇

ここまで来れば、オランダ風俗は昔のままに見ることが出来るのだ。観光客のために彼等は世の文化と共にゆくことの出来ない運命にある。昔のままの風俗で、昔のままの生活を見せなければこの島の存在はなくなるのだ。哀れむべし、彼等は観光客のためにこの矛盾を強いられている。別段見るべき所とてもない。村を歩き廻ればそれでこの島めぐりはすむのだ。物売りの女のオランダ風俗を見てしまえば、この島へと渡った目的は達したわけだ。

どこも同じことだ。名物に美味しい物なしで、すべては思った程のものではない。ロンドンでも巴里でも日本で考えた程、それ程に華やかなところではなかった。

◇

名所もかなり沢山に見た。けれども案内書や旅行記に誇張されてるような所ではなかった。

「まあ、こんなものか」

といつも叫んだ。別段驚くべきこともなければ、珍しい物もない。マーケンの島もこの類だ。来て見れば馬鹿馬鹿しい。すぐに舟に乗って引き返した。自動車でホテルに帰ったのが夕暮れ時。明日はベルギーに立つのだ。用意を整えてから、ホテル前の小公園のベンチに腰を下ろして、しばらく物思いに耽ったりした。語るべき友もなし。喜びを分つべき人とてある筈なし。

思いは必ず故山に走る——そこに吾を待つ友と吾と喜憂を共にする妻子がある——つくづくと一人旅の哀れを感じた。

（昭和六年九月二二日）

【解説】おやおや、菅家喜六はやはり先にオランダを訪ねて、次にベルギーに向かったことがこの一編でわかった。

世界一周記（九十五）

〈マヌケン、ピッス〉ベルギーにて

ブラッセル市は欧州戦争でドイツ軍に占領されて大なる打撃を受けたが、現在ではほとんど旧態に復し、活気ある都市として発展しつつある。

市街はセンヌ河に沿うて下町、山の手と二区に分かれ、下町は川に沿い、山の手は西方の高地にある。七月の初め真夏の太陽がキラキラ輝く日にベルギーを旅した自分は、いささか旅の疲労を覚えた。

ホテルに午後ついたので、夕日が窓から直射してくる。部屋の中に寝込んでも暑くて不愉快だし、市内の見物もいやになった。

サロンでこの稿を書き出してみたが、気乗りもしない。早くスイッル（注：スイスのことか）の旅に上りたくなった。けれどもここでどうしても見なければならぬものは小便小僧（注：ブリュッセルを代表する観光名所「マネケン・ピス」）だ。

◇

夕暮れごろ自動車を雇入れてグランブラッスへと向かった。グランブラッスとは大巷とか広場とかいう意味である。そこには市民の誇りである立派な市役所がある。その市役所の側面に小便小僧の青銅像があるのだ。

裸体の子供が放尿している所で、これには色々の伝説があり一定していない。ここの王様の愛児が夕暮れ時、散歩に出て道に迷って大騒ぎになった。側近の者が慌てて探し廻ったところ、この場所に立っておったというので、ここにこの像を建てたともいわれてる。

更に一つの伝説は八百年のむかし、ブラッセルの大名ゴットフレイ二世が逆臣征伐中、陣中に逝去した。軍が当歳の嗣子を守り立てて戦いを続けた。

戦いまさに酣《たけなわ》なる時、兵隊が本営を顧り見たところこの小公子が落ちつき払って小便をしているのを見たので、多くの兵隊はヘルト・マヌケン・ピッスと思わず叫んだ（これは家の小さい人が小便をしているという意味である）すると味方の兵隊は一せいに笑い崩れた。その爆笑の意気でたちまち逆臣を征伐することが出来た。その記念にこの像が建てられたということである。

◇

いずれが真かは判らないけれども、とにかく面白いものである。この小便小僧が十二月の何日か日は忘れたが、大礼服を着ることになっている。日本からも平和克服の後、純日本式の着物一着が贈呈された。

像の傍らに小さなカフェーがあって、そこには沢山の小便小僧の模型が陳列されてあり、売物になっている。小便小僧一代記や絵葉書が売ってあった。

イギリスの女教員が、女学生を引率してこの像を見物したときに女学生がキャッキャッ喜び騒いでるのに、その女先生だけが顔を赤めて「見るな見るな」と叫んでる木版画の面白いものがあった。

◇

活動写真を写してからホテルに引き返した。夕暮れになっても暑さはひどい。ホテルの食堂で汗を流しながら大急ぎに食事をしてから、大通りに夕涼みながら散歩に出てみた。

どこの街も同じように店先に椅子を出して、カフェーなぞを啜って道往く人を眺めてる。小巴里といわれるだけに夜の賑やかさもおどろくばかりだ。ホテルの前がすぐ一流のデパートで、窓が綺麗に電気で輝いている。

（昭和六年九月三日）

【解説】再び、時系列の乱れに筆者はとまどっている。菅家喜六はパリを離れる際に「もう八月だ」（第八十九回参照）と書いているのだが、ここベルギーでは「七月の初め、真夏の太陽がキラキラ輝くベルギーに旅した」と記しているのだ。オランダを回った第九十三回の連載でも「初夏の日」という記述があり、いったい今の時系列が七月なのか八月なのか、混乱を来しているように見える。

七月なのか、それとも八月なのか？——このことが実は後ほど、重要なカギとなってくる。読者諸賢にはいましばらく連載を読み進めていただきたい。

世界一周記（九十六）

〈ベルギーの戦跡〉ブラッセルにて

ベルギーでは欧州戦争の戦跡を訪ねたいと思ったけれど、今は既にその俤《おもかげ》を偲ぶだけのことだ。ブラッセル市庁の高い塔（三百六十尺）に登って、はるかにウォーター・ロー（注：ワーテルロー）の古戦場を望んでも荒れはてたという所は見られない。

ちょうど満州の野を汽車の窓から眺めても、奉天の大会戦の跡など偲ぶよしもないと同じように、あれが大戦の跡かなと思われるくらいなものだ。

草も木も生え繁り、一部の建物をのぞけばことごとく旧態に復したと言ってもよいであろう。自動車で郊外を走り歩いても、戦争の跡かたは失せて見ることが出来ない。

◇

射的場の所で車をとめ、兵隊の教練を見たがまるで日本の中学生の兵式体操よりも劣るくらいのやり方だ。ここには英国の看護婦の墓がある。大戦当時、故国の難を救うために、この一女性は独逸軍の行動をば英本国に通知して遂に軍事探偵の嫌疑をうけ、この場所で独逸兵のために銃殺された。

欧州戦争中の話を聞けば、一として美談ならざるはない。後世に残すべき幾多の尊い記録が未だ世に知られずにあるようにも思われる。この一女性の悲惨なる最後は、ハルビンにおける沖、横川両志士以上に欧州には知れ渡り、又尊敬され、畏くも英京よりジョージ陛下御出ましの上礼拝されている。

◇

恐らくこの地に足を踏み、かつ大戦跡を探らんとする程の人で、この墓を詣ぜざる者はない。朝に夕に花の絶えたことなきほどに参拝者が多い。

ベルギーは元来中立国であった。その中立国は猛り狂うカイゼル軍のために蹂躙されてしまったのだ。いま愛国会議事堂のある所は、当時独逸軍が占領して参謀本部としたが、続々この本部を中心として繰り込む独逸軍を見たベルギー国民はいかなる感じを起こしたか。

真に挙国一致の実を挙げ、市長を中心としてブラッセルに起こった市民の熱烈なる斯国心の迸《ほとばし》りは、遂に講和会議までに国権の回復を見るに至らしめた。

その当時のベルギー国民の結束と勇気と愛国心には、涙ぐましい程の奮闘があったのだ。力によって独逸は一時ベルギーをば占領したけれど、ベルギーの国民の心をば占領することは出来なかった。

◇

独逸が隊伍を組んで市内を歩くと、幼い小学生までが悪口を言って独逸を憎んだという。国はわが国の九州よりも少し小さい。けれども独立国として、商業――産業――の盛んな国である。

ベルギーの国民は必ず一致結束する国民である。ブラッセル市は小巴里と言われるくらいに、街は綺麗で繁華なところである。ベルギー国を代表するこの市民はたしかに活気のある商売をしている。

言葉はフランス語で、貨幣もフランが通用さるる位にフランスの勢力範囲になってる。新聞に雑誌いずれもフランス語だ。しかし彼等は決して他の属国とはならない。

◇

昔ながらの国王を戴き、立派に独立国としての体面を保持しているのだ。複雑なるヨーロッパの国際関係のためではあるけれど、この小国がよく列強の間に伍して国運の発展を期し行くところに、ベルギー国民の偉さがあると思う。

自分は終日郊外の戦跡を訪ね廻り、夕べホテルグランドに帰った。七月の初旬で日中は非常な暑さだけれど、夕頃から涼しくなってくる。ホテルはかなり大きな建物であるが、客が少ないせいか、部屋の中はまことに淋しい。

夕涼み客が大通りをお祭りの晩のように歩いてるので、自分も椅子をホテル前のレストランにとって道行く人をながめていた。色の黒い私を見て、みな小声にシナ、シナと語りあって行く……どこに行っても、日本人は多く支那人かシャム人に間違えられるようだ。

（昭和六年九月四日）

世界一周記（九十七）

〈湖畔の一夜①〉スイスにて

スイスのルズアン（注：ルツェルン湖畔か）に着いたのは、もう日も暮れかかった頃であった。どの列車からも登山姿の男女が下りる。駅前にはホテルの正服を着た二、三十人のポーターが列をなして客を迎えている。さすが世界の遊園地といわれるだけあって、旅行者が多いものと見える。自動車でホテル・ユーロップへと向かった。

街の並木――その間からもるる夕の灯――何とも言いようのない旅の快感を覚えた。日本には宿取り刻限――という言葉があるが、灯のキラキラとつく夕暮れの街から街へ出て、宿の玄関に荷物をおろした時の心よさは、旅人でなければ味わうことの出来ない一つの慰めである。

◇

朝に着いて掃除の出来ないホテルにカバンを持ち込むくらい不愉快なことはない。さりとて深更、ホテルに行くことはいやに淋しさを増すものである。

やはり宿る刻限は日の暮れかかった、灯の明るくなる頃が最もよい。自分はいつもそれを望んでいるけれども、時間の関係で倫敦でも巴里でもその宿る夕べの気分を味わうことが出来ずにしまった。

いまスイスの囲林湖畔の夕べに、ホテルに着いて一時にその歓びにひたることが出来た。三階の部屋に旅装をといて、バルコニーに出てみると、青い芝草と赤いバラの花が咲き乱れており、すぐ目の前に青い湖水が波を漂わせている。

◇

左にリギの山をながめることが出来、前にはアルプスの連峰が聳えている。しばらくはこの風光に見とれざるを得ない。夕食前にと思って散歩に出かけた。

湖のあたりをブラブラ五、六町、並木にそって歩いた。もうどこのホテルにも赤い灯が輝いている。散歩する人も多い。ルスッアン湖には遊覧船が多数の客を乗せて、波止場に着いては又出帆する合図の汽笛を鳴らしている。

山上のホテルにも明るく電灯が輝き出した。湖岸に軒をならべているホテルの食堂からは、夕べの音楽がもれてくる。

◇

身も心も洗われたような清々しい気分が湧いてくる。夕食の時間も忘れて、歩むともなく賑やかな通りまで来てしまった。時計屋と煙草屋が無数にある。――掃き清められた大通りを通って、ホテルの方に引返した。どこからか、鐘の音が聞こゆる――さわやかに湖面を渡り、晴々と山と谷を越え、そして悠々と空にただよっては、夢のごとく耳にあふれてくる。山紫水明という言葉だけでは、この澄明和平な情景は決して表現しつくせるものではない。

おそばれて食事をすませ、その夜、サロンで音楽を聞いた。安楽椅子にドカリと腰を下ろして。多くの西洋人と共に奏でる楽の音にしばらくは魅せられた。

◇

山から下りる人々であろうか？　それとも湖水浴場からの帰り途でもあるのか、ホテルの前を、幾台も自動車が沢山の客を乗せて疾走し、街の方に行く――もう十時になっているけれども、さやかに照る月を窓に見ては眠れるものか。

十二時過ぐる頃まで、窓ぎわに椅子を寄せて、いつものごとく故山に思いを馳せた。この湖畔の一夜はおそらく、今度の旅行中で忘れ得ぬ思い出の一つとなるであろう。

（昭和六年九月五日）

世界一周記（百）*

〈山上のホテル②〉スイスにて

朝起きると、空は綺麗に晴れている。ホテルの前で白服の男女が庭球をやっている。その球の音が誠に気持ちよく耳に伝わる。大急ぎに朝食をすませて、山登りの用意にかかった。

急ぎの旅ではアルプスの踏破は思いもよらぬ。せめてリギの山だけにも登ってみたい。そうして山上のホテルに一夜を静かに過ごすことによって、スイスはあきらめよう。活動写真の機械と双眼鏡を肩にかけてホテルを出た。

湖岸の波止場までバスで十分。それから遊覧船で湖上を一周するのだ。客は百五、六人乗っている。二等船室の方で盛んに手風琴《てふうきん》（注：アコーディオンのこと）で行進曲を面白くやっていると思ったら、小学生が四、五十人先生に引率されて、山登りのしたくでハシャイでいるのだ。

◇

ふし面白く風琴をならし、声高々に唄う彼等は実に天真で、快濶《かいかつ》である。山水に恵まれたスイスの人々は、温和であり従順である。

そうしてどこかに剛毅、果敢なところのあるのは、たしかに、清らかな山水が生んだ気風――国民性であろう。自分の前にカトリックの尼さんが五、六人いる。これも皆リギへ登るらしい。

汽船はとうに桟橋を離れている。ルズアンの市街は青葉繁る湖畔に隠見して、街を歩いた時よりも一層綺麗に見える。

◇

もう、リギやヒラットなどのアルプス前山の高峰がハッキリ見え出した。気はあくまでもすんで、夏の日のようでもない。一時間も過ぎた頃、小さな村の波止場に船は停まった。

ここから一時間半ばかり登山電車にゆられてリギの山上に行くのだ。この小さい村でも道路や店、レストランは綺麗に物静かに出来て、たしかに遊覧客を引きつけるだけの設備になっている。

リギの山は海抜一、八〇一メートルで、さほど驚くほどの高い山ではないけれど、西南四辺湖に洗われ、東と北にローウェルツェル、ツーゲルの二湖を抱いて、その中央に聳えている山だけに、昔からアルプス展望の地として有名である。自分は登山電車の切符を買って乗り込んだ。

◇

三つばかり列車が連結された。自分の列車内に、一人の日本婦人が洋装して乗っている。船から下りる時は支那の婦人と見たが、よくよく見ればたしかに日本人だ。

「今日は――どちらへ――」

くらいの事は言いそうなものと思って、その近くに腰を下したけれど、彼女の視線は山の景色でもない、眼下に見える湖水の風光でもない。真直ぐに前を見たきり、それは御行儀のよいものだ。同胞の自分などに、目をくれたものでもない。あるいは自分を支那人と思っているのかも知れない。こちらの方から、

「どちら迄ですか」「リギに御出でですか」とでも言って見るかと思った。けれど、

「エイ」とか
「エイ、エイ」

とか首の一つも振られた挨拶でもされたら、それは台なしだ。

横の方から、眼がね越しに見ると、化粧も洋服の着かたも、物馴れしている。顔の様子を見てもフランス語くらいは話せそうな、智的な御面相だ。こんな女に限って人を見下げる。

変な挨拶などするものでない。こちらが、日本婦人を見てなつかしいと思っても、先様はどこの馬の骨かくらいに思ってるに違いない。

俺の方でも、スマしてやれと思って、双眼鏡で湖水の風光を眺めたり、遠い山々の景色に見とれておった。彼女は何かの雑誌を出して読み出した。

◇

マドロス・パイプの煙りを思う存分に吸って、女の方に行くように煙を吐き出して、自分は景色を見るような様子で席を別の窓際に変えてしまった。初老にならんとする男も、旅なればこそこの余興も生まれてくる。

電車はギューギュー音をさせて、牛の歩みのごとく、ゆっくりと山を登りつつある。もう中腹に来ているのだ。ところどころに小さな駅がある。駅の前に可憐な少女が、高山植物を売っている。


(昭和六年九月六日)

＊　連載がいきなり第百回となっており、九十八回と九十九回は飛んでしまったものと思われる。副題の「湖畔の一夜②」と「山上のホテル①」は、当該の記事が見当たらない。

世界一周記（百二）

〈山上のホテル③〉スイスにて

すぐ頂上も近くなってるのだ。偉い洋装の日本婦人は途中から電車を乗り換えてしまった。多分ピラトスの方に行ったのであろう。

山上のホテルが見え出した頃、電車の通るすぐ傍らの山の上に、さっき船の中で騒いでおった小学生は万歳を叫んでいる。電車によらず登ってきた早さに驚いた。

◇

昼近く頂上に着いた。ホテルに外套や身のまわりの物を預けて、裏口から出て頂上に登った。その壮絶な雄大な景色は、到底筆紙に尽くせるものではない。

観光客に登山の人々――いずれも双眼鏡を手にして風光を賞《ほ》めている。電車で一しょになったカトリックの尼は、十字を切って山上に祈りを捧げた。ステッキに写真、色々なモザイク品を山の上にひろげて売ってる商売人が四、五名おった。

ここで活動を写した。カトリックの尼さんの祈りを映画にしてホテルへと引き返した。

◇

中食をすましてから山の上を歩き廻った。そこも、ここも登山者で賑わってる。みんなサンドイッチか何かで叢《くさむら》か岩の上に腰を下して食事だ。

水筒の水を飲みながら愉快に話し合ってる登山隊を見ると、うらやましくなる。彼等はいずれも日暮れ頃まで山上で遊び転げて下山するのだ。

草の上に寝転んでると、学生が三、四名来て「支那人か」と言う。「違う、日本人だ」と言うと、お前の国にはこんな山があるかと尋ねる。日本が山水の国であることを語れば、彼等はホテルの設備はどうかと言う。

これには自分も閉口した。正直にいえば、日本の山水は決してスイスに勝るとも劣りはしない。猪苗代湖でも十和田湖でも中禅寺湖でも、風光において決して遜色ありとは思われない。各々《おのおの》その趣きは異なるけれど、風景として日本には優れてる場所が多い――けれど設備の点においては、スイスの足下にも及びつかない。

◇

「スイスのようではないが、段々こんな風になるだろう」と答えたところ、日本の景色がスイスに似ている事を聞いてるので行ってみたいと言っておった。日本があれだけの風景の国でありながら、どうしてもう少し山を征服しないのか。

スイスの国が、世界各国からの遊覧客で一年中生活し行くことが出来るという事を聞くに及んで、ますます日本も設備を完備して、外人を誘致することは、決して小さな問題ではないと思った。日本もスポーツが盛んになった。

冬はスキー、夏は登山に海水浴――けれどその設備はどうか？　欧州各国を歩いてその点は誠にうらやましいと思った。

◇

日暮れる頃の山上は、又一入《ひとしお》の眺めである。前も後ろも山の上に光りが輝く。湖水を渡る船も電気で綺麗だ。村や街――それが点々として見える。冷気は一時に来る。音響は一つもない。

静かなる事林の如しというが、全く静寂そのもののごとき感じだ。そこに月が照り出して来るのだから堪まらない。真夏ではあるが、日本の秋を憶い起こす。ホテルの部屋にいるものは一人もない。みんな岩の上に腰をかけて、この夜を楽しんでいる。ここに友ありなばと考えざるを得ぬ。九月になると聖母マリヤが巡礼にこの山上を訪れ、山上に朝日を拝し、夕に祈りを捧げたという伝説があり、しかもその遺跡さえもある。それ位に、夜と日の出はリギ山上の一つの名物だ。明日は早く日の出を拝するのだ。十時を過ぎてベッドに入った。

◇

朝は二時半頃に起こされる。三時頃から客はいずれも、星の明かりで裏の小高い所に上る。脚下にある湖も森も――平野も家屋も――みんなまだ深い夜だ。銀雪のアルプスには暁雲がなびいている。朝霧か、雲か判らない。靄というのかも知れぬ。ホテルの付近はそれに包まれている。やがて日は紅く輝き始めた。海上との初日を拝したことは、再度ならずあるけれど山上に朝日を拝するのは、今度が生まれて初めてだ。光りが空に昇り行く大自然の荘厳さは、まさに厳粛なものだ。自分は日本式に柏手《かしわで》で拝した。

（昭和六年九月七日）

世界一周記（百二）

〈南欧点景①野外のダンス〉ミラノにて

日の暮れる頃スイスの国境を越えて、汽車は国境の山なみの間を走っている。山と山とに挟まれた平地には、白樺のような疏林《そりん》が続く。

トンネルをくぐる毎に、山も谷も深くなって、夕暮れはますます濃くなり、星が見え出した。谷あいの急流のあたりに心細く四、五軒の部落などを見ると物悲しくなってくる。

チアソツーの国境に着く前にパスポートの検査があり、荷物も改めるというので、棚の上からカバンを持ち下ろしたがいつまで経っても係員はこない。

◇

しばらくしてから、形式的の取調べが簡単にあった。駅で一時間ばかり停車する。私の列車内にはフランスの婦人が一人、もう二人はどこの国の人か判らない。

薄ら暗い駅には、沢山の人々が珍しそうに汽車の窓を眺めておった。瑞典からノルウェーの山越え、オスロからベルゲンに行く山の列車——その景色はいまだに忘れることが出来ないけれど、このスイスからミラノに出る汽車も自分には忘れ難き旅である。

会津の奥——本名《ほんな》から横田村《よこた》（注：本名、横田村ともに現在の福島県大沼郡金山町の集落）に至る只見川畔の長トロのようなところが幾つもあり、山の上にある一軒家などを見ると無性に懐しく、昔旅した郷山の思い出が胸に迫って来る。

◇

こんな険しい山をよくも汽車が通るものだと思った。横になっても寝ることは出来ぬ。窓に寄って、見上げるような岩山を見たり、見事な瀑布に驚いたりしている中に国境まで来てしまった。

八時過ぐる頃イタリーのミラーに着くのだが、北ヨーロッパを旅しているような感じで、しばらくはパノラマのような山の景色が頭から離れない。涼しい風の吹く山越えの汽車から、ミラノ駅に着くとボヤボヤ暑い風が吹いている。

ホテルの自動車で電気の明るい街をいくつもすぎて、マデステック、ダイヤナーの玄関に下された。

◇

食事をすまして裏のバルコニーに出てみると、裏庭にそれは驚くほどの人々が、植木の葉陰に椅子を寄せて、食事をしている。その中に音楽と共にダンスが始まった。戸外に踊り狂う南欧の美人——服装はあくまで濃艶だ。瞳は黒みがちの青。髪の毛も黒い。

日本人好きのする女はタンゴを踊る物腰、恰好は実に肉感的である。

◇

室内で踊るよりも、夏の夜に屋外で踊るところも面白い。さっそく階段を下りて、その庭に出た。レモネード一杯を注文して暫時この雰囲気に浸った。

九時過ぎからは更に多くの男女が入り込んで十二時までは踊り狂うのだ。部屋に帰っても暑くて眠れない。

年前も憚からず踊りの仲間になって、自分も二、三度踊った。正面の舞台のような所には電気仕掛けの水が涼味を送る——赤、青、紅と電気は明るくなったり、暗くなったりする。

◇

踊っては飲み、休んでは又踊る。欧州至るところダンス、ホールは賑わっている。けれどミラノのように室外でこの賑やかさは外では見られない光景である。

ただ十二時過ぎまでは踊ることが出来ぬ。巴里やベルリンなどは終夜、踊り明かすのであるが、ここはムッソリニー（注：当時の国家ファシスト党独裁指導者、イタリア首相）の取締りが厳重でそれだけは許されない。

彼等は時間のくるのを惜しみながら、盛んに踊っておった。ここに来て踊る階級は必ずしも貴婦人とは限らない。貴婦人を装う売笑婦も入り込んで踊っている。

◇

イタリーではフローレンスよりもローマよりもミラノが一番売笑婦が多く、ダンスが盛んであるらしい。十二時の時がくる頃は、彼等は狂せんばかりに踊って、むしろ狂態を演じてその夜の終わりを楽しんでいる。

（昭和六年九月八日）

世界一周記（百三）

〈南欧点景②イタリーの女〉ミラノにて

ムッソリニーが就任第一に断行したことは、乞食を少なくする事と売笑婦の取締りであった。伊太利にゆけばストリート・ガールはいませんよと教えられたが、ミラノの一夜に展開されたイタリーの第一印象はこの教えを完全に遺憾ながら裏切った。

ダンス場の中、ホテルの付近、――多い魔性の女に驚いた。ヨーロッパで公娼制度を行っているのは、恐らく伊太利だけであろう。

しかるにまだこの私娼を充分に取り締まることは出来ぬらしい。ベビー、ゴルフを行《や》ってダンス場から帰ろうとすれば、後をついて来る女性がある。英語で話しかけるので、初めのうちは自分でないと思っておったところが、ホテルのパーラーに待ち受けてるのがこの女性だ。そしてこの椅子に腰をかけろという。

◇

どんな事をいうものかと好奇心にかられた自分は、言うがままにそこに腰を下ろした。するとフランス語を話せるかと訊ねる。

「フランス語は話せないが、ロシア語なら話す」と例の手でスパシポーをやってみた。女は困ったような顔付きで何か伊太利語で話すけれど、こちらは少しも判らない。

今度は片言まじりの英語で「愉快に遊びましょう」ウービーと来た。「言葉が通じないで遊んでも面白くない」と言ったら「大丈夫よ、イタリー語など知らなくとも」何が大丈夫なのか自分には判らない。自分はサッサと部屋に入ってしまった。

◇

こんな事は戸外を歩いてると、いくらもあることだ。ただイタリーでちょっと変わってる事は、ロンドンや巴里と違って、貴婦人と売笑婦との見分けがつかぬことだ。ピッカデリーやシャンゼリゼで見る彼地の魔物は一目でわかる風をしているけれど、伊太利はかなり巧みに作っているので、はは あ、これは怪しいというように、一目で旅人が判るというわけにはゆかない女が多い。

一つは伊太利の女が美人であって、ロンドンや巴里、ベルリンのように艶の悪い女がいないせいかも知れぬ。どうして南欧の女がこんなに綺麗であるかは自分にはわからない。

日のカンカン照る時でも、傘をささずに彼等は歩いてるけれど、それで鼻の頭を赤ヤケにしている者は一人もない。これが日本人であったら、日ヤケして見られたものではない。欧州で何といっても美人の多いのは伊太利だ。

◇

ミラノで見なければならぬものは、ヴォモ寺院（注：ミラノ大聖堂）と世界一という墓地だ。墓地といってもまるで美術館のような作り方だ。そこに詣でると、多くの婦人が手に花を持って墓参りをしている。男が少なくて女が多い。

黒絹の洋服を着た一婦人が墓標の前で、しきりに祈っている。欧州戦争で戦死した人々の家内であろう。見ていると永い事祈って、立上がろうともしない。この墓地でこんな光景を沢山に見た自分は、どこか日本の女性に似寄っているところがあるように思った。

たしかに伊太利の国民性は、わが日本に似たところがある。

◇

対象物があっての貞操だ。対象物が失せてしまって、そこに貞操があるものかと考える。ドイツの女性やフランスの女は貞操観念が違う。

対象物である夫が戦死しても、独身で一生を亡き夫に捧げて、侘しくもその半生を過ごしていく――それが貞淑な女性であると考えて、操を守りゆく日本婦人と伊太利の女に似たところがある。

ミラノは別物として、フローレンスやローマは絶対的に私娼がいないらしい。私娼を極度に取締まって、公娼制度にしているところも日本と同じだ。これは女に対する考え方が同一であるところより来た一つの現象であろう。

（昭和六年九月九日）

【解説】この連載でたびたび「欧州戦争」のことが触れられる。この一編でもイタリアの墓地に多くの婦人が詣でている。第二次世界大戦が勃発するまでは、世界大戦あるいは欧州大戦とも呼ばれていた第一次世界大戦（一九一四年～一九一八年）のことである。菅家喜六が欧州各国を訪れたのは、それからまだ十数年後のことである。

世界一周記（百四）

〈南欧点景③〉ベニスのゴンドラ・ミラノにて

水郷ベニスは昼に見る場所ではない。埃だらけの平野を走った汽車は、海の上にレールを敷いた道をベニスへと着いた。

ミラノからベニスの列車の中は、暑くて窓を開けずにはおられない。窓を開けておれば、顔といわず髪といわず、身体は埃だらけになってしまう。その不愉快なことは話の外だ。

イタリーは夏来るところではない、とある本で読んだが、全くその感が深い。旅ばかりでないが、すべて第一印象というものは大切である。初めての感じ、印象が終生を支配することがある。

◇

そのイタリーに来て、伊太利はごみっぽい、きたない街の多いところだと印象づけられると、容易にその感じはとれない。

春の野に百花乱れる時にここを訪れなば、恐らくはイタリーの独特な景色に魅せられることであろう。

自分はベニス行きの列車中で、つくづくこのことを考えた。桑畑――果実園――その間に見える人家――いずれもひからびたような感じしか与えない。山野は朝鮮の釜山付近を見るようだ。

更に列車がベニスに着いて、名物のゴンドラに乗ってホテルへと行くのであるが、水郷といわれるベニスだけあって、水は多い。けれどその濁った黒い汚い悪臭のたる水面をノソリノソリ舟を漕がれるのでは、いかにベニスを――ゴンドラ――を美化しようとしても及ばない。

海の上にある街のことであるから、道路のないことはもちろんで、すべて水路をゴンドラかモーターボートによって通行するのだ。日陰の路地を通る時に、汚れが家の中から流される。高い三階の窓から紙屑など捨てる者があったりして、下を通るゴンドラに乗っている客はうっかりしておられない。後からボートが荒い波を立てて走ってくると、汚い水が船べりを打って中にしぶきが飛んでくる。いやな思いをして二、三十分もホテルまでかかる。ホテルは綺麗で海から吹いてくる涼しい風で気分はよいけれど、夜になって蚊の多いのに又閉口する。人並み以上に蚊のきらいな自分は全く弱ってしまった。欧州の旅で蚊帳《かや》を吊ったのは初めてである。

◇

部屋から飛出してベランダに出た。十幾艘かのゴンドラが波に揺られて音をたてている。向かい側の家々に燈《ともしび》がついて、その光が水に映って見事だ。ゴンドラを雇入れて、夜景を見るために出かけた。やはり夜のベニスを見なければ駄目だ。夜は水も綺麗だし、イタリーの唄などをゴンドラで聞かせている。キラキラ水に映る燈はどこでも見ることの出来ないベニスに展開される異国情調である。ゴンドラに揺られながら静かに唄を聞こう。

紅い唇をキッスしな。
明日はあなたが死ぬかも知れぬ。
月を眺めてキッスしな。
明日は私しが逝くかも知れぬ。
恋は若いうち血の燃ゆるうち。
せな様御座んしょゴンドラへ――

波の上——◇

街の中を一時間もかかってゴンドラはホテルに帰るのだ。日本金にして料金は十円だ。水路にはどこにも石で造った目鏡橋が架かってある。細い石を敷きつめた家々の間にある細い路地をドヤドヤ散歩の客が歩いてる。海辺に椅子を出したカフェーがある。

マンドリンを弾いて盛んに唄ってる男女がある。名物ガラスの陳列、いろいろなモザイクを売る店、雑然たる中を歩いて見た。品物はガラス器を除いては粗製品ばかりだ。

商人も悪ずれして、こずるいところがある。うっかりすると馬鹿に掛値をし、マヤ物を売りつけられる。店をのぞいても一寸外見は綺麗に出来ているけれど、品物は悪い。

（昭和六年九月十日）

世界一周記（百五）

〈南欧点景④〉リドの海水浴・ミラノにて

朝——。

サン、マルコの広場を、見物した。浅草観音様前の賑わいのようだ。石を敷き詰めた大広場で、その周囲にはレストランや商店が軒を並べておって賑やかだ。

広場の前にサン、マルコ寺院がある。驚くほど沢山の鳩が飛んでいる。寺の内部には、全世界におけるあらゆる種類の大理石を網羅している。

この寺院の右にある大時計塔は実に珍しいものである。時間と日が刻まれており、二つの扉に挟まれた聖壇があって、マリヤの像が彫刻されてる。

一時間ごとに、聖母の右手にある扉が開いて一人の天使が現われ、つづいて三名の男女が出て鐘を打って時を知らせるのである。

◇

ここからボートでガラス工場を参観してから、有名なリドの海水浴場を見ることにした。

外敵を防ぐために、海上に都市を形成したというが、なるほど市街のことごとくが海水の中にある。水の汚いことは前にも言った通りであるが、リドに行くモーターボートは濁った海水の中を速力を出して漕ぐ。

――三十分ばかりでその海水浴場に着くのであるが、中頃にベニスの墓地が海上に浮かんでいる。そしてその付近にある教会の窓から一人の牧師が顔を出して、自分等の乗っているボートを眺めている。

私はハンケチを出してふって見たところ、この牧師は手を上げてこれに答えておった。

◇

この付近は海水が汚いばかりでなく、海が荒くて海水浴には不適当なものと見えて、泳いでる者は一人もない。ただ漁師が、何かしら裸で盛んに海水に潜り込んでおった。

リドの海岸はアドリアチック海に臨んだ誠に静かな海岸で、ここには、アメリカ人に依って立派なホテルが経営されており、年々夏季には幾万の外人が避暑に来るらしい。

今年は不景気で客も少ないですとホテルのボーイが語っておったが、それでも千人近くの人がこのホテルに泊って海水浴をしておる。ホテルの前は専属の海水浴場で、外部からは来ることが出来ない様になっている。

階段を下りるとすぐ海だ。海辺には海の家とでもいうように一坪ばかりの家が建てられてあって、一ヶ月十円で借りることが出来る。そこに家族が集まって、蓄音機をやったり、トランプで遊んだりしては海水浴をやるのだ。

◇

昼少し過ぎる頃着いたので、客はみんな昼寝の最中だ。泳いでる者は一人もない。しばらくして三時頃から、ゾロゾロ海水浴着のまま沢山の人が出てくる。自分は活動写真機を据え付けて、これを待ちもうけておった。肉体美の女が肌もあらわに、海水に飛び込む姿は実に見事だ。しばらくは肉体の洪水といってもよい位に盛んになる。

それが老いた女も男も、若い者と一しょになって浴びているのだから面白い。

自分も海水着で飛び込んでみると、一人の外人が私に話しかける。日本人だろうと言う。「イエス」と答えたら、

「鎌倉の海岸はいいですネ」

と言う。日本を知ってるのかと聞いたら、横浜に五年いたという。それから海水の中で片言交りの日本語で二人は話し合った。

◇

アメリカ人らしい。盛んに日本を讃美している。悪い気持ちはしない。

一体に日本に住んだ多くの外人は、みな日本に好感を持ってるように思う。ロンドンでも食堂で一人の老人に、日本が懐しいといって話しかけられた事がある。

その時くらい愉快なことはないと同時に、日本という国を知らないような奴に出会った時くらい不愉快はない。自分はこのアメリカ人と連れ立って、その夜ホテルのバルコニーでビールを飲みながら故国の話に夜を更かした。

（昭和六年九月十一日）

世界一周記（百六）

〈南欧点景⑤〉死都ポンペイ・ミラノにて

ヴェスビィオの大爆発に灰をかぶり、地中に埋没した死の都ポンペイを訪れたのは七月の半ば（注：ここでも七月の半ばとあるが……）――南欧のブドウ畑に強い日光がキラキラ照る日であった。

電車でナポリから約四十分、降りるとすぐ案内人がウルサク付きまとう。しかも英語、仏語、支那語、日本語で何かかにか言ってこられるので、ことの外うるさい。

ここには日本で有名なアントニーという日本語の巧みなガイドがいる。大抵の日本人はナポリからこのアントニーの案内で来るから、乞食同様の目前の案内人にたよる必要はない。ナポリから一時間毎に観光列車が着く。

◇

一日に幾百人の見物人か知らないが、団体で五、六十人ずつ列をなして見て歩いておった。下居春日氏の著書で昔から予備知識はあったけれど、訪ねてみて予想に違う所もある。

紀元七十九年に埋没したこの死の都が発掘されたというのだから、地檀よりずっと低く関東の大震災跡のように灰神楽（注：火の気のある灰の中に湯水をこぼした時に舞い上がる灰けむりのこと）がボヤボヤしているのだろうと思ったところ、その片づいた綺麗な街の跡を見て驚かざるを得なかった。

小高い丘のような所に登って見ると、青々とした平野、野菜畑、紫玉のブドウ畑が連らなっている。道は坦々として幅こそ狭いけれど立派な市街だ。

◇

うねうね横町を除けば、全部直線の道路である。そして主要な部分には水道の共用栓が設けられてある。水汲みに行った人々のために石の水溜がすりへっている。

住宅はほとんど二階建であって一階は煉瓦と石、二階は木造であったため、噴火当時二階のみ焼け落ちて、一階の石や煉瓦の部分だけが灰に埋れたまま今に残ったわけである。

表通りを全部一廻りしてから裏通りを見物し、ネロの門や、アポロの神殿、遊女屋、富豪であった住宅、劇場や有名な壁画、牢獄、共同の浴場、墓地、居酒屋などを見物した。

（昭和六年九月十二日）

世界一周記（百七）

〈南欧点景⑥〉死都ポンペイ・ミラノにて

住宅の建築、道路、水道、劇場、広場（公園）などを見て、その時代にどうしてこんな整然たる都市計画が出来たものかと一驚せざるを得ない。

入口に管理人がいるし、中にも所々に看視人が立っている。取締りも管理もよく行き届いている。

考古学的の知識に乏しい自分等にも、興味深い多くのものを見せられた。戸外での撮影は自由で、内部を写すに特別な許可が必要なだけで、その点もあまり八釜敷《やかまし》くない。

◇

その日は五、六百人に近い人々が見物しておった。いずれも珍しい古代文化の跡をカメラにおさめている。こげつく様な暑さの中をみんな案内人に連れられてゾロゾロ歩く。

夏休みなので、男女の学生が案内書を携えて見物している。円形劇場の広場にある石の上に腰を下していると、一人のアイノコらしい青年が私のそばに来て、流暢な日本語で話しかけた。

聞けば神戸に生まれ、二十年も日本の生活をしたのだという。父は神戸に神学校を開いているアメリカ人である。

◇

二ケ月の予定でヨーロッパを回り、アメリカに一ケ月を遊んで又神戸に帰るという話をしておった。青年は案内人を雇わず、父が昔旅行した際に用いたペデカ（注：案内記か）一冊を携えて欧州の山河を一人旅して来たのだ。気楽に、そして暢気に自由に簡単な旅を一年に一度ずつやる彼等の生活を私はうらやんだ。内地の修学旅行に一泊や二泊することにさえ非常な手続きを要する日本の学生は、誠に気の毒である。

旅によってうくる自然の知識と常識——それは教室内にあって導けざる何物かが得られるに相違ない。おそらくは、吾等の子供が青年に達する頃は、あげて一人旅に上る時代が来るであろう。

（昭和六年九月十三日）

世界一周記（百八）

〈南欧点景⑦〉死都ポンペイ・ミラノにて

有名なベッチ（注：イタリアの数学者、エンリコ・ベッチか、あるいは？）の家を見物したが、中に入ると昔を偲ばせるように、庭園も花壇を設け椅子やテーブルを設けてあるので、何だかついこの頃立退いたばかりの家を訪れるような感じがする。私には判らないが立派な壁画が沢山にあった。

奥に入って左に折れた所にベネリウムがある。恋愛室と呼ぶのだそうだが、この部屋だけは女人禁制である。中に入ると春画が壁に二つ掛かってある。

古代における都人士の露骨な性欲生活がしのばれる。男達がドヤドヤ出て来ると、部屋の外に待っておった女の人達は声を低めて、

「何があった――」

と聞くらしい。聞いて彼女等は、

「ホウ――」

と言ったまま笑って顔も赤くしない。

◇

みんな奥の方に進んで行くのに、一組の夫婦らしい子供を連れた西洋人だけが、その恋愛室の前に居残った。自分はいささか疲労したので、そこの近くにあった椅子に腰をかけて休んでおると、その西洋人は看守人に何か交渉しておる。

二つ三つ押問答しておる中に、看守人は鍵を持って恋愛室にこの夫婦を導いた。七歳ばかりの男の子だけがそこに残されておる。しばらくして男女は出てきた。

いくらかのチップを番人にやって、戸外に子供を連れて出て行った。自分は日本の婦人には出来ない芸当であると考えた。

◇

巴里で名物の金はさみの見物に行った時も、数名の女が見物人の中におったのに自分は目を丸くした。

「どうして、こんな所に女が見物に来るのだろう——」

その疑問はいまだに解けない。春画を夫婦して見る心理は何《ど》んなであろう。西洋人であれば、なんでも偉いと思う考えは、この一事でもすてなければならない。


（昭和六年九月十四日）

【解説】百回を越えた「世界一周記」の連載も、どこか急ぎ足になってきた。

世界一周記（百九）

〈南欧点景⑧〉死都ポンペイ・ミラノにて

船中デッキでリンゴを立食いしてる西洋人の婦人を見て、自分はいやしいと思った。巴里で変態性欲倶楽部を覗いた時も、マスクをかけて見物に来る婦人を見て、いかなる階級の人々であろうという疑いと興味がわいてあった。わずか八十銭の金で金はさみの曲芸を見せる巴里の女は、性欲生活においてはたしかに靡爛《びらん》しておる。

◇

それは一部の賤業婦に過ぎないけれど、日本の賤業婦にこんな者がいるであろうか？　その点において日本の女性はたしかに正しい。

日本の婦人で夫婦そろって春画を見ようと夫に進める女性はあるまい。

洋装した西洋婦人を偉いとおもう誤まれる価値観念は、捨てなければならぬ。日本を見渡すとすべてが西洋かぶれで、しかも悪いところのみが流行として流れ込んでるではあるまいかとおもわれる。

◇

二時間ばかりで見物は終わる。すぐ前にあるホテル、スイスエハガキや写真を買って一休みする。それから電車でベスビヤスの火山（注：イタリアのカンパーニア州にある活火山、標高一、二八一メートル）に登ることにしよう。

帰途電車の中を見れば沢山の日本人だ。

みんな十一日に出帆する照國（てるくに）丸に乗る人らしい。けれど外国を歩いてる日本人は決して同胞に話しかけない風がある。こちらで日本人を懐かしいとおもっても、先方が馬鹿に気取ってると何んとなく話かけづらい。

つい顔を見合せてもそのままになる事が多い。あるいは先方でもそう思ってるのかも知れないけれど、自分にはそれが、何となく不愉快であった。更に旅なれのした人であればある程、そんな態度が多い。

うっかり、やさしく言葉をかけられたと思えば、怪しげな品物を売る、いかがわしい日本人ばかりだ。こんなこまかい所にも、国民性の欠点がよく現れてると思う。

（昭和六年九月十五日）

【解説】こうして連載はまだまだ続くように思われるのだが、ところがぷっつんとばかり菅家喜六の「世界一周記」

はこの昭和六年九月十五日付けで途絶えてしまう。

どうもおかしい。第八十九回の連載の中でも、菅家喜六はベルギーからイタリア、ギリシャ、モナコを回ると書いているのだが、このあとの新聞をひっくり返してみても九月十六日以降、十月になっても十一月になっても連載は見当たらない。筆者は十一月二十二日までの新聞を点検してみたが、菅家喜六が帰国したという記事さえも見つからなかった。

ずっと後の平成七年に編さんされた百年史では、冒頭で紹介したように「連載は百二十回にわたり……エジプトなど中近東、インド一帯、マレーやシンガポールなど東南アジア各地を歩く」と取り上げているのだが、連載が見当たらないということは、いったいどうしたことなのか？

それで筆者の頭をよぎったのは、連載が途絶えた四日後の新聞記事である。昭和六年九月十九日の福島民友新聞は「満州事変」のぼっ発を慌ただしい号外などで緊急報道、さらに九月二十日の新聞は「戦争」という大きな見出しを立てて新聞のすべてを満州事変の報道で埋め尽くさなければならない事態に遭遇したのである。

大事なことなので、当時の新聞の一部をここに再現してみたい。

日支両軍、遂に交戦
支那軍は満鉄線を破壊し、わが守備隊を襲撃。
若松第二十九聯隊応戦
「奉天十九日午前零時発電通＝十八日午後十時五十分頃、奉天駐屯軍一個聯隊（若松二十九聯隊）の我が鐵道守備隊は支那北大營の東北軍第一旅の兵と大衝突目下激戦中。日支両軍衝突の奉天歩兵二十九聯隊（若松）及び独立守備隊は左の如く各部署についた……」
「奉天特務官十八日午後十一時十一分発、十九日午前一時五分陸軍省着電＝十八日午後十時頃、奉天北方北大營西

側に於て暴虐なる支那軍は満鉄線を破壊し我が守備隊を襲ひ、馳せ付けた我が守備隊の一部と衝突せるとの報告あり。奉天独立守備隊第二大隊は即時現地に向け出動中なり」

「大連十九日午前四時十分発＝支那側が満鉄線爆発に我が守備隊襲撃は支那将校の率きゆる軍隊により為され、其の兵力より見るも明かに計画的である事を立証さる。支那兵は我が軍の北大營占領と共に応援隊を派し、抵抗を続けてゐる。本庄関東軍司令官は遼陽駐屯第二師団に出動命令を下し、奉天に増派する事となった」

ちょうど菅家喜六がヨーロッパを歴訪して「世界一周記」を連載する最中、九月十八日に中国・満州を舞台に日支両国最初の軍事衝突、すなわち満州事変がぼっ発したのである。当時の新聞各紙は連日、この軍事衝突の報で埋め尽くされ、国内外に大きな緊張が走ることになった。

しかもその奉天には軍都若松に連隊本部を置く陸軍第二師団歩兵第二十九連隊から連隊長の平田幸弘大佐以下約二千六百人が出兵しているので、誰しもその安否が気遣われる。

いよいよ戦争が始まったのである。福島民友新聞は九月二十日の新聞でわざわざ特大活字の見出しで「戦争」と報じたほどだった。だからもう「世界一周記」の連載どころではない。連載を中断せざるを得ない、そんな緊急事態に遭遇したのではないかと思われるのである。もうひとつ、イタリアで死の都・ポンペイを視察したあと菅家喜六がどのような旅のコースをたどったのか、筆者には定かではない。

ただひとつ、ヒントと思われるのが九月十五日の連載の中で記されている「照國丸」、当時の日本郵船が欧州航路で就航していた貨客船のことである。連載の中で「(沢山の日本人が)みんな十一日に出帆する照國丸に乗るらしい」と書いている。ひょっとすると、菅家喜六もこの照國丸に乗り込んで、海外各地へ寄港しながら日本へ帰国の途についたのではないかと想像するのだが、はたしてどうであろうか——。

このことが気掛かりになって、「照國丸」を運航していた日本郵船の歴史博物館(横浜市)より当時の欧州航路について詳細なレクチュアを受けることにした。

それによれば、当時の欧州航路は、横浜—上海—香港—シンガポール—コロンボ—スエズ—ナポリ—ジブラルタル—ロンドン—アントワープ—ミドルスボロー—再びロンドン—ナポリ—スエズ—コロンボ—シンガポール—香港—上海—横浜のコースで運航され、全体で四か月半から五か月を要した。そして照國丸のほかに香取丸、鹿島丸など合計十隻を配船し、逐次二週間おきに出港していたのだという。博物館から昭和六年当時の詳細な運航スケジュールが送られてきた。

問題の「(沢山の日本人が)みんな十一日に出帆する照國丸に乗るらしい」という菅家喜六の記述だが、同歴史博物館では「照國丸は七月十一日に(ポンペイより少し北の)ナポリに寄港しており、これに乗船されたのではないでしょうか。八月中のナポリ寄港船は榛名丸(九日)、香取丸(二十三日)しかない」という。つまり、該当する照國丸のナポリ寄港は七月十一日以外に見当たらないのだという。

筆者は当初、これを「八月十一日」と読んでいたのだが、どうやら「七月十一日」だったようだ。連載をよくよく読めば、たしかに第百六回で「自分が死都ポンペイを訪れたのは七月の半ばだった」という記述がある。

また後年、菅家喜六は「欧州からの帰り、照國丸で上海に上陸した」という記事があることから、やはり七月十一日ナポリに寄港した照國丸に乗り込んで帰国の途に着いたというのが正解のようだ。

なお昭和六年の満州事変だが、当時の福島民友新聞はこれを「戦争」という大見出しで報じたことが問題視され、軍部から叱責を受けることになる。このことについては拙著『吾等は善き日本人たらん』(平成二十六年、歴史春秋社刊)で詳しく取り上げているので、ぜひ参照願いたい。

第六章

その後、社長時代の菅家喜六

菅家喜六が「世界一周の旅」に出た昭和六年というのは、福島民友新聞社において「顧問」という肩書きであった。後に第六代社長となる彼が――なぜそんな微妙な、閑職の立場にあったのかを少し説明しておきたい。

そもそも大正五年に入社した菅家喜六は、この新聞を創刊した自由民権運動の指導者で衆院議長まで務めた河野広中《こうのひろなか》（一八四九～一九二三）の信奉者で、野党系の憲政会派に属するジャーナリストだった。県央部の郡山支局を任されていて、新聞記者のほかに県議会議員、郡山市議会議員を兼ねていたことはすでに書いた通りである。

ところが大正十四年、新聞報道の主義主張をめぐって真っ二つに分裂する。すなわち河野広中と憲政会派の立場を取り続けてきた福島民友新聞が、どうしたことか政友会寄りの主張に転換する。「おかしいではないか！」と反発した人々が袂を分かち、新たに憲政会派の主張を継承する「福島毎日新聞」を創刊することになる。この福島毎日新聞の旗に参加し、同紙の専務取締役として指揮を執ったのが菅家喜六である。

菅家喜六らにとっては、われらこそ自由民権運動以来の伝統を受け継ぐ正統派だ、という自負があったに違いない。一方、政友会寄りの立場に舵を変えた福島民友新聞で指揮を執ってきたのは、同紙の専務取締役だった田子健吉《たごけんきち》（一八八九～一九五八、のち戦後復刊時の第七代社長）というジャーナリスト、実業人である。

五年余の分裂を経て昭和六年、この福島民友新聞と福島毎日新聞が再合流し、元の福島民友新聞に戻ると、双方の指揮者であった菅家喜六と田子健吉はともに「顧問」という立場に押しやられ、経営の第一線から離れることになるのである。相対立した二人だからこそ、まるで喧嘩両成敗のような形で責任ある立場には就くことが出来なかったのではないか、とも思われるのである。

しかも菅家喜六の場合、「世界一周記」の連載の中でも触れたように昭和二年の安積疏水疑獄事件に連座して獄窓に送られたことが、尾を引いていたようにも思われるのである。

したがって、菅家喜六が「世界一周の旅」から帰国しても福島民友新聞の責任あるポストにはなかった。ずっと新聞経営の第一線から遠ざかったままの日々が続いたはずである。この間はもっぱら、郡山市議会議員・副議長や郡山商工会議所議員として手腕をふるっていたのかもしれない。

その菅家喜六が晴れて福島民友新聞の表舞台に立つのは、五年後の昭和十一年のことであったと思われる。自身の年譜には「昭和十一年五月以降、福島民友新聞社社長等を重任」と書いている。この年菅家喜六は四十二歳だった。一方、百年史においても、昭和十二年十月の項で「社長だった氏家清が死去し、副社長菅家喜六が社長職務を代行する」という記載が見えており、この昭和十一年・十二年あたりから実質的なさい配をふるっていたはずである。

なお百年史の「歴代役員名簿」は次のように菅家喜六の役職を記している。

▽昭和六年~九年＝顧問
▽昭和十年＝取締役
▽昭和十一年＝取締役副社長
▽昭和十二年＝取締役社長職務代行（氏家清社長死去に伴う）

その昭和十二年になると、福島民友新聞の第一面に連日、「随筆・隈畔《わいはん》より」というコラムが登場する。書いたのはその菅家喜六である。隈畔とはよく知られた福島市を流れる母なる大河、阿武隈《あぶくま》川とその畔《ほとり》のことである。よく読んでいくと、彼自身の考え方や新聞社における日常というものが彷彿と浮かんでくる。

以前の「世界一周記」に通底するものが感じられるので、その一部をここで取り上げてみたいと思う。なお、この昭和十二年の「随筆・隈畔より」の一部も、福島県大沼郡昭和村の菅家喜六の生家に残されていた「世界一周記」の連載と一緒にスクラップとして綴られて、今日まで長く大切に伝えられてきたことを付記しておきたい。

随筆「隈畔《わいはん》より」(一)　昭和十二年八月二十四日

▽秋の声

今日の雨ですっかり暑気も去って、秋らしい風の触りを感ずるようになった。いくら残暑が烈しいなどと言っても、立秋からの秋を知らせる風のさわりはまた格別である。朝夕窓を打つ風の音も初秋の知らせである。内庭にすだく虫の音に、私は粛然と秋の声を聞いた。

もう旧盆もすんだ。萩、女郎花《おみなえし》、ききょうと秋草は乱れ咲いてるけれど、一雨ごとに淋しさをましてゆく。季節の変化は、田舎にいる私どもが一番と強く感ずることが出来る。月天心に澄む秋の夜、友と開成山《かいせいざん》(注：郡山市の開成山公園)を漫歩した去年の秋を私は思い起こした。南町通りの裏には、とうもろこし畑があって、秋風がカサカサ音を立てておった。会津の奥に生まれた私はこの風の音が好きである。旧盆すぎのこの風の音こそ、わびしさを感ずる秋そのものの姿ではあるまいか。もうすぐに渡り鳥の声が聞けるようになるのだ。窓前の虫の音を夜もすがら静かに聞こう——。

▽亡父を想う

秋になれば思い出は多い。

ことに子供時代の会津の田舎が懐かしく想い出される。そして、亡き父の面影がヒシヒシと私の胸を衝いてくる。野尻河畔の寂寞な杉の木の下に静かに眠ってる亡父を想えば、地にふして泣きたいような気がする。あの時、ああもすればよかった、なぜ今一度帰って喜びの父の顔を拝さなかったであろう——。

私は村はずれの橋のたもとに立って、朝霧の中に私の姿が消えるまで、眼をうるまして見送っておった父の姿が、ハッキリと浮かんでくる。世間的に知られもせぬ愚かな親ではあったであろうけれど、それだけに私は父が懐かしくてならぬ。

父の危篤の電報を受け取ったのは、北の旅をつづけてる時であった。弘前城跡の桜花は晩春の雨風に淋しく散れておった。議長会議の席上に相次いで「帰れ」の電報が私を待っておった。もっと早く走ってくれないかと思うほどに、私は汽車の中であせりながら、一昼夜一睡もせず、会津の故山に急いだ。静かに眠る父の姿――。私は合掌した。そして、泣けるだけ泣いた。

一生を通じて再びと来ないこの悲しみ、想い出は決して尽きるものではない。

父の好きな、ききょうの花が咲いてる。夕暮れの縁先に立って空を見ている父の姿は、もう見ることが出来なくなった。

今年の秋は帰国しても淋しい。

【解説】菅家喜六の随筆を読ませていただくのは、むろん今回が初めてである。この八月二十四日以前に、このような随筆の記事があったかどうかも判らないが、たまたま発見できた最初の連載が、この「秋の声」「亡父を想う」と題したこの記事である。

菅家喜六が故郷の父や母に想い寄せた言葉は、昭和六年の「世界一周記」にもたびたびと綴られている。六人きょうだいの末子であったせいか、よほどの親思いであったことが偲ばれる。その父・長吉も、この一文を書いた昭和十二年には、すでにこの世を去っている。「議長会議で弘前に出張中に、チチ、キトクの電報を受け取った」と書いていることから、あるいは郡山市議会副議長の職にあった昭和十年あたりのことか……。

なお連載の通し番号は、あくまでも抽出したものに便宜的に付けたものであることを申し添えておきたい。

随筆「隈畔《わいはん》より」（二）　昭和十二年八月二十五日

▽魅力の隈畔

十幾年か北海道に生活している友人が、帰国の途、突然に私を訪れた。その日は百度（注：華氏による気温）に近い。今年になって初めての暑さといわれるほどに、酷しいカンカンと太陽の照り付ける日であった。どっかで昼食でも共にして、昔話でも交わそうとしたのに、友は一汽車だけ下車したのだから、時間もない。隈畔だけ歩かせてくれないかという。

慌ただしい生活の私は、遂と朝夕の散歩もしたことはない。今日は久しぶりに二人で隈畔を郷里の話など語りながら歩いた。暑い日ではあったけれど、水の流れ、吹く風、どことなく静寂な秋らしさがあった。萩の花など咲いている庭のところを通って土手を下に歩いた。何という魅力であろう。友はここを憧れて、福島に下車したのだ。師範（注：隈畔にあった福島師範学校のことか）の学舎に四年の星霜を過ごした彼にとっては、忘れ得ぬ第二の故郷なのであろう。

『隈畔も変わりましたネ』

といかにも感慨深げに、渡利（注：阿武隈川の対岸）の方を眺めながら私に囁いた。

▽焦立しい悩み

新聞経営の第一線から退いて、今は実業界に雄飛しているTとしばらく振りに一夕会談した。Tの話によると新聞を離れて一番喜ばれたのは家内からであったと告白する。

地方新聞の経営ほど六つかしいものは恐らくあるまい。朝に夕に焦立たしい事のみである。朝刊の刷り上がるのを見て、家に帰る。もうすっかり精神も肉体も疲れ切って、読書する勇気など起ころう筈はない。結局は何かについて家内に当たり散らすことになる――それが無くなったというのである。私は全部頷けた。

野に咲く一片の百合を羨むのも、空飛ぶ鳥に思いを寄せるのもあり得る心理であると思った。ソロモンの栄華も野の百合の花に及ばなかった。苦しみも、悩みも、焦立たしさも吾等は忍従するであろう。死後には苦しみはない。苦しみは生にのみ与えられたたまものである。強く静かに生きよう。悲しみと、焦立たしい苦しみ。それを忘れようとすれば、悟りの扉は拓かれぬ。秋の夜長に清晨《しん》を待つ人のように、静かに吾等は苦悶の足音をなつかしむであろう

▽**秋の旅順口**

友と旅順口（注：明治三十七年の日露戦争で激戦となった軍港、現在の中国大連市）を訪れたのは、ちょうど今頃であった。二人は東洋一の旅大道路をドライブして、大連から旅順に出た。案内者もなく水師営から白玉山、それから二〇三高地と、汗だくだくになって戦跡を歩き回った。日露の役からは既に幾十星霜を経ているのであるが、塹壕も砲塁も昔のままになっている。山の頂上まで自動車が登る。二人は山頂から遥かに旅順口を見下して感慨に耽った。よくも日本軍はここを占領したものだと思われる。幾千幾万の精霊はこの地に埋もったけれど、その尊い犠牲こそ三十余年を経た今日、満州国の独立（注：昭和六年の満州事変のあと、翌七年三月に「満州国」の建国が宣言された）となって、新しい天地を吾等の前に展開するようになった。私は旅順口陥落の声に小旗を振って、雪の深い鎮守の森に参詣に行った小学生当時のことを想起した。

帰りは二人で歩いた。道端に白い野菊が咲いておった。一木一草――それは涙なくして見ることは出来ぬ。私は今秋の旅順口を想い出している。もう鶉（注：うずら、キジ科の鳥）が採れる頃であろう。

【解説】この一編に登場するT――新聞経営の第一線から退いて今は実業界に雄飛している――というのは、恐ら

く内紛分裂時に福島民友新聞専務取締役として指揮をとっていた田子健吉（一八八九〜一九五八）のことであろうか。その田子健吉がしばらく振りに訪れて、菅家喜六と一夕会食を共にしたらしい。そして一緒に旅順口の戦跡を訪ね歩いたことを懐かしんでいる。

「世界一周記」の中でも書いたように、田子健吉も昭和四年十月に満州一帯を視察に出向いている。そうだとすれば、菅家喜六も同道だったことと符号するのではないかと思われる。その昔、旅順口陥落では当時小学生だった菅家喜六が小旗を振って雪深い鎮守の森を参詣した、という思い出を綴っている。明治二十七年生まれの菅家喜六は、当時十歳になっている。また、福島民友新聞では明治三十八年一月二日に「旅順口陥落」の号外を出した、という記録が百年史に残っている。

随筆「隈畔《わいはん》より」(三)　昭和十二年八月二十六日

▽こおろぎの鳴く頃

庭にこおろぎが鳴いてる。芝草のどこかでコロコロと鳴いてる。それに和して名も知れぬ無数の虫が、伴奏する。こおろぎの鳴く声を聞けば、私は母を想い出す。亡き友を偲びたくなる。八町温泉（注：はちまちおんせん）――それは会津の奥にある、わびしい田舎の温泉である。野尻川の岸に二軒の宿をもつ田舎者相手のごく簡素な温泉場である。

秋じまいがすんで霜が深く垂れこめる頃に、私は母に連れられてこの温泉宿に三、四日滞在したことがある。湯に入ってると星を仰ぐことが出来た。叢《くさむら》にこおろぎがコロコロ鳴いておった。いかにも淋しく――。

更に私は、盟友渡部君（注：渡部喜一記者）の病床を青根《あおね》に訪ねた往年の秋を想起せずにはおられない。時すでに蔵王山麓は秋深く、こおろぎが悲しく鳴いておった。彼は肺を病んで山の温泉に静養しなければならぬ悲しい運命に遭遇した。『秋風と語る』の一篇は、彼が吾等に残した最後の原稿であった。いま古い新聞の綴りを出して見れば、ヒシヒシと胸の疼くを感ぜざるを得ない。一文の中から摘記して亡き友を私は偲ぶ。

◇

『僕は今暮れて行く高原の夕靄の中に瞑想を續けて居る。新聞記者となってから満二十年の過去を、不統一不規律放縦なる生活が刹那的に営まれて来たのである。満二十年に達してその年から政談演説などをやり、福島へ来てからは政党員の間に伍して可なり現実味の露骨な党人生活も体得して来た。青二才と罵《のの》しられながらも選挙の候補にもなって、負けても見勝っても見た』

◇

『先日新聞社に顔を出して菅家君とも追憶したが、二十四、五歳の頃普通運動（注：普通選挙運動のこと）に上京して大隈伯（當時）邸の温室で寫した寫眞がある。菅家君と死んだ平（注：現在のいわき市平）の金子信三君に僕と三人だ。其中の一人金子木南は血を吐いて死んでしまった。僕が病気の時、一人健康な菅家君は寫眞の事を思ふて心淋しかったと云ふ告白だ』

◇

『久しぶりと云ふよりは記憶に残らぬ子供の時以外には病気をしなかった僕が、放縦の生活の祟りとでも云はふか病気をして、病後の保養のために斯うして山の温泉に悠遊して居る事だ。僕に始めて與へられる「生活の淀み」である。「過去を書く」と云ふほどの年でもないが、一浴しては寝る安逸なる温泉宿に於けるせめてもの僕の奉仕として暫く續けて見たい』

◇

『河野廣中翁に深く師事したる僕等は、貧乏生活を續けながらも然も格式を崩さず体面を保って公共に活動する事の如何に困難なるかを知って居る。松島事件（注：一九二六年大阪の松島遊郭移転をめぐる疑獄事件）で箕浦翁が四十年の清節を捨てた時に、今更ながら河野翁が歩み終った長い日の清らかさを思った』

◇

『有志家生活の行路難は、今日まで幾多の先輩によって既に示されて居る。僕のやうに役人にもなれず會社員にもなれず餘り人に使はれる事が面白くなく、新聞記者と有志家との両棲生活をしてゐる野武士の前途は、果してどんなものか自分でもわからない。他人は無論わからない。唯僕は思ふ。金を貯めよ、大臣宰相たれ。然らずして矢尽き刀折れて故山に帰った時に、郷里の人々が嫌な顔をせず迎へて呉れる信用と人格とさへあれば沢山であるまいか。そこに僕は安息を求めんとして居る』

【解説】秋、こおろぎの鳴く声を聞くと亡き友を偲びたくなる——そう書き出して菅家喜六が盟友であった故渡部喜一記者のありし日を懐かしんだ一編である。

この渡部喜一記者については、大正十四年に発行された「日本新聞年鑑」（新聞研究所）に略歴の紹介が載っている。それによれば「明治二十七年十一月会津生まれ、早大政治経済科、大正四年福島民友新聞入社、現時福島民友新聞編集長、号・双峰、政党＝憲政会、思想＝普選断行、既成政党大改革、現住＝福島市曾根田町」とある。驚くことに菅家喜六と同じ年の生まれ、入社もほぼ同時期である。しかも同じ会津の出身だという。

彼は大正十四年福島民友新聞が不幸にして分裂した際、編集長（主筆）の要職にあった。福島民友新聞がよりによって政友会路線へ急旋回することに反発し、菅家喜六ら憲政会の急進派とともに連袂退社（福島県史では「あえなく解雇処分」、福島民友新聞を追われたとする）新たに福島毎日新聞の創刊に走った中心人物である。そして福島毎日新聞の主筆として健筆をふるうものの、程なく肺結核のために夭逝する。

いわばその死を悼んだ一文である。手記は渡部喜一が死の直前に寄せた「秋風と語る」の遺稿からいくつか摘記したものだが、筆者は初めて目に触れた。時期は明記されていないが、おそらく彼の死の間際に福島毎日新聞に載せられたものかもしれない。波乱の中で壮絶な死を遂げた渡部喜一という記者の人物像に触れることが出来る貴重な資料といえよう。

筆者には印象深い一文がある。大正十四年十一月十八日、福島毎日新聞の創刊号を飾った「発刊の辞」である。

「難産であったか安産であったか、それは吾等の知るところでない。ここに福島毎日新聞は生れた。前途は平坦砥の如きものか険難蜀の桟道にも似たるものか、これまた吾等の問ふ所でない。吾等には只不断の前進と登攀あるのみ、倒れても倒れても猶止まざる弾力と執着とを有するのみ。さらば問はん、福島毎日新聞は果たして如何なる使命を帯びて生れたるか。極めて率直に言明する……」

おそらく渡部喜一が書いたものであろう。新聞に賭ける血の滲むような思いがひしひしと伝わってくる名文である。

随筆「隈畔《わいはん》より」（四）　昭和十二年八月二十七日

▽憧れの悲哀

海にも山にもゆけないでしまった。半ドンで退けてゆく白服の人々を見ると、羨ましいとも思ったりする。日曜日に社の裏のコートで呑気そうにテニスなどしている会社員を見ると、幸福な人々であるとさえ思う。お盆が近づいても彼等には悩みがなさそうだ。嬉々としてあそべる人々である。

日暮れて福ビル（注：昭和二年に建築された珍しい商業ビル、鉄筋コンクリート三階建て）付近を宿に帰ってゆくと、幾組かの、子供をつれた夫婦が草花を買っている。いかにも楽しそうな光景である。高湯も土湯も青根も避暑の人々で満員だと新聞は書いている。海岸は海水浴の人々で埋め尽くしているらしい。

みんな夏を楽しんでいるのである。時に自宅に帰ろうと思って、汽車に乗ると車内は山か海か温泉にゆく人々で満員だ。旅から旅へと懐の心配もせずに歩ける人々で埋まってるのだ。私も子供をつれて、せめて二、三日の旅に上りたいと考える時もある。けれども、それは夢のごとき空想に終わってしまう。家に帰ってみると私と妻の留守を守って、子供等は日の照ってる庭で遊び戯れているのだ。海への憧がれ、山への憧がれ——しかし、それはみんな悲哀になってしまう。憧がれの悲哀をつくづく考えさせられた。

▽仕事への感激

福毎（注：大正十四年〜昭和六年にかけて発行された福島毎日新聞のこと）が四頁から八頁になって、初めて朝刊を刷った時に、みんな工場に集まって声を立てずに泣いた。何んとも言えぬ感激が涙を誘ってくるのであった。

今度活字の入替で全社員三日間夜を徹して暑さと闘った。いよいよ朝刊が新活字で刷り上がった時、私は人知れず泣いて歓《よろこ》んだ。これは経験のない者にはわからない心境である。

資本はない。独力で精一杯押しているのである。苦しいけれどもそれで私は満足する。山へも海へもゆけず、夜遅くまで汗みどろになって働いておっても、それで私は愉悦を感ずるのだ。仕事への感激がある間、吾等の心事は常に若く清いであろう。


【解説】菅家喜六の私生活だが、この頃彼はずっと郡山に自宅を置いて、仕事のために福島に宿を置いていた。それも宿は福ビルの近く、宮下町だったようだ。この一編を読むかぎり、福島には妻を帯同し、子供たちが郡山の家を留守っていた時もあったらしい。当時の新聞は鉛の活字を使っていた。一定期間が過ぎて摩耗すると、一斉に入れ替えを行っていたことがうかがえる。昭和十二年の暑い夏もそんな年であったようだ。

この稿を締めようとする頃、大正十四年十月二十一日の消印で菅家喜六が実家の長兄に宛てた手紙が見つかった、

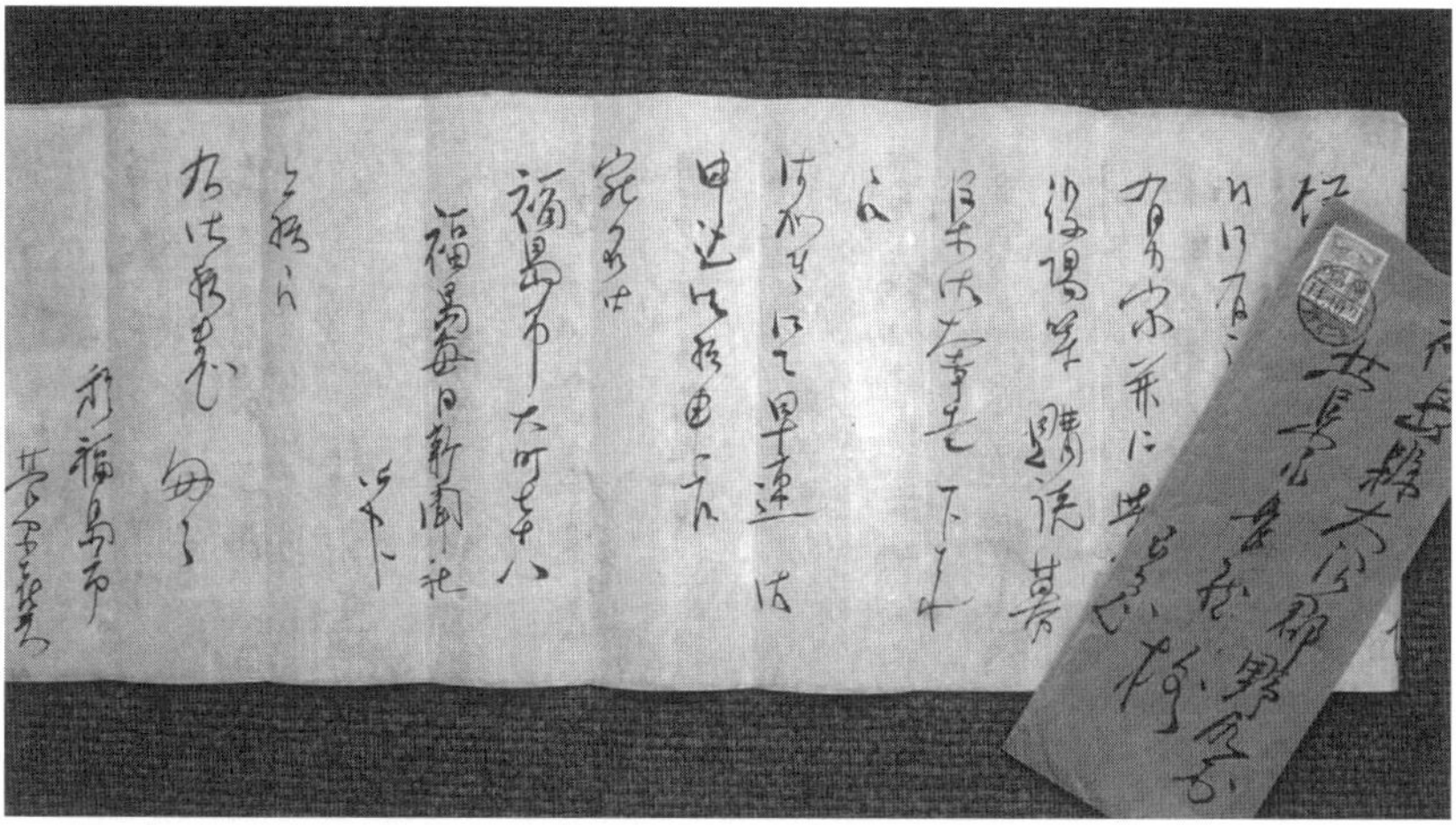

菅家喜六が実家の長兄に宛てた手紙（大正 14 年 10 月 21 日消印）

という連絡を菅家長平さんから頂戴した。拝見すれば横に長い巻物のような和紙に毛筆で認めた、なかなかの達筆である。「拝啓この度は種々御厚配を蒙り有り難く御礼申上げ候……」という書き出しで始まる手紙は、いよいよ来月から福島毎日新聞を出すことになった、小生も毎日福島に出勤し、専務取締役として経営の任に当たると近況を述べる。そして「ついては村内の有力家、役場等に購読募集下され、はがきで福島毎日新聞社あてに申し込んでほしい」などと依頼した内容である。大正末期のかかる福島毎日新聞に関する資料は乏しいはずで、貴重な一文と思われるのである。手紙には後に福島民友新聞に在籍し、昭和十四年戦死した菅家長夫という身内の人物のことにも触れている。

随筆「隈畔《わいはん》より」（五）　昭和十二年八月二十八日

▽停滞から下降へ

昔はこうだったなどと、無暗に過去を語るようになってはもう人生もおしまいだ。四畳半に落魄《おちぶ》れても昔の富と地位を語らず、黙々として静かに人生を考える人であり得れば私どもは畏敬出来る。

新聞生活に入って二十有余年、その間四、五年間新聞の第一線から退いておったが、昨年から再び古巣に帰り新参となった私は、停滞していると思った自己が停滞でなく下降し居るということに気付いた時、言い知れぬ悲哀を感じた。人生に停滞の時はない。停滞だと思った時はすでに下降しているのだ。人生は昇るか降るか、の二つである。私は今昇ってるのか、降ってるのか？　秋の夜のごとくに淋しい。

▽工場から空を仰ぐ

人前で泣いたり、笑ったりすることの出来るうちはまだ幸福である。悲痛が深刻に襲ってくると、泣くにも泣かれぬ。華やかな半面にも深刻な悩みはあり得る。恵まれない生活だと思う人々に幸福な場合もある。私は時々工場の手伝いもやる。給仕の代わりに電話の受付もする。校正もやれば印刷場でインキに染まって機械の運転もやる。借金の申し訳もする。そして経営の大任に当たらねばならぬのだ。

時たま、くさって泣きたくなる時もある。けれどもまだ私どもは幸福である。自分自身のために泣けるし、人のためにも泣ける。暑いさなかに十銭の氷を買って之に水を入れ、皆んなで呑んで笑って仕事が出来るのだ。富める者の経験し得ざる生活への感謝だ。工場で空を仰ぎ、編集の窓から星を見て、それで満足出来る私どもは幸福であると思う。

これ以上の辛酸はあるまいと思うほど、苦労はしてきた。しかしまだまだ未知の苦しい世界のあることを知った時に、底の方から形容し得ない偉大な力が全身を奮い立たせる。昇るのもこの力だ。降るのもこの力だ。きっと道は拓ける。内心の火を燃やし、すべてを昇華せしめることだ。

【解説】菅家喜六はこの一編で「新聞生活に入って二十有余年、その間四、五年間新聞の第一線から退いたが、昨年から再び古巣に帰り新参となった」と書いている。昭和六年の「世界一周の旅」のあとは、やはり新聞の第一線から離れていた。昭和十一年から福島民友新聞に復帰したことがはっきりと書かれている。それも――実質的な社長、経営者としてカムバックしたのだ。

随筆「隈畔《わいはん》より」（六）　昭和十二年八月二十九日

▽東京の友へ

K君――。

二度社の方にお訪ねしてみましたが、何時も外交に出かけられた後でつい御目にかかれないで残念でした。S君にも刺を通じましたが、出社は遅いと受付がいうのでそのまま帰ってしまいました。別段と急用でもありませんけれど、事変の話（注：昭和十二年七月の日支事変のことか）や、新しいニュースでも一夕伺いたいと思ってお訪ねしたのでした。

来月の上京を楽しみにしています。今度はS君と三人で別な方面で一席ゆっくりとお話を聴かせてくれませんか。この間K副総裁が福島に見えて、両君のことを尋ねておりました。いつぞや灘萬支店で会食をしてから銀座に進出した時の懐旧談をして、近くに四人で集まりたいとも申しておりました。そんな機会もつくり得たらなほ私は嬉しいです。両君が共に副部長になって社の重要な位置に就かれた話をしましたら、K副総裁も心から喜んでおりました。君等さへ都合よければ、こち等は何とでも都合をつけます。――是非――。

◇

君の社のT氏の書かれた『新聞経営の研究』、再読して非常に得るところがありました。私も帰り新参となってから、もう一ケ年になります。入社当時はあれもこれもと思いましたが、そのプランのまだ三分の一も実行に移すことが出来ません。この間やっとのことに活字だけを新にしました。いま工場の人手も不足、編集も欠員があるので雑報書きや時には工場の手伝いもせなければなりません。朝八時から夜朝刊の出来上がるまで頑張っておりますが、かなりの疲労を覚えます。この労力をしたらなどと考えてもみますが、ご承知の通り私の性格は結局終生新聞人として過ごすより外はありますまい。

君等はよく私に郷里から打って出よと進めてくれますが、今のところその勇気もありません。代議士は一度私の望んだところではありますが、新聞を離れてまで、また同人を捨ててまでその職は求めません。現在のところ私がこの社に止まらねばどうとも成らぬ事情が数々ありますので、もう深い決意を固め、どんなことをしても更生の誓いだけは完成させます。

◇

君たちの社などは何の苦労とてはありますまいが、地方の新聞はなんとも言いようのない混乱状態です。巻取が一本七十円にもなってみれば、それだけでも一ヶ月千余円の違いがあります。精一杯働いて、冗費を省き、収入を増して、千余円の節約をしましたのに、紙価の値上がりは私の一ヶ年の努力を水泡に帰せしめました。単価を上げ、売価を九十銭にしてみましても、事変で広告の減収となり、少しも経済に淀みはつきません。地方新聞は結局どうなってゆくのでしょう。

◇

Y社のような営業方針でやってみるかとも思いますが、いくらか不安があります。編集にしましても、Y社の方針と君の社の方針では大分違います。けれど発展しきった大新聞であり、君たちの社などはあれで信用が生まれ、効果的でしょうけれど、進出して伸ばさねばならぬ地方紙などはいくらかY社の経営方針を真似る必要があるではないでしょうか。君たちの教えを受けねばならぬ事数々ありますが、今日はこの程度で筆を擱《やす》めて、いずれは上京拝趨のうえ万々お話申し上げたいと存じます。くれぐれもS君によろしく。奥様やお子様方のご健康を

祈ります。（K生）

【解説】どうやら、東京にいる親しい大手新聞の記者仲間（K君、S君）に宛てた手紙のような形式の一編。昭和十二年、まだ福島民友新聞に復帰したばかりの菅家喜六が置かれた状況や、当時の新聞経営の深刻な悩みなどが赤裸々に綴られている。

いま筆者の手元に戦前の新聞研究所で編さんした「新聞学・下巻」なる分厚い本がある。発行から相当な歳月が経過し、かなり黄ばんだ古本――「これは菅家喜六が蔵書していた本の一冊です」と、ある日福島県大沼郡昭和村の生家である菅家長平さんから託されたものである。読んでゆくと当時の新聞経営の要諦と実際が事こまかくびっしりと書かれてある。新聞社の経営を任された彼は、こうした「新聞学」「新聞経営の研究」などを必死でむさぼり読んでいたことがうかがわれる。文中で「この社に止まらねばならぬ事情が数々ある」「どんなことをしても更生の誓いだけは完成させる」ということが、深い意味を持つものと思われる。

また、この一編には友人たちから「郷里から打って出よ」と選挙への出馬を促されていたことや、新聞社に留まることになった自身の決意が述べられており、注目すべき一編だ。それにしてもK君やS君、K副総裁とはいったい誰だったのか？　菅家喜六の人脈を知るうえでも興味深い。

随筆「隈畔《わいはん》より」（七）　昭和十二年八月三十日

▽三人の写真

大隈伯（当時）邸で三人で撮った写真がある。二人とも既に故人になって、独り私だけが残り永久に友を偲ぶ唯一の形見となってしまった。

木南金子君、双峰渡部君が右と左に、私が真中に立っている。三人で写せばきっと一人だけは欠けると言われて気にした事もあったが、三年も経たない中に木南は血を吐いて平支局（注：いまのいわき市平）に孤独で逝いてしまった。木南の葬儀に列し、その写真を見せられて双峰と二人で顔を見合わせた。

五年ほど経って県会の総改選となった。双峰は郷里から、私は郡山から共に立候補した。二人とも三十歳に満たぬ白面の書生であったが、勝負を度外して戦いに臨んだのであるが、私は当選したけれど双峰は戦いに破れて、白服のまま私の宅に身を横たえた。「郷山雪白し」の一篇はかれが当時の心境を綴ったものである。

その時すでに彼は肺をおかされておった。青根から東京の病院へ――そして房州の海岸へと転地療養の身となったが、病勢は改まらず、吾妻山上に白雪を見た日、ついに彼の訃を聞くに至った。

私はただ茫然と三人の写真を出して眺めた。今にも論じ出しそうな長髪精悍の木南――端麗な双峰――。私への永久の形見である。

▽上海の想い出

上海へは二度行った。一度は満鮮視察からの帰途を北支に回り、天津から青島を見物して上海に上陸。二度目は欧州からの帰り、照國丸で上陸したのである。

パイロット菊地中佐（注：後に「最後の特攻隊」で名を馳せる菊地中佐か）がいるので、二度とも忘れ得ない印象の地として、今も懐かしい。戦乱の巷と化した写真を見るたび、共に胸を痛める。

北四川路の夕の散歩、六三亭や六三園、清月などで催された県人会の懐かしい、なごやかな会合。いずれも忘れ得ぬ想い出である。今年の秋はと思っておったが、当分行けそうもない。

私は日々の新聞を隈なく読んで、懐かしの上海へ心を躍らせている。そして知友の恙《つつが》なき事を祈ってる。

▽魂の香

私どもは人を批評する時、その人の欠点だけをあまりに多く見出し易い。しかも細かく考察してみると、それはその人の欠点ではなく、むしろ美点である事も少なくはない。私どもはちょうど警察官が簡単に黒白を決めてしまうのと同じように、大ざっぱに人間の価値判断を決めてしまいたがる傾向が充分にある。

これは神の殿堂を汚す、正しい見方ではない。外部にあらわれてくる折々の閃きだけによって、批判することは実に危険なことである。私の友人に一人この誤られた批判によって、いかにも悪の王者のごとくに宣伝されてる者があるが、それは個々の味と魂の香を知らざる徒のはなはだ笑うべき批判態度である。もっと深く魂の香を掴み出そうではないか。

【解説】「三人の写真」と題された一文で昭和六年の「世界一周記」の紀行文を思い出された方も多いだろう。昭和六年七月十日の連載（第四十回）にも、盟友だった木南金子信三と双峰渡部喜一の死を悼んだ同じ一文があった。それから六年後――再び二人の死を悼む菅家喜六の切ない思いがここにも綴られているのである。

木南金子信三、双峰渡部喜一と菅家喜六――。三人のジャーナリストをかくも深い絆で結びつけていた熱情はいったい何であったのだろうか。この一編はいまだ筆者の胸を打ってやまない。「郷山雪白し」「秋風と語る」の絶唱もなぜか凛と響いてくる。

また、「上海の想い出」と題した一文には、昭和六年の「世界一周の旅」の結末を告げるとても重要な記載があった。あの当時、死の都ポンペイを視察した後菅家喜六の旅路（足取り）は不明だと書いたが、この一編にはっきり「欧州からの帰り、照国丸で上海に上陸した」と綴っているのである。

やはり菅家喜六はイタリアで七月十一日に出帆するという照国丸に乗船し、各地に寄港しながら帰国の途についていたのだった。「照国丸で上海に上陸した」と書いていることから、しばらく上海に滞在したとみられる。すべてはこの一編で氷解したように思う。

随筆「隈畔《わいはん》より」（八）　昭和十二年八月三十一日

▽母の国日本――星一氏に――

同業民報（注：福島民報）のK氏よりあなたの著書「お母さんの創った日本略史」たしかに頂戴致しました。私はあなたに一面識もありません。しかし御芳名だけは承知しております。今この著書を拝読いたし、非常に愉快に思いましたので、紙上から御返事を致そうと思います。選挙の時、あなたの宣言と、あなたの書かれたパンフレットを拝読して、政治家として決して尊敬すべき人ではない。率直に申し上ぐれば、むしろ軽蔑すべき所論でもあるとさえ思いました。選挙が済んでから、あなたが政友会に入党された事を新聞で承知した時、私は一層そういう感を深めました（注：菅家喜六は憲政派に属していた）。けれども、これは別段に多大の関心をもったわけでもありませんし、路傍の人としてそんな風に考えた位のところです。

◇

今度の事変で、私は日本の母性の偉大な力を今更のごとくに感ぜしめられました。山内中尉母堂が「空行く機を見れば吾が子永しへに生けり」との句、また東北スキー界の花形水戸水兵の母は「笑って回向します」と語って、ともに武人の母としての雄々しさを示し、私どもを感泣せしめました。民井一等兵の母は「天子様に捧げた吾が子、家族一同は喜びます」と新聞記者に語っております。

けれどこれは一人、この人々の母のみの言葉ではありません。名誉の戦死を遂げた全日本の将兵士の母は、皆この心境であります。私どもはこの事実の前に襟を正さねばなりません。日本軍の強いのも故ありと言うべきでしょう。この母性あってこそ銃後の護りも固いのです。軍の偉功も決して奇蹟でも偶然でもありません。二千年来鍛えあげた日本母性の偉大なる力の発露ではないでしょうか。

こんな感想をもっておった時に、あなたの著書を読んで「お母さんの創った日本」を再認識したように思われます。母性の作った日本――子供のある母に失望はありません。日本の将来性がここに生まれて来るのでしょう。私は政治家としてのあなたでなく、この一冊の著書によって、あなたに対する過去の思慮の浅かったことを恥入るような気分にさえなりました。紙面がありませんので、これだけに致しますが、別項でくわしく名著を御紹介申し上ぐるの義務も感じておりますし、又いつかの機会に御目にかかって無礼つ申し分を御詫びして、更に御教示を乞う時もある事と存じ、ここに筆を擱《やす》めてあなたの御健康を祈りあげます。

（K・KANKE生）

◇

【解説】言うまでもなく星一氏とは、東洋の製薬王として知られた星一（ほし・はじめ、一八七三～一九五一）である。いわき市錦町出身。東京商業学校、コロンビア大学に学び、帰国後後藤新平の支援により星製薬を創立し、一大製薬会社に発展させた。政界にも進出し、衆参両院議員を務めた。この随筆が書かれた昭和十二年にも衆議院議員に二回目の当選をしている。SF作家星新一の父。

なお、冒頭に記された「同業民報のK氏」とはいったい誰か？　昭和十二年当時のことであるから、副社長の古和口虎雄ではないかと思われる。彼は星一と同じいわき市出身で、戦後は奇しくも福島民友新聞の「復刊」に合流し参画することになる一人である。

随筆「隈畔《わいはん》より」（九）　昭和十二年九月一日

▽台山の天神様

幾代前になるかハッキリはわからないが、私の先祖に儀右衛門という人がある。御蔵入騒動で小栗山喜四郎その他同志の者と、田島の監獄に入れられた人である。私は亡父からよくこの先祖の話を聞かされた。村下の台《たい》山にこの先祖が建てた石宮の天神様があるが、私の父は二十五日には毎月必ずこの天神様を参詣しておった。

◇

獄に投ぜられた時この先祖は、北野の天満宮に願をかけた。京都までの里数を毎日獄中を歩いて数えておった。いよいよ明日が京都に着ける日定だという前夜、獄中で明日は満願で釈放されるという夢知らせがあった。ハッと目が醒めてみると、もう夜は明け放れている。獄吏に呼び出されて、その夕刻夢知らせの通り先祖は出獄することが出来た。

小栗山喜四郎だけは首魁《しゅかい》者としてハリツケになったが、その他の者は四十幾日目かで出獄を許されることになったのだ。

先祖は帰宅するとすぐに、野尻川の流れている金比羅様に登る途中の台山に、この石宮を作って天神様を祭ったのだそうだ。

荒畑寒村著「農民運動史」に私の先祖のことが詳細に書かれてあるが、当時百姓一揆はこれが初めてであったらしい。

喜四郎は今も、会津の佐倉宗五郎《さくらそうごろう》として地方民から多大の尊敬をうけている。河野磐州《ばんしゅう》（注：自由民権運動の河野広中）先生の書で碑も建っている。父につれられて私もいく度か、その碑を訪ねた。

◇

私が往年、疏水事件に連座して刑務所に収容された時、私の老父はこの台山の天神様に願をかけ丑の刻参り（注：午前一時から三時、丑の刻詣で）をした。四十三日目に父に夢知らせがあって、次の日私が出所することを父は家族の者に予言した。

奇態に私は父の予言通り、その日の夕刻釈放されて帰ることが出来た。儀右衛門先祖と同じく四十三日目なのも、偶然にしてはあまりによく合致している。亡き父は一人この台山の天神様を信ずるようになった。霊感とでもいうのか今も私は不可思議に考えてる。

台山の天神様の下には、父が静かに眠っている。今年こそはどんな事をしても、天神様の参詣と亡父の墓詣りに帰国しよう。会津の秋が深くなる頃に――。

（K・KANKE生）

【解説】非常に興味深い逸話である。菅家喜六の遠い先祖である儀右衛門という人物が奥会津の御蔵入騒動に加わって、四十幾日ばかり入獄したのだという。時代を隔てて自分も安積疏水事件に連座して入獄、奇しくも同じ四十三日目で出獄できた。それも北野天満宮、天神様の夢告げの通りだったというのである。

南山御蔵入騒動《みなみやまおくらいりそうどう》は、享保五年（一七二〇）に南会津・奥会津地方の幕府直轄地で起きた有名な百姓一揆事件。首謀者の小栗山喜四郎ら義民六人が処刑されたほか、多数の農民が入牢、家財没収などの厳しい刑罰を受けたものである。平成六年に発刊された「南山御蔵入騒動研究会記録」によれば、儀右衛門という名の義民は二人登場する。一人は江戸打ち首になった只見・黒谷の儀右エ門、もう一人は只見村名主の儀右エ門で「名主役取上げ、田畑半分、家財残らずの処分を受けた」と記されている。

筆者も平成二十八年五月、菅家長平さんの案内で記事にある「台山の天神様」を訪ねて、往時をしのぶことが出来た。これらが菅家喜六の心の支えだったのであろう、感慨深いものがあった。

随筆「隈畔《わいはん》より」（十）　昭和十二年九月三日

▽思慕の美女峠

只見川に沿って霊地柳津から三里行けば、宮下というやや町場がかった村に出る。今は定期の自動車が歩いているが、往時は人力車も容易には通らなかった。ラッパを吹いて人を集めて、乗せる馬車が若松から坂下柳津と通っていたけれど、この先は御蔵入といって道も険阻になり歩くより外はなかった。

私の郷里へはこの宮下から五里、三つの淋しい部落を通って、美女峠（びんじょ、びじょとうげ）という登り一里、下り一里の山を越えなければならぬ。今は昔の夢物語であるが、御蔵入街道が改修されない前は、かなりに難儀な旅であった。秋になると、私はこの美女峠を想い起こす。登りつめて高清水に出た時、あの清冽な山の冷たい清水で握り飯を食って一休みする爽快さはなんとも形容が出来ない。

八十里越えの山々、田島街道の峠、みんな一眸《ぼう》の中に眺めることが出来るのだ。

昔大きな寺院があって、そこに美女が通ったという伝説のある大平まで行くと、薄《すすき》に秋風が吹いている。村人は萱《かや》刈りにこの辺まで登って、唄も高らかに冬の仕度へと急いでいる。父に連られて茸《きのこ》狩りに来た子供の時分が想い出される。母とも登ったことがある。高田（注：旧会津高田町、現在の会津美里町）の学校に通う頃は、夏休みがすむとこの峠を越えて宮下から柳津へと出た。いつも兄たちに送られて霧の深いこの峠を馬で越した。

新聞記者を志して福島に出る時も、この峠を越した。大勢の村人に送られて、泣いて別れを惜んだ当時がなんとも言えぬ懐かしさである。若き日の想い出は、美女峠への思慕をひとしお深める。もう峠の薄に秋風が吹いているであろう。

▽入社一ヶ年

この頃私の書くものを読んで「なんだ馬鹿に感傷的になってるではないか。意気軒昂なところを示してくれないか」と同情ある忠告をしてくれる知己が多い。——が私の現在は、そんな世間的な意味で片付けることの出来ない心境にある。それよりも、もっと根本的な力を私はしっかりとつかみたいのだ。

「眼を開けば我天地の間にあり、眼を閉づれば天地我の中にあり」という言葉を私は考えている。

今日は私が入社して丁度一年目だ。思えばあまりにも傷心の事のみ多かった一年である。次々に襲ってくる傷心事に、私の心は焦立しくもなった。悩ましくもなった。弾力性を失ったのではないかとさえ考える日もあった。心機一転と人は言う——けれどもそれは求めて得られるものではない。努めてたやすく出来るものでもない。むしろ悲しむだけ悲しんで、悩むだけ悩むところに道は拓ける。私は腹を据えて、自然にそして素直に運命を迎えてきた。

「どうにでもなれ」とも思惟しないし、これ以上不幸は襲ってこないだろうとも考えてない。悪びれずに運命に対して静かな心境となって行けるだけの心構えが出来たことを喜ぶ。

悲しい中にもその日の感謝があった。苦しい中にも人の情けを歓んだ。悩ましい中にも自然の滋味を味わうことが出来た。今日同人とともに入社一年を迎えて、私は勇んで次の仕事へ一歩を進める。

（編集局にて菅家生）

菅家喜六が故郷を出る際、唯一の道だった「美女峠」付近，2016 年 5 月撮影

【解説】宮下から野尻を結んだ故郷、懐かしい美女峠の思い出を綴った一編――。この中で菅家喜六は「高田の学校に通う頃はこの峠を越えた」と書いている。高田の学校とは？　それで筆者の謎のひとつが解けた。

菅家喜六の経歴書には「県教員養成所卒業」とあるのだが、それはどこだったのか。筆者ははじめ福島市の県師範学校だと誤解していたが、それは各郡に設けられた県教員養成所だったようだ。「明治百年教育回顧録」「福島師範六十年史」等によれば、農村や山村地域には明治十三年あたりから二本松講習所、石川講習所、大沼郡教員養成所など郡立の教員養成機関が作られたという。この一文からも菅家喜六は旧会津高田町に設けられた教員養成所で学び、一時は学校教員を務めたものと思われる。

同じ一文で菅家喜六は、新聞記者を志して福島に出る時も、大勢の村人に見送られてこの峠を越したという。山深い美女峠、村人たちと涙の別れ――そのシーンが彷彿と目に浮かんでくるようである。

もうひとつ、文中に出る「八十里越え」は南会津郡只見町から新潟県に抜ける険しい峠のこと。実際は八里だが、その一里が十里にも匹敵する難儀な道であることからこの名になったとも伝えられる。

随筆「隈畔《わいはん》より」（十一）　昭和十二年九月十三日

▽**秋窓雑記（六）**

畏友荒木武行君『農村青年新聞』と題する豆新聞を創刊した。

荒木君自身は小さな旗上げであると言っているが、私は決して小さい仕事ではない。しかも大きな旗上げでないかと思っている。それは独力で新聞を興すことの至難なるを知ってる私としては、ことにその感が深い。

更にいま農村青年に適切な公開された専門の新聞がない時、この十六ミリ的な荒木君の豆新聞がいかに多くの共鳴者を出すかと考えると、決して小さな旗上げではないと思う。

◇

新聞経営は日刊であろうと、月刊であろうとそのいずれを問わず、非常に至難な事業である。けれども荒木君は、中央の新聞にも地方の新聞にも多くの経験を持っている。いわばその道にかけては玄人である。必ずや成功するであろう。また成功してほしい。

本県の生んだ天才記者荒木君のために、県内の農村青年が多くこの豆新聞を愛読することを私は祈ってやまぬ。紙面は小さいが内容は豊富である。山荘通信のごとき、いかにも魅力ある荒木君一流の名筆である。「青年雑記帳」を見ても「雪害救済」の意見を読んでも、独特の境地があって、暁の鐘を聞くような爽快さを感ずる。編集形式もこの種の新聞に見られない見事なもので、さすがは玄人だと讃辞を呈するより外はない。

第二号の出るのを私は楽しみに待つ。彼が飯豊山麓一ノ木村の山荘にこもって、どんな感想をもたらすか。その名文を私は待つ。

銀座街頭から叫ぶ彼の所論よりも、郷里に帰って、葭林《よしばやし》からよびかけるその声こそ私どもには懐かしい。正に蕪せんとする農村……君の健闘を切に私は祈る。

◇

『わしが国さ』の伊藤金次郎さんが来る（注：東京日日新聞などで活躍した大正・昭和期の新聞人、評論家、一八九二～一九六四）。

私はまだ面識はないが、十年の知己が訪ねて来るような一種の懐かしさを感じている。それはやっぱり、新聞人としての懐かしさを感ずるのである。

講演会の始まる前に、社交倶楽部で座談会を開くことにした。わが操觚界（注：そうこかい＝文筆に従事する人々の社会）の至宝である伊藤さんの講演は、もちろん多大の期待をかけられてるが、この座談会も他に見られない有意義なものとなるに違いない。かかる催しがしばしばあることを私は望んで止まぬ。

◇

高商（注：旧制の福島高等商業学校、現在の福島大学）の教授と学生が街頭に出て日支事変の講演会をやって、人気をあげた。今まではとかくの評判をされ、就職口の斡旋所だなどとまで酷評を蒙ったものであるが、今回は奮い立って街頭に進出していくらかこの悪評を挽回したように思われる。

専門学校だからとて、さっぱり地方文化に関係なく、社会と人に没交渉であってそれでよいというはずはあるまい。もう少し新聞関係者などとも接触を図ってみたらどんなものであろう。

高邁《こうまい》なご意見を承るの機会が誠に少ないことを遺憾に思っている。学生諸君になどももっと感激が湧くような空気を作ってやることが必要ではあるまいか。そんな意味で私はこの間足を棒にして、会が終わるまで日本銀行支店前に立ちつくし、熱心な聴衆の一人となって帰ってきた。遅まきながら寔《まこと》によき催しであったと思っている。

俺に反抗する者は卒業しても就職口は見つけてやらんぞ――などと対抗気分でなく、寛宏《かんこう》な心で学生にも社会にも自然にも接してほしいものだ。

【解説】オールドな世代の人々には、菅家喜六とともにまだ鮮明な記憶が残っているだろう。この一文の冒頭に登場した荒木武行（一八九六～一九七二）とは福島県会津塩川出身のジャーナリスト、政治家である。

菅家喜六とは、大正時代に福島民友新聞で同じ釜の飯を食べた間柄。二十三歳で記者となり、三年余で編集局次長。大正八年に「国賊誅伐の秋─時代改造の声、地球の到る処に充つ。万物の改変、旧態革新の声なり」と血気盛んな論説を書いて、発売禁止になったという記録が百年史に残る。のち上京して東京日日新聞、時事新報、中外商業新報など中央のマスコミ界で健筆を奮った。

帰郷して旧駒形村長（現在の喜多方市塩川町）を二期。戦後は菅家喜六とともに政界に打って出て一度は衆院議員に当選したものの、公職追放という不運にあった。その輝かしい足跡は、会津が生んだジャーナリストの一人として記憶されるべき存在ではなかったかと思われる。

菅家喜六がこの一文を書いた昭和十二年には、飯豊山麓の山荘にこもって「農村青年新聞」という豆新聞を出し始めていたようだ。

そしてずっと後のこと――荒木武行は昭和三十一年にも福島民友新聞の復刊十周年を祝って、「河野磐州翁の内閣弾劾奉答文事件」「自由民権の鐘・河野磐州の生涯」の連載を寄せている。彼のジャーナリストとしての思いは、ずっと福島民友新聞に寄せられていたようだ。

随筆「隈畔《わいはん》より」（十二）　**昭和十二年九月十四日**

▽秋窓雑記（七）
一度失脚すれば顧みられない。

政治家の生活は華やかではあるが、末路は寂しい。賑やかなようでさびしいのが政治家の生活だ。生命の短い山桜のような生活だ。失脚せずとも末路はむしろ悲壮であると言った方が適切かも知れぬ。

英雄の最後は常に悲壮であると思えば、それであきらめはつくが、政治家がみんな英雄だとも思えぬ。二本松の茅屋に侘しい晩年を送っている平島松尾翁をみれば、ことの外その感が深い。もう平島という名前さえも世間では忘れてしまってるではあるまいか。

河野先生（注：自由民権運動の指導者河野広中）を想起しても、平島松尾《ひらしままつお》を想い出してくれる人はない。すでに平島老は失明に近きまで視力が減じている。生活はもちろん、貧乏というよりは、その日の糧に困るといった、せっぱつまったものらしい。それでも平島老は端然として、国士の威容を崩さず、余生を静かに送っているのだ。何という悲壮な話であろう。日本の憲政史上に書き落とせぬ加波山事件の志士平島老も、かくしてわびしい山桜のように散って行くのだ。

◇

私は馬車馬のように朝晩働き通している。けれど安易な日は恵まれてこない。その日その日の仕事に追われ、勤めに束縛されて、晴れた空さえも仰ぎ見ることが出来ぬ。自然の中に還って行くのはいつの日であろう。私どもは金に追われてる。時間に追われてる。輪転機の響きのみを聴いて聾のようになってるのだ。金を借りる苦痛、それを返す苦痛――恥も忍ばねばならぬ。精イッパイ働いてもこんな訳だ。

「これが、ほんとうの生活だろうか」

時々疑問が起きてくる。脅かされてるようないらいらした、このあわただしい生活――これが真実な生活であろうか。いつの日吾等は自然に還って行くのだ。

怒りたい時に怒らず、悲しい時くやしい時泣かないで、冷静な顔をしていなければならぬ生活が真実な生活であろうか。万有流転の人生だ――。（以下省略）

【解説】忘れ去られた晩年の平島松尾――彼は自由民権運動の指導者、河野広中の右腕として華々しい活躍をした人物。そして明治二十八年に創刊した福島民友新聞の初代社主となった人である。たぶん、菅家喜六だってその位は知っていたはずだと思う。

彼は安政元年（一八五四）旧二本松藩士に生まれ、明治の草創期には福島日日新聞、福島自由新聞、そして福島民報や福島民友新聞の創刊にも深く関わった。菅家喜六がこの一文を書いた時にはすでに政界等をすべて引退しており、二年後の昭和十四年八月十三日に享年八十六歳で死没する。

ただ平島松尾が晩年、ここに書かれたようにその日の糧に困るほど窮乏していたかどうか。また加波山事件（注：一八八四年加波山で起きた栃木県令三島通庸の暗殺未遂事件）とどう関わったのか、筆者には詳《つまび》らかではない。

またこの一文では、新聞社経営に悪戦苦闘する菅家喜六の嘆きが印象に残る。「私は馬車馬のように朝晩働き通しているが、安易な日は恵まれてこない」「私どもは金に追われている——」いずれも悲痛な叫びに聞こえる。無論この時代、新聞社ばかりでなく日本全体が不況のドン底にあえいでいたのだろう。

この困難な時代に、菅家喜六を除いては福島民友新聞の経営を託す人物はいなかったのではないか。また菅家喜六自身も、福島民友新聞が大正期からずっと「自分たちを育ててくれた古き親」だからこそ、見棄てることが出来なかったのではないか。ふと、そんな思いが筆者の心によぎってくるのである。さて真実はどうであったのだろうか。

いずれにせよ、菅家喜六がこの随筆を書いた四年後——昭和十六年一月一日には軍部の「一県一紙」という言論統制によって福島民友新聞は休刊——競争紙である福島民報との合同——を余儀なくされていく。そうした運命が待っているのである。

随筆「隈畔《わいはん》より」（十三）　昭和十二年十月一日

▽**秋窓雑記**（十六）

競馬客で混雑するので、一時旅舎を引き払って社の二階に起居することにした。朝刊が刷り終わって残務をすまし、和服に着換えて椅子に腰をかけ、しばらく煙草をふかして、今夜はどうするかと考えた。

田子君（注：田子健吉、この時点で福島民友新聞社の取締役に復帰している。戦後、復刊時の社長となる）に教えられた

（谷崎の小説でもと思ったけれど、なんとしても落ちつけない。社の阿部君（注：あとにも登場するが、理事であった阿部喜代司か）を誘って『光』に出かけて、麻雀をやって十二時頃帰ってきた。

電気を暗くしてベッドに横になったが、床馴れがしないのでたやすく眠りつけない。月の明かりで硝子越しに空を仰ぎながら、しばらくは寝返りを打っておったけれど、いつとは知らずに夢を結んでしまった。

◇

枕元の電話がしきりになる。

何時であるか、判らないが、夜明け方である。ねむい所を起きて、受話器を耳にあててみると、公立病院に入院している姪からの電話であった。――とうとう子供がなくなったとの知らせである。

時計をみると、二時十分ほど前である。すぐさま病院に駈けつけた。一切の始末をして、自動車で病院を送り出したのが朝の三時頃であった。

社に帰ってまたベッドにもぐり込んだ。

◇

疲れ切ってるので、前後不覚になってると、トントン扉をノックする者がある。ふと目を醒まして誰かと思って起き出してみると、社の村田君である。六時で集金に出かけると言って、パス取りに来たのである。もう夜は明けてるので、そのまま散歩でもして来ようかと思ったけれど、頭が少し重い。眠りつけるかどうかも知れないが、再び休んでみた――が一時間も経たない中に、また電話で起こされてしまった。村の校長先生が訪ねて来るというのだ。

◇

こんな具合で一晩はロクロク眠れないでしまった。朝から電話と訪問客で、夕刻までは少しの暇もない。ほんとうに疲れ切ってしまう。今日はまたモーターに故障が出来て、夕刊がおくれた。市内の読者からひっきりなしに電話で問い合わせがくる。一々、申し訳をせねばならぬ。夜の十二時になってやっとのこと修繕が出来て、刷り上がった。工場の人々も営業の人々も十二時まで働いて帰っていくのだ。みんな苦しい思いをしているのだ。私だけが一晩位眠らないからとて、ヘコタレてはならぬ。元気で進めと心に鞭打った。

地方新聞は苦しい。しかし苦しい中にも、私どもには言い知れぬ歓びがある。

金もほしいと思う。けれど貧しければこそ、人の世の美しい同情や、愛や、涙というものを、いやと言うほど味わうことが出来る。

貧しさがあってこそ、苦痛があってこそ、私どもの魂は練れていく。磨かれていく。豊かに伸びて展《ひろ》がっていく。社中一同、その日の苦痛を神に感謝してよいと思う。

【解説】競馬客で混雑するので、一時宿舎を引き払って社の二階に起居したという、当時の日常を描いた珍しい一編であろう。末尾になって「地方新聞は苦しい。しかし苦しい中にも言い知れぬ歓びがある。金もほしいと思う。けれど貧しければこそ、人の世の美しい同情や愛や涙というものをいやと言うほど味わうことが出来る」という一文が読む人の心を打つ。

ふっと菅家喜六が育った大沼郡野尻村という奥会津での暮らしが想起される。あの大自然の中で、決して豊かではなかった生活の中でつちかってきたものが、ここに燦然と輝いているように思われるのである。

その社の二階で眠る未明、姪から「とうとう子供がなくなった」と電話で悲しい知らせを聞いたという。

随筆「隈畔《わいはん》より」（十四）　昭和十二年十月二日

▽**秋窓雑記（十七）**

自分の弟でも送り出すような気分で、市野従軍記者（注：当時の政治部長だった市野直治記者）を戦場に向けた。年齢から言えば私の長女といくらも違わないので、子供のようにも思われて、出発の前夜は社の二階に呼んで身のまわりの事や何やかやと阿部君と二人で心配してやった。新しく買った軍服を着せて靴をはかせ、身仕度などもやらせてみた。立派な若い軍人が出来上がったようで、何ともなく嬉しく、従軍記者とも思えない出征兵士のごとくであった。

◇

小遣いと通信費を渡し、戦地に行ってからの注意などして、食事を共にして別れたのがかれこれ十二時を過ぎる頃であった。

私は一人床に就いたが、いくらか昂奮してよく眠りつけなかった――が朝五時には目が醒めた。急いで用意を整え出社してみると、もう国防婦人会の人々が見送りに社の前に集まっている。

市野君を送る社の旗が朝風に飜《ひるがえ》っている。刻々に時間はたって、七時にはキッチリ用意も出来て、社員と町内の人々と国防婦人会、在郷軍人会の方々、その他多数の人々の見送りを受けつつ、県社（注：護国神社であろうか）に向かって行列は進んだ。

◇

軍楽隊を先頭にして軍歌を高らかに歌って、稲荷公園から――駅へ――その道筋に堵列《とれつ》（注：大勢の人々が並んだ人垣）する市民から万歳、万歳と声をかけられると、感激の涙は思わず眼鏡を曇らせる。自分の子供が送られてでもいるような感じがしてならぬ。あの駅頭の熱狂的な歓呼の声――今も目に映り、耳に聴こえるようだ。

いよいよ列車が発つ時、固く手を握られて「ではしっかりやってきます」と言われて、私は声を呑むだけだった。肉親の者と別れるような一種言うことの出来ない感じが胸を衝いてくる。私どもの姿が見えなくなるまで、ハンケチを振っておった市野記者の姿――「ミッチリ国のために使命を果たしてくれよ」と私は心からの祈りを捧げた。

◇

第一報が○○から送られてきた。社員一同で大騒ぎをして開封して、すぐにその日の夕刊に掲載することにした。これで先ずホッと一安心して、市野君の元気に一同杯をあげた。

続いて○○地からの第二報が来た。いよいよ○○港を出発するとの知らせである。

もう私どもの心は市野君とともに戦地に往っている。ことに私は二回までその地方を旅行しているので、想い出すことがはなはだ多い。わが兵とともに彼はあの辺を歩いているであろう。あの街で原稿を書いているに相違ない――こんな想像を毎日繰り返している。

【解説】昭和十二年七月七日、北京郊外の盧溝橋で日支両軍が衝突し、日中の全面戦争へと発展した。この戦況を報道するために新聞も相次いで「従軍記者」を送り出すことになる。福島民友新聞が最初に送った従軍記者は、政治部長の市野直治記者だった。昭和十二年九月二十五日のことである。

郷土部隊の若松歩兵六十五連隊(両角部隊)に従軍した彼は、上海に上陸して「我が両角部隊奮迅の活躍」などと華々しく戦地報道にあたった、と百年史は当時を回顧している。やがてその市野記者は足などを負傷して十二月に帰還、替わって運動部長の南条清三記者らを派遣したとも記している。

なお現地からの第一報、第二報の地名が○○となっているのは、作戦地など軍事上の秘密を秘匿するためである。

この一文の中で菅家喜六は市野記者を送るに際し「小遣いと通信費を渡し、食事を共にして別れたのが十二時を過ぎる頃であった」と書いている。恐らくは貧しい会社経営の中からなけなしの金を用意し、記者をわが子のように慈しんで送り出したのであろう。福島民友新聞百年史は、県知事や福島市長、日東紡のブラスバンドに見送られ、勇躍して本社を出発した――と記しているが、この随筆では記者を送り出す側の切ない思いがしのばれるようである。

ここで菅家長夫という社員のことについても触れなければならない。この戦争ではのちに社員も相次いで兵士として召集され、このうち「昭和十四年営業部長の菅家長夫が応召、まもなく戦死する身となった」と同百年史は書いている。驚くべきことに菅家長夫も大沼郡野尻村の出身で、菅家喜六と同じ家から出た記者であったという。何ということであろうか――。

随筆「隈畔《わいはん》より」（十五）　昭和十二年十月三日

▽秋窓雑記（十八）

『河野磐州伝』の著者山雨中山義助君の訃に接した。私と同君の親交は、私が毎日新聞（注：福島毎日新聞のこと）を創刊する頃からで、その以前は顔見知りではあったが、そう親密という程でもなかった。河野先生の小石川の御宅（注：河野広中の東京・小石川の自宅のこと）でよく一緒になって話し合ったことはあるが、深く往来はしなかった。その後、民友新聞の改革運動で私が「毎日」を発刊する時に第一に私の宅を訪れて応援してくれたのが、中山君であった。

その頃はまだ非常な元気で、農村改造の卓見を出版すると言っておった。私の新聞の創刊号にも意見を二つ、三つ書いてくれたりした。私との深い交わりはこの頃からである。

◇

私が上京すると、必ず私の宿を訪ね、二本か三本の銚子を卓にならべて終夜政治上の意見を交換した。福島に来ればまた必ず社に顔を出し、中央の話に花を咲かせて帰るのが常であった。

私は新聞界の先輩として大いに尊敬し、文通によって、教えを受けたことも決して少なくはない。本県出身の新聞人としては、出色の人で福陽新聞史の一ページを飾り得る人であると思う。

◇

あれだけの文筆と、あれだけの思想を持ちながら、ついに一生を不遇に終わった山雨君の晩年をみて、私は新聞記者の末路もまた悲惨であると考えざるを得なかった。

君が福島に在って、血気旺盛の頃、机を並べともに談ぜし友は今いずれも、名をなし、社会有数の地位にあって活動を続けているのに、一人――君を慰むる者まことに少なく、故山に帰り静かに余生を送らんとして、果さず。ついに旭村の茅屋に秋雨のごとく、寂しく五十年の生涯を終わってしまった。

◇

君は晩年まで貧困と闘った。不遇の中にも磐州の衣鉢を継いで、世に衒《てら》わず、時勢にいかに入れられざるも、これを意とせず、一つの信念のもとに、自己を欺かず、苦痛と闘って一生を終わった。子弟に産を残さず、名もついに得ないでしまったが、ただ磐州伝上下二巻の著書こそ、君が世に残せし唯一の遺産ではあるまいか。君の名はこの伝記とともに永久に不滅であろう。

私は忙しさにまぎれて一度も病床を見舞わないでしまったが、いまそれを悔いている。君の好みしコスモスの花を手折り、これをささげて遥かに君の霊を弔う。

【解説】中山義助は、福島民友新聞がまだ創刊して間もない明治三十四年頃から活躍した記者である。号、山雨。新聞に「安積疏水史」を連載し、のちに「河野磐州伝」を世に残した、大正元年に編集同人代表だった、と百年史は伝えるだけである。河野広中の影武者のような人物だったという評も。

晩年であろう、菅家喜六が「世界一周」を敢行した昭和六年から、その後の昭和九年にかけて、福島民友新聞の歴代役員名に「理事、中山義助」の名前が見える。

しかし彼の訃報に接した菅家喜六のこの一文は、不遇に終わりつつも「河野磐州伝」二巻を残した山雨中山義助の凛とした生きざまを讃えた絶唱、けだし菅家喜六ならではの名文ではないか。出身地と見られる「旭村」は、安達郡旭村か。

随筆「隈畔《わいはん》より」（十六）　昭和十二年十月七日

▽秋窓雑記（二十二）

統制という言葉が流行で、何でも統制に限るとなって、新聞統制の議論さえ台頭してきた。通信の統制が実施されてから一層真面目にこの議論をきくようになった。さらば新聞は一つでよいか、或る数に限定して、それで満足出来得るか。

◇

すでに中央において時事新報が事実上廃刊となり、「二六、やまと」「毎夕」あるが如くにして存在知られず、「国民、萬朝報」また形骸を止むるのみ。報知は気勢昔日の面影なく、独り朝日、東日、読売が一頭地を抜き、都、中外が特殊新聞として残るのみとなった。大阪に朝日、毎日が大新聞として権威を示しているが、その他は見るべきものがない。大新聞にも自然淘汰の秋風が吹き始めている。

◇

地方新聞も大小の差こそあれ、経営難たることにおいては少しの変わりもない。今年に入って、すでに廃刊の止むなきに至った新聞が十社を越さんとしている。巻取紙の暴騰と広告減収と、事変その他の出費の多きにはいずれも悲鳴をあげてる。この調子に行くなれば、年内中にも更に廃刊新聞の続出を見るものと考えねばならぬ。

◇

かくて新聞は、他の力によって統制されずも数においては自然に減少を見つつある。それがまた大勢でもあろう。いったい新聞は多すぎるのか、少ないのか。私は多すぎるとは思わぬ。けれども少ないとも考えぬ。ある時代には盛んに発刊をみるけれど、年を経るに従って自然に淘汰されて行く。決して多すぎる程のものでもない。人に依っては一県一社に統制することが、新聞の発達の上からみるも、また経済的に考慮しても言論の権威を高揚する点からも、必要であると論ずるけれど、これは理想論であって、決して一県一社などになって行くものではない。ましてや、これを法制の上からかくするがごとき断じてあり得べき事ではない。

◇

一県一社となって、必ずしも財政は豊かにならぬ。紙数もまた必ずしも増加するとは言い得ぬし、新聞の発達がこれに依って促進するとも考えられぬ。むしろ、かくなれば新聞は退歩するではあるまいか。統制された言論に権威というものがあるだろうか。言論の統制などということが一体可能性あるものか、それすら私どもは疑ってる。

競争者を失って、それで新聞がよくなるものとは考えられぬ。互いに磨き合って、意見を立てていくところに言論の権威も生まれてくるが、県報や官報のような新聞であるなれば、それは決して真の新聞ではない。どの新聞を見ても同じ通信のみが掲げられているという事になれば、それは読者にとっては甚だ迷惑至極のことで数個の新聞は必要を失ってくる。——が今のところいかに聯合通信社（注：昭和十一年、戦争遂行のため設立された国策の同盟通信社のことか）によって統制されたりとするも、それは新聞のある一部分にしか過ぎないもので、大部分はその社その新聞、それぞれ独自の立場から、ニュースを取扱っていくので、異なった数種の新聞が発行されてるわけである。

◇

新聞の数を減ずることが統制ではない。だが数を減じないで言論を統制していけば、結論は同じ型の新聞がいくつも生まれるということになる。そうなると一つの新聞でも足りるという極端なことになるではあるまいか。新聞は決して多くはない。言論機関は各々の立場からそれぞれの角度から自由に報道してゆかねばならぬ。そこに言論の権威というものが生まれてくる。官報や県報のようなもので、大衆が満足するものでは決してない。一つの官製新聞で、言論が発達するものでもない。

多かったら、多かったように自由に競争をさせよ。進歩すべきものは進歩し、斃（たお）れるものは自然に淘汰されてゆく——これが何故に悪いことになるのか。

【解説】振り返ってみれば大正五年、新聞記者となった菅家喜六は大正デモクラシーの生き生きとした時代にジャーナリストとしての前半生を送った。そして昭和六年、「世界一周記」を連載した年に満州事変が起きた。その六年後、この「隈畔より」を書いていた昭和十二年には日中戦争が勃発した。いわば彼のジャーナリストとしての後半生は、泥沼のような戦争の時代とともに生きなければならなかった。

その昭和十二年、新聞各社は経営難や廃刊に追い込まれ、やがて新聞界にも戦争統制、言論統制という事態が影を落としていく。この一編は菅家喜六がそんな時代を憂えたもので極めて注目に値する一編である。「競争者を失ってそれで新聞がよくなるものでない」「互いに磨き合って意見を立てていくところに言論の権威が生まれる」——この当時、やがて招来するであろう一県一紙といった言論統制に対して、地方紙の当事者であった菅家喜六がどのような考えを抱いて警鐘していたのか、注目すべき一編でもある。

菅家喜六がこれを執筆してから三年後の昭和十六年、軍部の言論統制（一県一紙）によって彼が指揮を執っていた福島民友新聞はついに「合同」を余儀なくされ、休刊へと追い込まれていく。明治二十八年の創刊から一万五千二十五号を数えていた福島民友新聞にとって痛恨の出来事だった。その歴史的な幕閉じに立ち会わなければならなかった菅家喜六、その心中はどんなものであっただろうか。察するにあまりある。

十数編にわたって紹介してきた昭和十二年の随想「隈畔より」だが、あえてこの一編をここに取り上げようとする筆者の意のほどを汲んでいただければ幸いである。

随筆「隈畔《わいはん》より」（十七）　昭和十二年十月十四日

▽**秋窓雑記（二十九）氏家翁逝く**

霧の深く垂れこめている十一日朝六時、突如、氏家清翁（注：当時、現職の福島民友新聞社長だった民政党代議士。双葉郡津島村出身、一八六六～一九三七）の訃に接した。

思いもよらぬ急変である。駈けつけた時は既にこと切れて、翁は八畳間に故人となって静かな眠りについておった。枕頭に侍する者は、おせいさん只一人である。おせいさんは泣きくずれて臨終の模様を逐一、私に物語ってくれた。

白布をとって故人の霊に黙祷をささげてから、生前同翁ともっとも親交厚かりし人々、近親の方々、その他の関係者に急変を知らせるため私は電話口に立った。

すぐに駈けつけてくれたのが、釘本代議士と鈴木周次郎君、続いて鈴木周三郎翁、北川次男氏、中目民報社長（注：福島民報社の第六代社長、中目元治）であった。

◇

私は社員と釘本代議士と翁の遺骸を床の間のある十畳の座敷に移して、庭に咲いてるコスモスと菊の花を手折って供えた。

そして葬儀万端の打ち合わせは、遺族の方々が来るまで待つことにして、取敢えず仮の仏壇を作り、真浄院の住職に来ていただき読経だけすました。そのうちに見舞い客が続々と見えて混雑してきた。相次ぐ電話口に私は応接暇《いとま》なきほどであった。

十一時に遺族の方々が見えられて、十四日郷里で葬儀を執行することに決定し、夜ささやかに告別式をおこなうことにした。

一切の通知もすみ、一きまりついて私は社に戻って、残務を整理してから、夕刻告別式に臨んだ。知事、釘本代議士、北川次男、鈴木周次郎君、田中盛雄君、大野三郎君、社員全部で御通夜をして第一日は明けた。

◇

氏家翁の晩年はまことに寂しいものがあった。代議士を後進の山田君に譲り、新聞社長は名義だけで一切関係を絶ち、置賜町の自宅に語るべき友も少なく、寂寥《せきりょう》の朝夕を送った。

臨終は只一人のおせいさんがあっただけであった。只一人に守られて去ったその朝の光景を見て、私は清節を持する老政客の晩年を想い、いとどの哀れさを感ぜざるを得なかった。

政治生活四十五年、その大部分は福島の生活であった。されど、知己まことに多きがごとく見えて、寂寥たるものがある。心から何くれと世話をする友人とて、前記に掲げた五、六の人々に過ぎないのだ。晩年の寂しさがしみじみと胸にこたえてくる。

◇

人は偉ければ、偉いほど、晩年が寂しいようでもある。英雄の最後がつねに悲壮であることは、歴史がわれわれに教える事実である。氏家翁は決して英雄ではなかった。けれど、最後まで困苦と闘い、貧に堪えて、高節の気風を失わず、国を憂い、地方農民の味方となって力戦苦闘した四十幾年の足跡こそは、たしかに志士の面影を偲ぶに足るものがあろう。

翁の屈せざる、不撓の精神こそ後身のわれわれに教える唯一の遺産ではあるまいか。

大島翁逝き、菅村翁他界し、紺野君去って、党内寂寥を感ずるの時、古き政客として只一人の福島における存在であった翁の長逝は、ひとしおの寂しさを増す。私は社員一同と霊前にひれ伏して、翁の冥福を心から祈って、追悼のことばとする。

（霊柩を送る秋晴れの十二日朝、翁が臨終の部屋にて記す）

第七章

大叔父の「青雲の軌跡」

菅家長平
（福島県大沼郡昭和村在住）

出発は代用教員

田舎教師
むらがり立つ青い雲
会心のデスクに就く
焦土から国政へ

奥会津地方でもこのあたりは金山谷《かねやまだに》と括られて、只見川筋、野尻川筋、滝谷川筋の何村、某などと呼ばれていた。白河以北一山百文ならまだしも、この白河以西は口の端にものぼるところでなかった。これが明治の中頃になってくると、ぞくぞく有為の士が出てきた。

中川から最高裁判事・長谷川太一郎（明治十四年生）。上田から郡山市会議員、福島県会議員となった星勇（明治二十二年生）、野尻から衆議院議員を務めた菅家喜六（明治二十七年生）、西山から日本大学総長に就いた鈴木勝（明治三十六年生）、横田から会津若松市長の横山武（明治三十八年生）……などである。特に星、菅家、横山には何かと共通項の多い分野で深い交際であった。

菅家喜六の父長吉については古文書が一枚残っている（下中津川名主・本名信一家文書）。

孝養篤質之者具申
大沼郡野尻村平民農
菅家長吉

右長吉儀家族六人、所有地反別壱町九反歩。農業営み家業怠ることなし。富有にして質素を守り、上を敬い、朋友によく交り、貧者を恵み、一家親睦、教育進歩を導き、諸上納人に先立ち、村内の人民にも懇切にして……（略）……老父長平七十余才高年なると言いども、切に喜び心を尽し、実に感銘なるものに付具申候也。

明治二十一年五月
福島県大沼郡中津川村外八ケ村
戸長　山口利朝
福島県大沼郡長
町野主水　殿

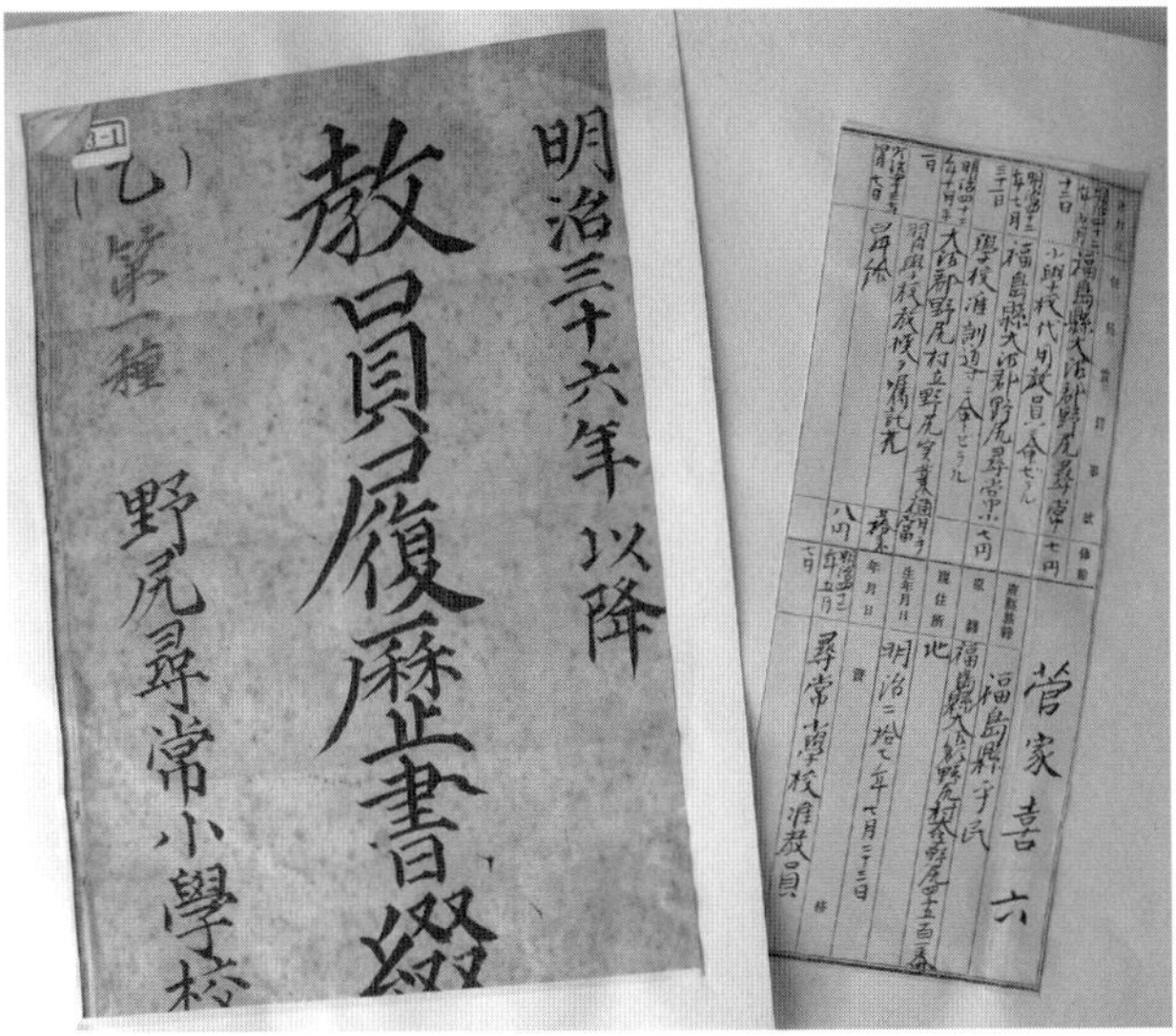

明治 42 年、菅家喜六が野尻尋常小学校で代用教員をしていた時代の資料（福島県昭和村・昭和小学校所蔵）

因みに長吉父長平、祖父儀平はどちらも野鍛冶である。長吉は旧野尻村収入役、助役、大沼郡会議員を務め、退職しては終生自宅二階より時の鐘（正午の太鼓）を鳴らし田畑で働く人々に知らせたことが語り種になっている。

菅家喜六とは、四十二歳差のある大叔父にあたる。風貌は長身で強面の、あまり人受けのよくないタイプであった。

小生は生家の家督であったせいか、可愛がられ、パス券なども預かって若松・二ノ丁の事務所へ通った。彼が帰省すると多くの人が家に来る。いつも早々とやってくるのは、栗城修平、小林蔵田、小林数雄、菊地武など菅家喜六が野尻尋常小学校教員時代の教え子たちであった。

いっとき師弟の懐かしい教室風景が再現される。

菅家……君は飛び級（学力に応じて学年を飛ばして進級）させることにした秀才だった筈だが、まだ逓送などをしているのか。

修平……しぇんしぇい、それは異なことを。しぇんしぇは職業に貴賤の別はねえと教えてもらったからでやす。

菅家……参った。そのとおりだ。君は修平ではなくやはり秀才君だな。

修平……しぇんしぇの地理の授業は一番だったな。

菅家……秀才にほめられて光栄だ。

数雄……おれも成績は良かった方だ。隣の成彦君が解らないと聞くので教えていたら、白墨《はくぼく》を投げておこられた。しぇんしぇいの教え方が悪いから、おれが教えてやったのに……。

菅家……今解った。君も飛び級にすべきだった。不明を恥じる。

～みんなで大笑いになった～

蔵田……おれが初めて村長になって陳情に行ったら、衆議院運営委員長室に入れられ、「おれが田舎で代用教員をしていた時の優等生だ」と紹介された時はおどろいた……。

菅家……おう、君はいつも純朴な「ふるさと」そのものだった。人望も厚く、ウソがない。ふるさとの安らぎを感じる。小学生のころからめご（方言でめごい、可愛い子の意）だった。

武　……おれは百姓でがんばっている。しぇんしぇの選挙では友人知人を頼みまわっている(母方が親戚)。

菅家……おっ！　それが何より一番。まさしく農と政は国のもとといだ。

教師であった性分なものか、代議士になってもよくスライドを用い、外国の事情、政策や予算、国会の近況など、パンフレット等も副教材にしながら啓発活動にあたった。小生にも長幼の別なく、短い書簡であるが要点のみ墨書、そして宛名の脇字には「平安」と書かれ、一人前に扱かってくれた。

　文面は、帰省の度、和久《わぐ》の清水がおれにとって故郷野尻の味だ、という感懐のようなものだった。（和久の清水とは、村はずれの和久平という畑地のド真ん中から湧き出る清水。歯茎によくしみ正気の素。村人の誰もが死に際には必ず一杯飲みたいと言っていた）

　彼は、高田町（現・会津美里町）の県教員養成所を終えると、明治四十二年五月より野尻尋常小学校に勤務し代用教員を命ぜられるが、七月には准訓導になり、十月には野尻実業補習学校教授をも拝命。いかにも一途に情熱を注ぐ青年に見えたが、翌四十三年四月七日、十六歳で野尻小准教員を辞め、美女峠を越え若松に出ると決心し、木村屋という屋号の「朴」ボーキという大店に就職する。

　この早技には皆唖然とした。

郷里の野尻集落に残る「台山・天神様」のほこら、2016年5月撮影

　同社の会社案内を見ると、万延元年（一八六〇）岩代国郡山に生糸商を創業し、明治二十二年には現昭和シェル石油の日本総代理店サミュエル商会と石油販売で提携する。明治三十五年若松出張所新設、猪苗代湖を船にて灯油を運搬などと記されているから、この新時代的大きなエネルギーを持つ大店に自活の道を見出したのであろう。

　ここで二年ほど懸命に働き、やがて郡山本店勤務へ昇格。ここでさらに三年、通算五年のボー

昭和 10 年、菅家喜六の父長吉の葬儀光景。かなり盛大だった。

キ商店勤めであった。

ついに本望は手の届くところまできた。大正五年、二十二歳で師と仰ぐ河野広中（自由民権運動の指導者、元衆院議長・農商務大臣）の知遇を得られ、彼の創立になる福島民友新聞社郡山支局の記者・支局長となる。

この郡山時代の経歴は目まぐるしかった。市会議員二期、商工会議所議員、県議会議員、福島毎日新聞専務取締役、福島民友新聞社長など八面六臂の活躍であった。このうち県議会議員は大正十二年九月より昭和二年九月まで、当時二十九歳にして全国第一の年少議員であった。その頃、大正十年前後と思われる郡山・虎丸町の新築自宅に河野広中翁をお招きした記念写真が残っている。

また、昭和十年父長吉の葬儀の写真には、多く政界の供花に混じって合名会社橋本万右衛門(伊勢屋、貴族院議員・参議院議員)、合名会社佐藤傳吉（木村屋本店と思われる）など郡山大手の企業が並んでいる。

この間、福島民友新聞においては昭和六年に動乱の『世界一周記』を百数回にわたり連載している。奇しくもそのときの「渡欧記念」に配ったという菓子器が、今も当地に残る。これら郡山市を本拠とした時期のことは、かつて福島民友新聞取締役をされた町田久次氏の福島県文学賞作品『吾等は善き日本人たらん』『新聞疎開』（いずれも歴史春秋社刊）の著書に詳しい。

時代は進み、戦争末期の昭和十九、二十年当初は郷里の野尻に疎開していた。

ヘビースモーカーの大叔父はひときわ大きな紫煙を吐くと、

「よし！　野望がわいてきた！」

と独り言をくりかえしていたという。

誰にもその意味は不明であったが、翌年にも実施される衆議院総選挙出馬の後からわかってくることであった。衆議院の選挙歴は左記のとおりで必ずしも順調な運び方ではなかった。昭和二十四年から念願の衆議院議員を務める。思い出せば小生も二十歳になったので、冬の総選挙などにはテープレコーダーを背負って各集落を巡った。道路は舗装もされず、除雪機も無かった時代で足に頼るほかなかった。

候補者は奥会津には入れなかったので次男民夫がごあいさつをするだけであった。テープは候補本人の政見と応援演説は衆院議長山口喜久一郎氏というもので、都合約一時間で数個所を巡回する。

いささか旅芸人のような感もしていた。

〈総選挙歴（中選挙区制）〉

◇昭和二十一年四月十日、第二十二回衆議院議員選挙（全県一区）落選

◇昭和二十二年四月二十五日、第二十三回衆議院議員選挙（中選挙区第二区）落選

◇**昭和二十四年一月二十三日、第二十四回衆議院議員選挙当選①**（三万百七十二票）

◇**昭和二十七年十月一日、第二十五回衆議院議員選挙当選②**（三万三千五票）

自民党福島県連会長時代の菅家喜六（昭和 60 年、『自民党県連 30 年史』より）

◇昭和二十八年四月十九日、第二十六回衆議院議員選挙**当選**③（二万九千百七票）

※第四十九回列国議会同盟会議日本代表となる。

◇昭和三十年二月二十七日、第二十七回衆議院議員選挙落選

※昭和三十年十二月十六日、政治結社「自由民主同志会」を創立して理事長となる。

◇**昭和三十三年五月二十二日、第二十八回衆議院議員選挙当選**④（四万三千二百六票）

◇昭和三十五年十一月二十日、第二十九回衆議院議員選挙落選

※向後、農林省事務次官であった伊東正義氏を後継に推した。

大叔父・菅家喜六は昭和三十三年十二月十四日、新自民党県連会長（第四代・第五代）になった。その県連青年部研修会が福島市土湯温泉の県青少年会館で行われた。当時の青年部長は県議の瀬戸幸一氏であった。講演はたくさんの代議士、評論家が揃ったが、とくに山下春江代議士の「福祉政策を間違えるな、惰民を作ってはならぬ。亡国の始まりになる」といった演説が強烈であった。その夜の懇親会、瀬戸青年部長が「山下先生のお話は政治を志す者、心得ておかねばならんなぁ。それにしても男勝りで色気がないなぁ」と言えば、菅家会長が「君、色気があるか無いか本人でなければわからんじゃないか。たってというなら聞いてやろうか」というウイットのあるやりとりも。

忘れもしない。昭和三十五年七月十四日、自民党第八回臨時党大会。会場は日比谷公会堂であったろうか。

昭和29年、衆議院議院運営委員長時代の菅家喜六（中央）。九官鳥を囲んで吉田茂、緒方竹虎ら錚々たる顔ぶれが並んでいる。

当時、岸信介首相の辞意表明から自民党内は、後継選びにみにくい派閥抗争が続いた。第八回自民党総裁選挙臨時党大会は当初、七月十三日に予定されていた。候補者は大野伴睦、池田勇人、石井光次郎、藤山愛一郎で、事態は予断を許さぬ一寸先が闇である。せっかくの五十五年体制が再び分裂しかねない。すでに総裁選挙管理運営委員長・党大会運営委員長には国対、議運のベテラン菅家が予定されていた。

七月十三日は開会を宣しただけで、大会は十四日に持ち越された。やがて大野が降りた。十四日党大会が再開された。

「投票の結果は次の通りであります。

池田勇人君　　三〇二票

石井光次郎君　一九四票

よって池田勇人君が次期自由民主党総裁に決定しました。諸君の御協力に感謝いたしまぁーす！」

黒縁眼鏡の太い胸郭から凄みのある声が出た。小生は白黒十四インチのテレビで胸のすくような映像を見ておりました。しかし、この年十一月二十日に執行された第二十九回衆議院議員選挙。結果は皮肉にも山下春江、菅家喜六の落選が報じられた。

この時から大叔父は自分の限界を知り、「二区は広い。小選挙区法でも成立していれば別だが……」といい誰の要請をも拒んだ。その後、若松・公会堂で開いた最後の後援会総会で「伊東正義君を後継者にしたい」として農林省事務次官だった伊東氏を紹介した。

伊東先生はその後、立派に志を果たされ、剛直なまでに高潔な会津人の気骨を示され、「総理のイス」を辞退された話はつとに有名である。

〈余話〉九官鳥と英会話

前頁の写真は、昭和二十九年最も先鋭化した自由党総裁吉田茂、日本民主党総裁鳩山一郎の権力闘争の日々、自由党議員控室での一コマである。

議運委員長の菅家が九官鳥を持ち込み、

「総理大臣吉田茂くん!」

と話しかけると、

「oh、yes↓」

と流暢なピアニッシモで言う。

「総理大臣鳩山一郎くん!」

と話しかけると、

「oh、no↑」

と甲高いフォルテッシモに急変する。

この軽妙な抑揚《イントネーション》は、先生方の獅子吼よりはるかに政敵の出鼻を折ると、猛者たちを呵々大笑させている。

政局は新党だ不信任だ、総辞職か解散かと一寸先は闇であったが、一服の清涼剤になった。しかし、この中に笑わぬ顔が一つある。緒方竹虎――はすでに病魔の掌中にあり、まもなく他界することなど誰一人知る由もない。

〈余話〉青雲の翳り

昭和三十一年――自由民主党の発足から総裁代行委員の一人として党運営に当たっていた緒方竹虎氏は、一月二十八日午後十一時四十五分、東京都品川区五反田六の四五の自宅で急性心臓衰弱のため六十七歳で死去した。旧自由党系の〝盟主〟で初代総裁の有力候補と目されていた存在で、県連関係者も大きなショックを受けた。とくに緒方直系で返り咲きを狙っていた前代議士の菅家喜六氏（二区）の動揺は大きかった。（「自由民主党福島県連三十年史」より）

小生も後援者の出入りする若松・二ノ丁の事務所で、「緒方の急逝は実に痛い。緒方総理―菅家官房長官のラインが出来ていたのだ」という話を耳にしていた。政治家の話はいつも大きいなと思っていたが、あとから〝総裁公選の春待たず〟の新聞報道とともに実感を持った記憶がある。

……大叔父には不運が続いたと思う。

吉田退陣、緒方の急逝、議案小選挙区法の廃案、岸の退陣、アイク（アイゼンハワー米大統領）の歓迎成らず。最後と頼んだ選挙（昭和三十五年）で落選に遇い、池田内閣入閣の夢も果たせず、からっと引退された。

大叔父の葬儀通知を読む

大叔父が波乱の生涯を閉じたのは、昭和四十二年七月二十四日のことである。その葬儀通知は次の通りであった。

従四位勲二等、元衆議院議員、自由民主同志会理事長、菅家喜六儀七月二十四日午前八時五分心筋梗塞のため

逝去致しました。茲に生前の御厚誼を深謝し謹んで御通知申上げます。
追って通夜及び葬儀は自由民主同志会葬を以って左記の通り相営みます。
一、通夜　七月三十日（日）午後七時―八時
一、葬儀　七月三十一日（月）午後一時―二時
一、告別式　七月三十一日（月）午後二時―三時
場所：青山葬儀所
尚花輪御供物は勝手乍ら故人の遺志により御辞退申上げます。
昭和四十二年七月二十六日
葬儀委員長　川島正次郎
〃　委員　自由民主同志会
常任役員及び会員一同
友人代表　篠田弘作
川崎市下作延一九九八
喪主　菅家信一
妻　菅家初子

ありふれた文言の行間には在りし日の同志の間柄が浮かんでくる。昭和三十五年五月をピークにした岸内閣の混乱でさんざん苦労した川島、篠田、菅家ラインのうち、同年十二月の池田内閣には川島、篠田が入閣した。菅家はその一か月前、十一月の総選挙で落選したのだ。

しかもその四か月前には、自民党総裁選挙臨時大会運営の重責を担い、池田総裁実現を果たしているのだ。かつて緒方自民党総裁代行委員急逝の時と同様に、ここでも大叔父の〝幸運〟は潰えてしまったのである。

大叔父の「葬儀通知」にみられる盟友のルーツは、緒方竹虎（朝日新聞）、川島正次郎（東京日日新聞）、篠田弘作（朝日新聞）、菅家喜六（福島毎日新聞、福島民友新聞）のラインにあり、ともに新聞記者上がりだったことがその強い絆だったのかもしれない。しみじみとそう思われるのである。

菅家兄を悼む――旧友鈴木緑荷

文筆の交友や四十年……紺碧を湛いたり只見川……古人は曰く、山紫水明の地必ずや偉人生まると。君と相い連れて横山武君なる会津若松市長また生まる、宜なるかな。

君三十代福島民友紙を飾りし「筆を乗せて欧州を」。一筆、一足、一歩には独自なる視角と考察の意識の培いぞ大いに佳し、文筆の稼業発想の過程の引用力や大雄弁家として、金沢市に永井柳太郎あり、会津に菅家喜六ありとして、名実共に古郷を愛するのたくましき政治家たり。

最高の玩味は、自民党総裁選考大会の運営委員長が最高の心象と領域たり。最高の誇りの光る心の波は躍れり……（略）。この市民会館に蝉しぐれの声が君の消えゆくみ魂をかこつ……（略）。

これは昭和四十二年七月三十一日に本葬が青山葬儀所で行われた後、地元の会津若松市民会館で行われた地元告別式で弔辞のお一人である。小生もつぶさに見守っていた遺族の一人であった。旧友鈴木緑荷先生は郷土会津を代表する文人の一人として知られ、菊池寛や川端康成、大仏次郎らわが国文学界の大御所らと幅広く交友されたお方である。普通の弔辞とは違い、ただただ早く終わらないように願いつつじっと聞き入っていたものである。さすが詩人の言は通り一遍のものではなかった。

一番高潮した部分は、やはり第八回自民党臨時大会（総裁選挙）における運営委員長だった件《くだり》でなかろうか。

◇

小生の倅は今、農林水産省技術会議事務局課長にいる。

数年前、ある会議で元大蔵事務次官・経済企画庁長官、退官ののち衆議院議員となられた相澤英之氏と同席した。なんと八十路半ばにして日本塩工業会会長（旧専売公社事業）の現役でおられた。

「君はどこの出身か」と聞かれたので、福島県ですと言うと、

「会津に菅家喜六という代議士がおられたが、御一統か？」とさらにお尋ねになったので頷くと、

「あの頃はよく国会が荒れましたが、（菅家代議士には）大蔵省関連法案はよく通していただいた。」とごあいさつ下さったことがあったという。

昭和二十四年当時、大叔父の菅家喜六は伝統産業漆器業界の「物品税廃止全国期成同盟会」を率いていたので、まだ若き主計局のエリートも心労の多い毎日であったろうと察せられる。

後になって、昭和五十九年会津漆器業界誌「会津漆器発展のあゆみ」にはこんな記事が載っていた。

『昭和四十二年、長い間〝悪税〟として苦しめられてきた漆器の物品税が全面廃止と決定され、漆器業界に一大朗報をもたらした。これは、本県二区選出の衆議院議員菅家喜六氏が国会内で、物品税の菅家か、菅家の物品税かといわれるほど、漆器業界の先覚者と共に長い間、物品税全廃運動に死力をもって展開した賜である』

倅の話を聞きつつ、ありし日の大叔父を思い起こした。

時の流れはそれから久しいものとなったが、いまも大叔父はひと際映える残照のなかに生き続けているのである。

（この項は、福島県昭和村在住の菅家長平氏が執筆された「ふるさと人物小伝―衆議院議員菅家喜六／青雲の軌跡」より一部を抜粋させていただいた）

【菅家喜六の年譜】

◇明治二十七年（一八九四）

七月二十三日、福島県大沼郡野尻村に生まれる。父長吉、母マサの五男。兄の長造、寅治、姉キチノ、長三郎、吉五郎に続く六番目の末弟だった。父長吉は明治二十四年から三十二年にかけて旧野尻村の収入役、助役を務めた人物である。

◇明治三十五年〜三十七年（一九〇二〜一九〇四）　八〜十歳

野尻尋常小学校第一学年、第二学年、第三学年を修了。以降の学籍簿未発見。

◇明治四十二年〜四十三年（一九〇九、一〇）　十五〜十六歳

大沼郡野尻尋常小学校、実業補習学校の教員を務める。

◇明治四十五年（一九一二）？　十八歳

福島県大沼教員養成所卒業。

このあと若松で民間会社、新聞社にも顔を出す？（文学青年で最初は福島民報に入ったとの記載資料もあり）

◇大正四年（一九一五）　二十一歳

野尻村の菅家家から分家する。この年に妻ハツ（初子、明治三十三年三月生まれ、福島市、旧姓猪熊）と結婚したものとみられる。

◇大正五年（一九一六）　二十二歳

福島民友新聞社に入社、郡山支局勤務となる。政治を担当しているうちに政治そのものが面

白くなり、記者をやりながら政治運動にも奔走する。

◇大正七年（一九一八）　二十四歳

長女美津子生まれる（十二月）

◇大正九年（一九二〇）　二十六歳

長男信一生まれる（十一月）

◇大正十二年（一九二三）　二十九歳

二男民夫生まれる（四月）

九月、福島県議会議員に当選（〜昭和二年九月）

◇大正十三年（一九二四）　三十歳

十一月五日、郡山市議会議員となる（〜昭和十一年五月まで三期半ば務める）

◇大正十四年（一九二五）　三十一歳

五月二十一日、福島民友新聞が信条・路線をめぐって内紛分裂。菅家は福島民友新聞を離脱し、七月から「福島毎日新聞」の旗の下で専務取締役として指揮を執る。

◇昭和二年（一九二七）　三十三歳

二月、安積疏水疑獄事件に連座する。

三男憲三生まれる（八月）

十一月二十三日、郷里の野尻村と大芦村が合併し、「昭和村」となる。

◇昭和四年（一九二九）　三十五歳

十一月、郡山商工会議所議員となる。以来五期務め、昭和十六年に副会頭。

この年、福島民友新聞専務取締役の田子健吉（戦後、復刊する福島民友新聞社の社長となる）

とともに満州取材に同道したとみられる。

◇昭和六年（一九三一）　三十七歳

二月一日、分裂していた福島民友新聞と福島毎日新聞が新しい「福島民友新聞」の旗の下で再合流する。菅家は同社顧問となる。

五月九日、世界一周の旅に出発。海外から「世界一周記」を長期連載する。

◇昭和七年（一九三二）　三十八歳

十一月二十日、郡山市議会副議長となり、政治的手腕を振るう。

◇昭和十年（一九三五）　四十一歳

五月一日、父長吉が死去。盛大な葬儀が営まれる。

◇昭和十一年（一九三六）　四十二歳

自身の年譜によれば、この年から福島民友新聞社に復帰し、副社長となる。

◇昭和十二年（一九三七）　四十三歳

十月十一日、福島民友新聞の氏家清社長が死去。副社長の菅家喜六が社長職務を代行する。

この年、福島民友新聞に随筆「隈畔より」を連載する。

◇昭和十三年（一九三八）　四十四歳

三月三十日、株主総会で新社長に菅家喜六が就任する。

◇昭和十五年（一九四〇）　四十六歳

十二月三十一日、軍部の言論統制（一県一紙政策）により「福島民友新聞」「福島民報」が合同を社告する。

この年の人事興信録には、住所と電話が「郡山市虎丸町一九〇、電話四〇九番」と記されている。
◇昭和十六年（一九四一）　四十七歳
一月一日、福島民友新聞がこの日発行した第一万五千二十五号をもって休刊する。菅家喜六がその最後の社長だった。
◇昭和二十年（一九四五）　五十一歳
八月十五日、終戦を迎える。
◇昭和二十一年（一九四六）　五十二歳
二月二十日、福島民友新聞が奇跡の復刊を成し遂げる。社長に田子健吉が就任する。菅家喜六はこれに加わらなかった。

四月十日、戦後初の第二十二回衆議院議員選挙（全県一区、定数十三）に立候補（落選）。郡山市、無所属、会社員で得票は二万六千八百二十票だった。
◇昭和二十二年（一九四七）　五十三歳
四月二十五日、第二十三回衆議院議員選挙に第二区（会津・県南、定数五）から立候補、落選。郡山市、自由党公認、会社員。得票は一万四千九百四十三票だった。
◇昭和二十四年（一九四九）　五十五歳
一月二十三日、第二十四回衆議院議員選挙に三度目の挑戦で初当選を果たす。第二区、郡山市、自由党公認、会社員で得票は三万百七十二票だった。

この年の人事興信録によれば、最近東京都世田谷区松原に新居を構えた。長男の信一氏は商工省勤務、二男民夫氏は福島民報社に在職中、三男憲三氏は青山学院高等科在学中、長女の美津子さんは東京朝日新聞記者の元に嫁し三人のお孫さんあり、との記載が見える（昭和二十四

年「工都を担う人物と事業」参照）
◇昭和二十五年（一九五〇）　五十六歳
五月二日、衆議院決算委員長に就任（〜昭和二十六年十二月十二日）
◇昭和二十七年（一九五二）　五十八歳
十月一日、第二十五回衆議院選挙で二度目の当選。
◇昭和二十八年（一九五三）　五十九歳
三月十一日、厚生政務次官に就任（〜五月二十一日）
四月十九日、第二十六回衆議院議員選挙で三度目の当選。
五月二十二日、衆院議院運営委員長に就任（〜昭和二十九年十二月十一日）
◇昭和二十九年（一九五四）　六十歳
十二月十三日、再び衆院議院運営委員長に就任（〜昭和三十年一月二十四日）
◇昭和三十年（一九五五）　六十一歳
二月二十七日、第二十七回衆議院議員選挙に立候補したが、落選。再起をめざす。当時の選挙報道資料によれば、本籍・住所を会津若松市栄町五五一番地に置き、肩書に会津開発社長と記されている。

選挙違反事件で陣営の多数が摘発を受ける。
◇昭和三十三年（一九五八）　六十四歳
五月二十二日、第二十八回衆議院議員選挙で四度目の当選。
十二月十四日、自由民主党県支部連合会長に就任（〜昭和三十五年六月まで）
◇昭和三十五年（一九六〇）　六十六歳

十一月二十日、第二十九回衆議院議員選挙に立候補したが、落選。政界を引退。

◇昭和三十六年（一九六一）　六十七歳

三喜産業（東京都中央区八重洲）を創立して取締役会長に就任。

◇昭和四十年（一九六五）　七十一歳

勲二等瑞宝章を受章。

◇昭和四十二年（一九六七）　七十三歳

七月二十四日午前八時五分心筋こうそくのため東京・赤坂の山王病院で死去する。葬儀は七月三十一日自由民主同志会葬として青山斎場で営まれた。喪主は長男信一氏。一年後に「明治百年」を迎える節目の年だった。地元会津でも葬儀を行う。

（参考文献）

▽昭和六年、昭和十二年の福島民友新聞（福島県立図書館所蔵）▽昭和六年「世界一周記」の連載資料、昭和十二年「随筆・隈畔より」の連載資料（福島県昭和村、菅家長平氏所蔵）▽福島民友新聞百年史（平成七年、福島民友新聞社）▽福島県民百科（昭和五十五年、福島民友新聞社）▽福島県史第二十二巻（昭和四十七年、福島県）▽工都を担う人物と事業（昭和二十四年、郡山経済新聞社）▽安積疏水百年史（昭和五十七年、安積疏水土地改良区）▽福島県議会史（昭和三十四年、福島県議会）▽日本新聞年鑑（大正十四年、新聞研究所）▽金子武夫「農民運動の思い出」（昭和三十六年、あぶくま新報社）▽昭和村の歴史（昭和四十八年、福島県昭和村）▽照国丸（ウィキペディアフリー百科事典）▽福島師範創立六十年（昭和五十七年、第一書房）▽明治百年福島県教育回顧録▽南山御蔵入騒動記録集（平成六年、同記録研究会）▽昭和六年欧州航路スケジュール（日本郵船歴史博物館所蔵資料）▽町田久次「吾等は善き日本人たらん」（平成二十六年、歴史春秋社）

菅家喜六先生「伝記」刊行会

発起人代表　　故小林　悦郎（元福島県昭和村長）

＊2017年1月29日逝去されました。

発起人　　宗像　　精（會津藩校日新館館長）

委　員　　町田　久次（元福島民友新聞社取締役）

委　員　　栗城　好次（会津啄木会会長）

委　員　　目黒　俊行（只見町文化協会）

刊行会は、菅家喜六先生の知られざる著作物や足跡を後世に残そうと、今回の「昭和六年・世界一周記」の刊行を目的として、2016年に発足したものです。

菅家喜六氏の著作権継承者の方へ—柘植書房新社編集部からのお願い

菅家喜六氏の著作権継承者並びに関係者の方は、柘植書房新社編集部までご一報下されば幸いです。

菅家喜六氏の文章は、著作権の保護期間中です。しかしながら、「伝記」刊行会関係者と柘植書房新社編集部の調査にもかかわらず、著作権継承者との連絡がいまだ取れておりません。よろしく、お願い致します。

■編　者

菅家喜六先生「伝記」刊行会

■解　説

町田　久次（まちだ　きゅうじ）

新聞史研究家、ノンフィクション・ライター。昭和23年（1948）福島県会津美里町生まれ、新潟大学人文学部卒業。昭和46年福島民友新聞社に入社し、編集・報道記者、経理局長、取締役など歴任。平成24～25年福島県文学賞正賞、同準賞など受賞。福島県会津若松市在住。

著書

『吾等は善き日本人たらん』『新聞疎開』（いずれも歴史春秋社刊）。

校訂:佐藤紅緑の未収録新聞小説『毒盃』（論創社刊）

菅家喜六「世界一周記」――昭和6年、激動のヨーロッパ・アジアを歩く

2017年5月30日　第1刷発行　定価3,200円+税

編　者　菅家喜六先生「伝記」刊行会

解　説　町田久次

装　幀　犬塚勝一

発行所　柘植《つげ》書房新社

〒113-0033　東京都文京区本郷1-35-13　オガワビル1F

TEL03-3818-9270　FAX03-3818-9274

http://www.tsugeshobo.com　郵便振替00160-4-113372

印刷・製本　創栄図書印刷株式会社

ISBN978-4-8068-0690-5 C0026

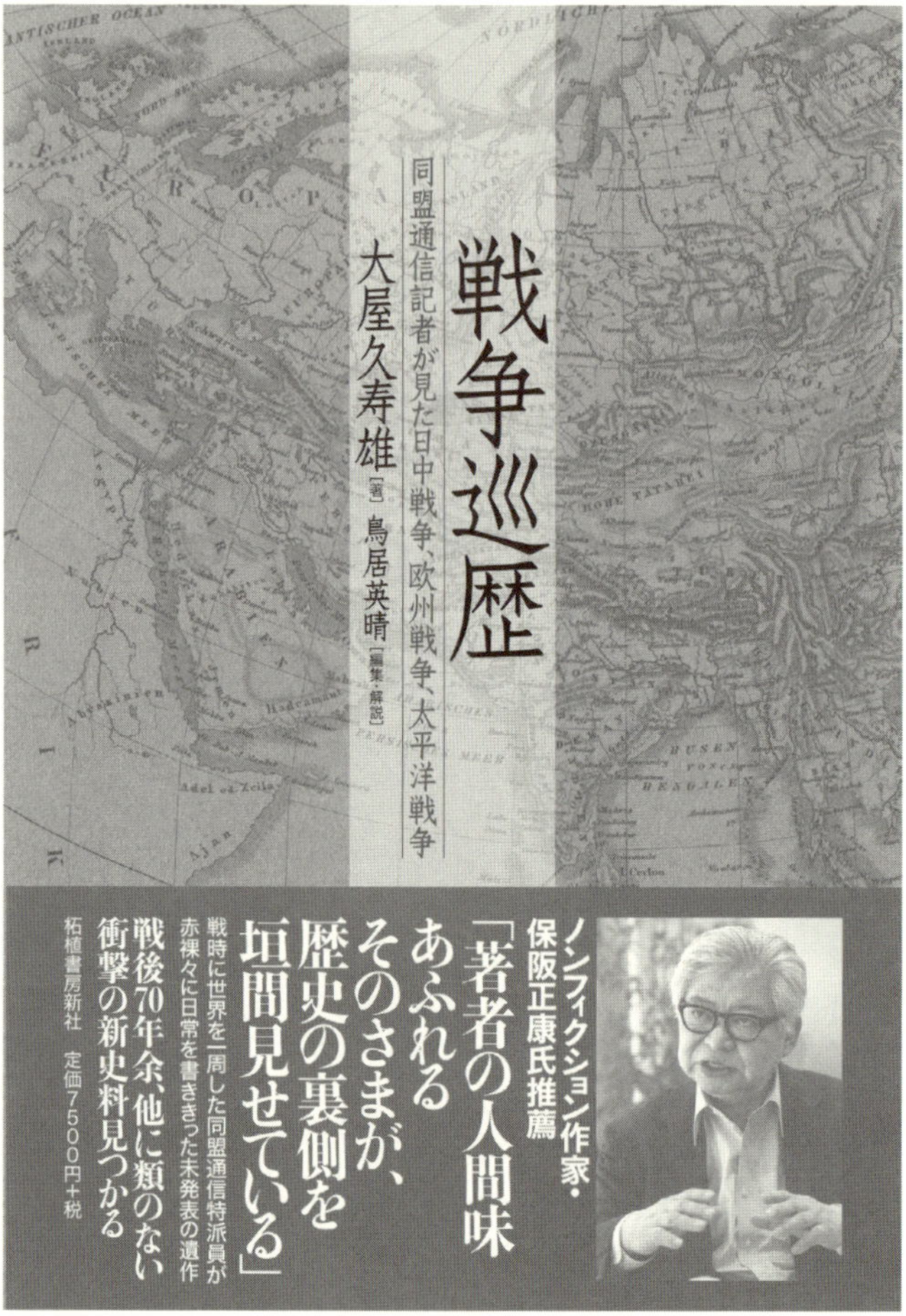

『戦争巡歴』

同盟通信記者が見た日中戦争、欧州戦争、太平洋戦争

大屋久寿雄著・鳥居英晴［編集・解説］

A5 上製 750 頁／定価 7500 円＋税　ISBN978-4-8068-0685-1 C0030